新經濟學通典

林華德博士
謝德宗博士　著

三民書局

國家圖書館出版品預行編目資料

新經濟學通典／林華德,謝德宗著.－－初版一刷.－
－臺北市：三民，2004
　　面；　　公分
　　ISBN 957-14-3949-5　（平裝）

　　1.經濟學－字典，辭典

550.4　　　　　　　　　　　　　　　92023719

網路書店位址　http://www.sanmin.com.tw

© 　新經濟學通典

著作人　林華德　謝德宗
發行人　劉振強
著作財
產權人　三民書局股份有限公司
　　　　臺北市復興北路386號
發行所　三民書局股份有限公司
　　　　地址／臺北市復興北路386號
　　　　電話／(02)25006600
　　　　郵撥／0009998-5
印刷所　三民書局股份有限公司
門市部　復北店／臺北市復興北路386號
　　　　重南店／臺北市重慶南路一段61號
初版一刷　2004年2月
編　　號　S 551530
基本定價　陸元陸角
行政院新聞局登記證局版臺業字第○二○○號

ISBN　957-14-3949-5　（平裝）

自　序

　　人類的慾望無窮，而滿足慾望的可用資源卻相對稀少有限。為解決兩者間的失衡問題，人類將對自己擁有的資源進行妥善安排，透過選擇過程效率配置，達到追求提升生活水準與生活更為愉快的目的。

　　經濟學是社會科學中的重要學門之一，研究的問題與人們日常生活息息相關，長期引起廣泛注意。自從 Adam Smith 在 1776 年出版〈國富論〉(Wealth of Nations)，將經濟學進行系統化討論後，經歷二百多年發展，不僅成為一門邏輯嚴謹的學問，而且衍生的經濟學範圍無所不在，已經成為現代國民必備的知識。不過經濟學廣泛運用複雜精深的數學，往往促使有興趣者望而生畏。尤其是細膩分工與專業化的各種經濟學門的教科書包含眾多抽象的概念與分析工具，彼此間的相關性完全被切割，導致讀者閱讀後不僅似懂非懂，而且缺乏連貫性。

　　時間在改變，理論隨之在翻新。本書乃根據作者之一林氏所著《經濟學通典》一書改寫而成，該書原先出版於 1989 年，係以簡單明確方式介紹經濟學常用的術語與概念，提供初學者進入經濟學殿堂的敲門磚。然而近年來，經濟金融環境遽變促使經濟問題日益複雜化，帶動經濟理論發展一日千里外，相關的應用學門日益多元化，是以作者之一謝氏重新採取以某一核心術語為主題，進行演繹相關概念，擴充原作的內容，讓讀者能夠通盤了解完整概念的內涵及其發展源流。本書對原著已作了全盤的更新，其用意在於提供想要涉獵經濟學的讀者能夠順利登堂入室，並為讀過經濟學的讀者提供完整深入的經濟學發展流程。

　　兩位作者長期在台灣大學經濟學系任教，分別專精於個體經濟學與財政

學，以及總體經濟學與貨幣金融，沉醉於經濟學的各個領域中亦超過三十年，教學相長結果而嘗試將分散於各領域的經濟學名詞做某一程度的整合，期能縮短讀者們獨自摸索的時間，從而獲得正確清晰的經濟學概念。

林華德

謝德宗

中華民國九十三年一月

新經濟學
通典

目　錄

1

經濟學
economics

(一)經濟學

　　經濟學是研究如何效率運用有限資源以滿足最大慾望的社會科學。人們的一生充滿著形形色色的慾望，用於滿足慾望的商品或勞務又相對有限，從而被迫在有限資源下進行取捨，如何選擇對己最有利的經濟活動，就成為經濟學探討的核心。

　　體系內的商品可分成提供好感或滿足的良好財 (goods)，如：休閒旅遊，以及造成惡感或噁心的壞商品 (bads)，如：垃圾。良好財又分成自由財 (free goods) 與經濟財 (economic goods) 兩類，前者係不用支付代價就可享用的商品，如：曠野的空氣是自然的賞賜，取之不盡、用之不竭，並非屬於經濟學討論的對象。反觀享用後者必須支付代價，從而涉及優先順序的選擇問題。事實上，除極少數商品外，大多數商品都屬於經濟財範疇，此係經濟學所要探討的商品。經濟財可再區分成私有財 (private goods) 與公共財 (public goods)，前者係指人們可獨自擁有與獨享商品利益，後者則無法單獨擁有與獨享商品利益。

　　商品與勞務具有滿足人類慾望 (desire) 的內涵，而慾望的來源有些是與生俱來的內生慾望 (innate want)，有些則屬於耳濡目染形成的外生慾望 (outnate want)。相對慾望而言，多數商品（資源）均屬相當有限，從而衍生「資源有限、慾望無窮」的經濟問題。追根究底，人們面臨「生產什麼 (What to produce)」（消費活動）、「如何生產 (How to produce)」（生產活動）與「為誰生產 (For whom to produce)」（分配活動）等三種環環相扣的基本經濟問題，構成經濟學想要探討與解決的主題。

面對上述經濟問題，體系因道德、文化與習慣等社會因素不同，而採取迥異的應對策略：

(1)東方國家：偏好節流策略，積極鼓吹節儉是美德，建議人們從事節慾與忍慾活動。

(2)西方國家：偏好開源策略，不過經濟資源雖然成長，慾望也將水漲船高，效率分配資源將是解決燃眉之急的方法。

系統化經濟學起源可追溯至 Adam Smith 在 1776 年發表的《國富論》 (*Wealth of Nations*)，經過數世紀發展，研究經濟問題的方式可依下列標準劃分：(1)就方法論而言，有人就實際經濟現象內涵，探索經濟行為的因果關係，不涉及倫理上的價值判斷 (value judgment)，此種「實事求是」(what it is) 的討論方式即是實證經濟學 (positive economics)。有人則是先設定價值判斷標準，探討經濟行為或政策的優劣，此種追求「應該是什麼」(what it should be) 的討論方式即是規範經濟學 (normative economics)，甚至稱為福利經濟學 (welfare economics)。(2)針對研究對象而言，有人專注於研究個別成員的決策活動，如：廠商 (firm) 的產銷決策或消費者 (consumer) 的跨期 (intertemporal) 消費決策，此即稱為個體經濟學 (microeconomics)，並以價格理論 (price theory) 為研究核心，所有的應用經濟學均屬該類範疇。有人專注於探討國家經濟活動的變化脈絡，此即稱為總體經濟學 (macroeconomics)，並以所得理論 (income theory) 為研究焦點。

經濟學討論重點在於尋求市場或體系達成均衡 (equilibrium) 狀態的條件，此即靜態分析 (static analysis)。均衡係指不受外來因素干擾時，體系不再變動的狀態。在討論均衡狀態時，經濟學採取部分均衡分析 (partial equilibrium analysis) 或一般均衡分析 (general equilibrium analysis)，前者係由 A. Marshall 創始，在其他條件不變 (ceteris paribus) 下，探討單一市場邁向均衡的分析方法；後者由 L. Walras 創始，再由 1972 年諾貝爾經濟學獎得主 K. J. Arrow 與 1983 年得主 G. Debrew 發揚光大，探討所有市場間相互關係的均衡分析方法。

再針對均衡點變動的分析而言，經濟學採取比較靜態分析 (comparative static analysis) 與動態分析 (dynamic analysis) 進行討論，前者探討外生衝擊發生導致均衡點改變，進而比較新舊均衡狀態的差異性。後者或稱動態經濟學，係在研究體系內本期變數如何受其他同期或前期變數影響，尤其是在總體經濟活動中，經濟變數交錯影響，且在連續時間途徑 (time path) 中，隨時有新變數加入體系，透過動態分析將可看出舊均衡點邁向新均衡點或失衡狀態的調整過程，通常使用差分方程式 (difference equation) 或微分方程式 (differential equation) 進行分析。值得注意者：動態分析必須配合穩定性分析 (stability analysis)，意義是：一旦市場面臨衝擊而脫離均衡位置，內部的自發性力量將使市場立即或逐步回復均衡，而在邁向新均衡點的調整過程中，必須保證是能夠回復穩定均衡的收斂體系。1970 年諾貝爾經濟學獎得主 P. A. Samuelson 提出對應原理 (correspondence principle)，透過尋求動態穩定條件，界定主導體系內相關經濟活動變化條件的方法。

市場本質在於隨時隨機變動，會受政治情勢、謠言、一時的流行時尚影響。尤其是國際金融市場就像大海一樣，在表面浪潮下隱藏深沉的暗流，隨時湧上海面掀起波濤，以無法理解、難以阻擋的規律循環不已。1960 年代崛起的混沌理論 (chaos theory) 是非直線式動力學的俗稱，係研究介於隨機系統與循環系統間的複雜動態系統規律的科學，亦是體系從有序突然變為無序狀態的演化理論。該理論針對確定性系統中出現內在隨機過程 (stochastic process) 的途徑與機制進行探討，經濟學將其應用於解釋體系面臨外力衝擊後的

調整過程，又稱為非均衡理論 (nonequilibrium theory)。

(二)經濟制度 (economic system)

經濟制度係指一國為解決經濟問題，規範經濟成員（消費者、廠商、政府部門等）擬定決策必須依循的經濟行政體系。自十八世紀以來，各國曾經採取的經濟制度可歸納為三類：⑴私人分權的資本主義經濟 (capitalism economy) 或市場經濟 (market economy)：依賴市場機能或價格機能 (price mechanism) 分配資源的體系，亦即由市場供需決定資源分配，趨近於由私部門 (private sector) 組成的體系。⑵中央集權的社會主義經濟 (socialism economy) 或計劃經濟 (planned economy)：政府部門主導資源分配的體系，由中央計劃委員會（類似經建會）擬定體系總目標，規劃商品生產種類和數量，再將相關生產計劃交付各單位執行與分配。在現實世界中，純粹計劃經濟幾乎不存在，前蘇聯的集體農場和中國的人民公社均屬於近似案例，趨近於由公部門 (public sector) 組成的體系。⑶由私部門與公部門兩者組成之混合經濟體系 (mixed economy)。

經濟制度差異性可從下列特質區分：

⑴財產權 (property rights)：財產權歸屬可分為「公有」與「私有」。在資本主義經濟中，財產多屬私有且受法律保障；在社會主義經濟中，財產多屬公有，政府部門掌握絕大部分資源，甚至個人就業都要接受安排。

⑵追求自利動機：資本主義經濟強調人們追求私利最大，自利心是經濟活動的原動力，社會主義經濟認為若未適度克制自利心，將會造成剝削現象。

⑶價格機能：此即看不見的手 (invisible hand) 具有引導供需相等分配資源的功能，帶領資本主義經濟邁向公私利益調和。社會主義經濟透過經濟計劃規劃經濟活動運行，生產、流通與分配活動均由政府部門統籌規劃，市場機能通常被忽略。

⑷政府部門參與程度：資本主義經濟係以私部門活動為核心，依賴市場機能運作。政府部門運作僅限於訂定法律規則，維護國防安全、社會治安以及保障私有財產和建立公平競爭環境等。在社會主義經濟中，政府部門掌握資源，經濟成員均須遵循政府部門規劃行動。

資本主義經濟的優點是透過利潤誘因，導引人們從事決策，經濟活動運作比較理性且具高度彈性，缺點則是景氣循環 (business cycle) 波動大，容易釀成所得分配 (income distribution) 不均現象。1974 年諾貝爾經濟學獎得主 F. von Hayek 的經濟自由主義強調市場經濟具有自動調節功能，民間企業透過自由競爭將能發揮最大生產潛力，達成最適資源配置。基於追求經濟效率 (economic efficiency) 與經濟成長 (economic growth)，市場經濟基於財產私有制和自由競爭無疑是較好的制度。政府部門干預經濟活動只會破壞市場經濟的內在和諧，阻礙私有制和競爭優勢發揮的效果，將是有害無益。

反觀社會主義經濟的優點是政府部門追求全體人民福祉，統籌規劃經濟活動，貧富差距不明顯，缺點則是缺乏鼓勵人們工作的誘因，導致經濟發展 (economic development) 停滯。若著眼於經濟穩定 (stabilization) 與公平 (equity)，計劃經濟是值得採行的制度。由於兩者均屬過於極端，實際社會通常採取介於兩者之間的混合經濟。每個國家採取的經濟制度各有不同比例的公私部門組合，有些偏向強調市場經濟為主，但仍擬定鬆散的經濟計劃 (economic planning)，促進國內經濟發展；有些則尊重個人自利心，但更重視社會福利，推動社會安全制度 (social security system) 保障人民生活水準，此即實施福利國家 (welfare state)。

福利國家概念可追溯至 1909 年英國被冠以「福利預算」(welfare budget) 名銜的「人民預算」，德國則是以福利國家 (Wohlfahr-staat) 指稱俾斯麥在 1890 年代引進的社會保險制度 (social insurance system)。不過福利國家概念直迄 1930 年代才廣泛使用，係指政府部門採取有意識及周全政策保障人民最低生

活水準，並促進機會平等。體系選擇福利國家體制，除基於意識型態外，還涉及人們是否願意交出某種程度的「自由」，換取降低未來不確定性的機會。純粹資本主義經濟以社會性投資為福利項目，而福利國家則在要求平等下，補償經濟活動中的弱勢者，並致力於消除其他各種不平等的環境。為滿足這些需求，政府部門將須取得更多財源，並以龐大官僚體制介入經濟活動，除對財政負擔形成重大衝擊外，對總體經濟活動造成的影響更是深遠。

(三)均衡

均衡概念意味著市場或體系內對立力量（供給與需求）之間取得平衡或相等而不再變動的狀態。經濟學探討均衡概念時，可從短期 (short run) 與長期 (long run) 角度來看，且在個體經濟學與總體經濟學間亦有不同的說法。

1.個體經濟均衡

基本上，商品供給與需求相等時，市場將達成均衡。當市場價格高於均衡價格，商品供過於求迫使價格趨於下跌。相反地，市場價格低於均衡價格，商品數量供不應求推動市場價格趨於上漲，供需雙方透過競價過程共同決定均衡價格與數量。

在個體經濟學中，長短期概念係針對廠商能否調整資本規模（機器設備）來說，短期係指廠商僅能調整變動因素 (variable factor) 來改變產量，長期係指廠商可以調整所有因素來改變產量。考慮廠商調整生產活動模式後，經濟學接續分別討論商品市場的長短期均衡。

2.總體經濟均衡

基本上，當總供給 (aggregate supply, AS) 與總需求 (aggregate demand, AD) 相等時，體系將處於均衡狀態。總體經濟活動運行同樣涵蓋長短期概念，而討論方式可分為兩種：

(1)預期 (expectation) 與實際變數一致：短期內，人們調整預期變數速度

通常落後實際變數，在預期變數固定下，短期總供給等於總需求時，將達成總體經濟均衡。一旦實際變數與預期變數發生差異，人們將會調整預期變數水準值，改變決策勢必引起經濟活動變化。唯有當實際變數與預期變數趨於一致，人們停止調整決策行為時，總體經濟活動才會達成長期均衡。

⑵流量與存量均衡 (flow-stock equilibrium)：總體變數包括流量變數 (flow variable) 與存量變數 (stock variable)，有些流量變數（儲蓄、投資、政府預算赤字）將會造成存量變數累積（財富、資本存量、貨幣或公債），進而又會改變流量變數。經濟學討論短期總體均衡時，僅是強調流量變數均衡；一旦進入討論長期總體均衡時，必須強調流量變數與存量變數同時達成均衡，而且流量變數值為零（存量變數不再累積）。此外，在討論長期均衡時，將會出現穩定狀態 (steady state) 與靜止狀態 (stationary state) 兩種均衡概念，前者係指所有存量變數均以相同比例成長，後者則係所有存量變數的成長率均為零。

2

消費者行為
consumer behavior

㈠消費者決策模式

消費者係體系內基本的消費決策單位，可能是個人或家庭 (household)。消費者在追求效用最大過程中，將有限資源分配到各種用途，決策內容包括：(1)跨代 (overlapping generation) 決策：消費者將一生的資源分配給當代（自己）與後代（子孫）使用；(2)跨期決策：消費者將自己預擬使用的資源在目前（消費支出）與未來（目前的儲蓄，saving）進行分配；(3)當期消費決策：消費者將當期預擬使用的資源（消費支出）分配於各種消費財 (consumption goods)，形成商品需求；(4)資產組合選擇 (portfolio selection) 決策：消費者將預擬未來使用的資源（儲蓄），安排持有各種資產 (asset) 以達到保值與增值的目的。

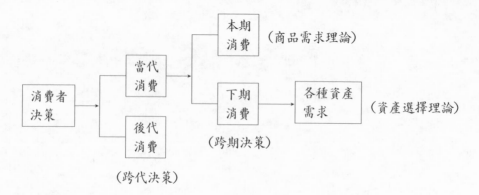

⒡效用函數 (utility function)

效用是人們從消費（或持有）商品或勞務過程中所獲的滿足程度，屬於主觀性的偏好 (preference) 或感覺。針對這種心理現象分析，經濟學提出兩種說法：⑴基數效用 (cardinal utility) 理論認為效用可以衡量，採取邊際效用分析法 (marginal utility approach) 進行討論；⑵序列效用 (ordinal utility) 理論認為效用無法衡量，僅能依據感覺排列順序或分級，1972 年諾貝爾經濟學獎得主 J. R. Hicks 率先採取無異曲線分析法 (indifference curve approach) 進行討論。

基數效用理論將固定期間內，消費者使用或持有商品所獲滿足的總和稱為總效用 (total utility)，函數可表為 $TU = U(A, B)$，此種直接取決於商品數量的效用函數稱為直接效用 (direct utility) 函數。至於增加商品消費引起總效用的增量稱為邊際效用 (marginal utility, MU)，$MU(A) = \dfrac{\partial TU}{\partial A}$。

人類的經驗法則顯示：邊際效用會隨消費數量增加而遞減，此即邊際效用遞減。在消費過程中，理性消費者將追求各種商品產生的單位邊際效用相等。事實上，倘若 A 商品的邊際效用高於 B 商品，消費者必然傾向增加 A 商品消費、降低 B 商品消費。在邊際效用遞減假設下，A 商品邊際效用 $MU(A)$ 將因多消費而降低，B 商品邊際效用 $MU(B)$ 卻因少消費而提高，導致消費者均衡 (consumer's equilibrium) 達成時，兩種商品的邊際效用以各自價格（P_A 與 P_B）平減後的值必然相等，數學式表示如下：

$$\frac{MU(A)}{P_A} = \frac{MU(B)}{P_B}$$

反觀序列效用理論認為人們僅能體會消費商品所獲滿足的高低，無法進行

個人間比較與掌握其中的絕對值，是以改採無異曲線概念分析消費者均衡。無異曲線係指消費者對兩種商品不同組合均可產生相同效用水準 $TU = U(A, B)$ 的軌跡。為維持效用水準不變，當兩種商品屬於良好財（產生正效用）時，消費者增加 A 商品消費，將須放棄某一數量的 B 商品，兩者間的取捨比率稱為邊際替代率 (marginal rate of substitution, MRS$_{AB}$)，亦可表為兩種商品的邊際效用比例。一般而言，為維持相同效用水準，隨著消費者持有 A 商品數量增加，願意放棄 B 商品數量愈來愈低，此種現象稱為邊際替代率遞減。值得注意者：邊際效用遞減與邊際替代率遞減並無相互關係。

面對支出預算與商品相對價格 (relative price) 已知下，消費者追求效用最大，在達成均衡時，兩種商品的價格比率（市場交換比例）應等於邊際替代率（心理上的交換比例），數學表示如下：

$$MRS_{AB} = \frac{MU_A}{MU_B} = \frac{P_A}{P_B}$$

上述條件配合消費者的預算限制，兩種商品需求函數將可表為所得 Y 與價格（P_A 與 P_B）的函數：

$$A^D = A(P_A, P_B, Y)$$
$$B^D = B(P_B, P_A, Y)$$

若將上述需求函數代入直接效用函數，可得以商品價格與所得表示的間接效用函數 (indirect utility function)：

$$U = U(A, B)$$
$$= U[A(P_A, P_B, Y), B(P_A, P_B, Y)]$$
$$= V(P_A, P_B, Y)$$

　　間接效用函數係指在各種商品價格與所得之下，消費者所能達到的最大效用，具有的特色包括：⑴商品價格愈高，間接效用愈小、⑵所得愈多，間接效用愈大、⑶當所有商品價格與所得以同比例增加時，間接效用將維持不變。就上述間接效用函數取反函數解出所得與效用的關係，可得支出函數 (expenditure function) 如下：

$$I = V^{-1}(P_A, P_B, U^*) = E(P_A, P_B, U^*)$$

支出函數的定義是：在商品價格固定下，消費者追求某一效用水準時，必須花費的最小支出。是以經濟學可從追求直接效用極大化，或間接效用與支出極小化的過程，探索商品需求曲線的形成過程，此即對偶模型 (dual model)。

㈢顯示性偏好 (revealed preference)

　　P. A. Samuelson (1948) 認為需求函數若建立在無法直接觀察的效用函數（包括偏好與無異曲線）基礎，將屬不夠客觀，遂改採顯示性偏好理論進行補充。換言之，經濟學只要合理假設消費者行為，縱使未涉及效用函數（或無異曲線）型態，亦可將需求曲線特質表現出來。

　　消費者在預算限制下進行最適選擇，所有提供正效用商品皆屬愈多愈好，亦即屬於未滿足 (nonsatiation) 狀態。基於這些假設，顯示性偏好定義為：在一組商品價格與所得組合已知下，A 與 B 係消費者可以選擇之商品組合。當消費者選擇 A 時，將意味著消費者對 A 組合具有顯示性偏好，且 A 組合顯示性地優於 B 組合。

　　Samuelson 提出顯示性偏好弱性公理 (weak axiom of revealed preference)，當 A 商品組合顯示性地優於 B 組合，則 B 組合將不可能顯示性地優於 A 組合。Samuelson 接續提出顯示性偏好強性公理 (strong axiom of revealed preference)，當 A 商品組合顯示性地優於 B 組合、B 商品顯示性地優於 C 組合，則 C 組合將不可能顯示性地優於 A 組合。基於弱性與強性公理，我們將可推演出有關需求函數的重要性質，包括零階齊次 (homogeneous of degree zero) 與替代效果 (substitution effect) 等。

㈣預期效用函數 (expected utility function)

在不確定環境中，人們缺乏掌握未來狀況的充分訊息，故需針對可能發生狀況形成預期，進而作成決策。一般說來，風險 (risk) 和不確定性 (uncertainty) 稍有差異，前者事先預知所有可能結果與出現機率，後者或可預知結果卻無法掌握出現機率，如：尋找礦藏屬於不確定性問題而非風險問題。在訊息不全下，人們追求目標將是轉為追求預期效用 $EU(x_i)$ 最大：（$f(x_i)$ 是各種可能出現結果的機率分配）

$$E(u) = \sum_{i=1}^{n} u_i f(x_i)$$

$$EU(x) = \sum_{i=1}^{n} U_i(x_i) f(x_i)$$

人們將目前財富 (W_0) 投入各種風險性資產 (risk asset) 而構成投資組合，期末財富價值 $(\tilde{W})$ 將呈現不確定，故將轉為追求期末財富衍生的預期效用最大。期末財富係期初財富安排於投資組合所獲的本息 $\tilde{W} = W_0(1+\tilde{R}_P)$，$\tilde{R}_P$ 是資產組合報酬率。將期末財富代入預期效用函數，該函數顯然取決於資產報酬率，再經過數學轉換後，可轉換為下列型態：

$$EU(\tilde{R}_P) = V\left[E(\tilde{R}_P), \sigma^2, SK \right]$$

$E(\tilde{R}_P)$ 是預期報酬率 (expected return rate)，$Var(\tilde{R}_P) = \sigma^2 = E\left[R_P - E(\tilde{R}_P) \right]^2$

是報酬率的變異數 (variance)，將反映變異性風險 (variability risk)，$SK = \dfrac{m_3}{\sigma^3}$ 是偏態係數 (coefficient of skewness)，m_3 是三級動差 (third moment)，將反映投機性風險 (speculative risk)。若忽略偏態係數影響，預期效用函數可表為平均數 (μ) 與變異數 (σ^2) 無異曲線 (mean-variance indifference curve)，亦即 μ 與 σ^2（或標準差，standard deviation）的各種組合能夠產生相同預期效用的軌跡。

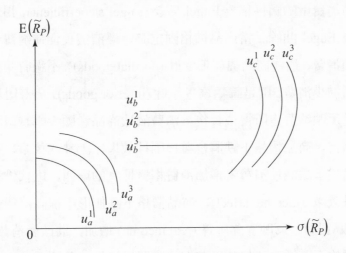

依據財富效用函數型態，人們的風險偏好態度分為三種：⑴風險愛好者 (risk lover) 的財富邊際效用呈遞增現象。由於風險提供正效用，μ–σ 無異曲線將呈現負斜率。在維持預期效用不變下，人們寧願犧牲預期報酬率換取增加風險負擔，尋求獲得較大實際報酬率（事後概念）的機會。⑵風險中立者 (risk neutral) 的財富邊際效用呈固定現象。在不確定狀況下，人們僅是關心預期報酬率，忽略風險就好像不存在一樣，μ–σ 無異曲線為水平線，反映風險對人們決策並無作用。⑶風險袪避者 (risk averter) 的財富邊際效用呈遞減現象，μ–σ 無異曲線呈現正斜率，風險屬於負效用，反映若要投資人承擔較大風險，將需提升預期報酬率作為補償，此即一般俗稱「高風險、高預期報酬率」的現象。

(五) Engel 法則 (Engel's law)

　　Engel 法則闡述人們的消費行為與所得的關係，在低所得 (經濟發展層次較低) 時，糧食支出占消費支出比例很高；經濟成長促使糧食支出占消費支出比例日愈降低，交通、教育、醫藥、娛樂等支出所占比例愈來愈高，顯示所得與商品消費量的關係稱為 Engel 係數 (Engel's coefficient)，揭示兩者關係的軌跡稱為 Engel 曲線。當商品價格固定時，經濟成長促使消費者感覺日益富有而增加消費，這些商品屬於正常財 (normal goods)。不過有些商品係隨所得成長反而減少消費，則是歸類為劣等財 (inferior goods)，劣等財與商品品質無關，只是反映消費者所得成長後，消費該項商品意願大幅衰退而已。

　　一般而言，商品價格下跌將會發揮兩種效果：(1)替代效果：在效用水準不變下，價格下跌誘使消費者增加消費相對便宜的東西，取代價格未跌的商品。(2)所得效果 (income effect)：商品價格下跌無形中提高消費者手中貨幣 (money) 的購買力，反映實質所得 (real income) 增加，將改變消費意願。

　　商品價格下跌透過代替效果將促成購買量增加，此即 Hicks 補償性需求曲線 (compensated demand curve) 或效用固定的需求曲線，顯示價格與購買量必然呈現反向關係。不過在考慮所得效果的影響後，答案可能發生改變。當正常財價格下跌，代替效果與所得效果同樣增加購買量，促使包含兩種效果的 Marshall 一般需求曲線更具價格彈性 (price elasticity)。反觀劣等財價格下跌，代替效果將增加購買量，所得效果卻減少購買量，購買量增減端視兩種效果的大小而定。萬一所得效果超越代替效果，價格下跌反而降低購買量，該種商品稱為季芬財 (Giffen goods)，需求曲線轉為正斜率，成為需求法則的例外情況。另外，T. Veblen (1899) 針對有閒階級 (leisure class) 消費炫耀性商品 (conspicuous goods) 行為提出 Veblen 效果，亦即這些商品的價格能夠產生炫耀性的效用。當炫耀性商品價格上漲時，代替效果與所得效果將使購買量

減少，不過價格高漲促使消費者享受「只有我買得起」的炫耀效果，強化增加購買意願，促使炫耀性商品或 Veblen 商品需求曲線成為正斜率現象。

　　人們運用 Engel 法則判斷商品的屬性時，必須牢記商品價格需維持不變。1992 年諾貝爾經濟學獎得主 G. S. Becker 探討家庭經濟學 (home economics) 時，發現經濟成長伴隨著家庭中的小孩數量減少，若是直接套用 Engel 法則推論，將會得到小孩屬於劣等財的結論。此種說法顯然與父母喜好子女的事實相互矛盾，從實證資料尋求答案發現：父母認為孩子的數量和質量屬於替代品，經濟成長結果大幅提升母親撫育孩子時間的機會成本，隨著家庭所得提高，將會發生為節省時間而以孩子質量取代對孩子數量。換言之，富裕階級擁有較少但教育良好的孩子，貧窮階級則擁有較多卻缺乏教育的孩子。是以有關生育行為模型的核心結論為：在任何時點和所有家庭之間，所得與生育子女間將呈負相關。

㈥新家庭經濟學

　　農業經濟的基本單位是家庭，兼具生產者與消費者的角色，典型的農業經濟是自給自足體系 (autarky system)，決策過程可用 Chicago 學派的「生產者－消費者」模型描繪。隨著分工 (division of labor)、交換 (exchange) 與專業化 (specilization) 的盛行，農業經濟逐漸轉向工業經濟，家庭不再是基本生產單位而蛻變為單純的消費單位，經濟學遂改採廠商理論說明生產 (production) 過程，消費理論說明消費過程。換言之，家庭經濟演變為採取一般均衡模型說明消費與生產分離的完全競爭市場經濟。在簡化環境中，生產功能從消費單位分離出去，每一成員擁有主觀的效用函數，分別擁有勞動 (labor)、資本 (capital) 與土地 (land) 等因素，並在因素市場 (factor market) 交易過程中獲取報酬。

　　隨著經濟發展邁入服務經濟階段，工資率持續上漲，促使家庭生產活動

逐漸被專業化公司提供的家庭服務取代，亦即分工和專業化要求消費者不斷將消費活動中的生產行為轉移到廠商，如：習慣自己買菜、做飯、打掃衛生的消費者，基於這些生產活動的內部成本（以工資率衡量）持續上升和家庭服務公司規模經濟 (economics of scale) 效果不斷提升，將逐漸習慣於到餐館吃飯和請臨時工打掃衛生。

傳統消費理論認為家庭或家計部門是由消費者一個人構成，在預算限制下追求從市場中購買的商品勞務所產生的效用最大。以 G. Becker (1965) 為首的 Chicago 學派新家庭經濟學，認為家庭是眾多成員組成的生產單位，追求從家庭生產活動過程中產生的效用最大：

$$U = U(Z_1, Z_2, \cdots, Z_n)$$

Z_i 是 i 種家庭勞務，係家庭成員運用市場商品 (Q_i) 和時間 (t)、技能與知識等投入生產而得，家庭生產函數 (household production function) 可表為：

$$Z_i = Z(Q_i, t)$$

上述看法不僅擴大屬於社會學、社會心理學和社會人類學範圍的個體經濟學分析角度，同時也改變對消費行為的傳統解釋。新家庭經濟學針對家庭從事市場和非市場活動進行一致性解釋，從最初的婚姻決策、生育孩子的決策、夫妻間家庭愛好的區分、勞動市場參與程度，甚至包括透過離婚而解散家庭的決策等問題，建立範圍寬廣的理論與實證架構。

(七)消費者剩餘 (consumer's surplus, CS)

A. Marshall (1890) 認為消費者對特定數量商品的消費，願意支付金額超過實際支付金額，兩者差距稱為消費者剩餘。爾後，經濟學為衡量商品價格變動對消費者福利的影響，提出補償變量 (compensated variation, CV) 與等值

變量 (equivalent variation, EV) 概念進行衡量。前者係指在商品價格變動後，維持消費者原先滿足程度不變，所需補償或扣除的金額；後者係指維持商品價格固定下，若要維持消費者滿足程度與價格變動後的狀況對等，所需增加或扣除的金額。

3

彈 性
elasticity

　　經濟學廣泛運用彈性概念，係指在經濟函數 $y = f(x)$ 中，因變數 y 對自變數 x 變化的反應程度。具體而言，彈性是自變數變化引起因變數的變化比例：

$$\varepsilon(y, x) = \frac{dy/y}{dx/x} = (\frac{dy}{dx})(\frac{x}{y}) = \frac{d\ln y}{d\ln x}$$

　　在彈性概念中，依經濟性質劃分，最常被提起的彈性包括需求或供給彈性、所得彈性 (income elasticity)、交叉彈性 (cross elasticity)。依彈性的衡量性質劃分，包括點彈性 (point elasticity) 與弧彈性 (arc elasticity)。首先將 A 商品需求表示為 A 商品價格 P_A、相關商品價格 P_B、所得 y 與嗜好 t 等變數的函數：

$$A^D = f(P_A, P_B, y, t)$$

　　以上述需求函數為例，我們可說明重要的彈性概念。需求彈性或價格彈性係指商品價格變動導致需求量變動的比例：

$$\varepsilon(A^D, P_A) = \frac{dA/A}{dP_A/P_A} = (\frac{dA}{dP_A})(\frac{P_A}{A})$$

　　商品需求量係價格的遞減函數，是以需求彈性為負值。不過經濟學討論需求彈性時，習慣上只稱其絕對值，忽略正負符號。需求曲線若為正雙曲線 (rectangular hyperbola)，線上各點的需求彈性均等於一，稱為單一彈性 (unit

elasticity)。需求彈性大於一表示需求量變動率大於價格變動率，可稱為相對
具有彈性 (relatively elastic)。需求曲線為水平線（斜率為零）時，反映價格稍
微變動，需求量將出現巨大變化，需求彈性為無窮大。需求彈性小於一顯示
需求量變動率小於價格變動率，屬於相對缺乏彈性 (relatively inelastic)。當需
求曲線呈現垂直線（斜率為無窮大）時，表示價格變動對需求量並無影響，
需求彈性等於 0。

　　經濟學衡量需求彈性，有時僅關心曲線上某特定點的彈性，此即點彈性
的概念，可用前述的數學公式計算。有時則是關心曲線上某段範圍 (P_1, A_1) 與
(P_2, A_2) 間的彈性大小，此即弧彈性的概念，前述公式將修正如下：

$$\varepsilon(A^D, P_A) = \frac{(A_2 - A_1)/(A_2 + A_1)}{(P_2 - P_1)/(P_2 + P_1)}$$

　　反觀供給彈性係指供給價格變動導致供給量變動的程度。由於商品供給
量係價格的遞增函數，供給彈性將係正值。供給曲線若是通過原點的直線時，
線上各點的彈性均為一。供給彈性大於一表示供給量變動率大於價格變動率，
具有彈性的供給曲線必先交於縱座標。當供給曲線呈現水平狀態時，彈性趨
近於無窮大。供給彈性小於一表示供給量變動率小於價格變動率，而缺乏彈
性的供給曲線必先交於橫座標。當供給曲線呈垂直狀態時，彈性趨近於 0。
衡量供給彈性亦有點彈性與弧彈性之分，道理同於需求曲線。

　　再討論所得彈性，係指所得增加造成需求增加的比率：

$$\varepsilon(A^D, y) = \frac{dA/A}{dy/y} = (\frac{dA}{dy})(\frac{y}{A})$$

　　所得彈性值端視商品性質而定，負所得彈性表示隨著所得增加，劣等財
需求反而減少。正常財的所得彈性為正，所得彈性大於一顯示商品需求增加

率超過所得成長率，將屬於奢侈品 (superior goods) 的範疇，不過奢侈品未必是炫耀性商品。同時，所有商品的所得彈性加權平均值將等於 1，權數是每種商品支出占所得的比例，而且顯示：所有商品均可為正常財，但不可能全部是劣等財。值得注意者：商品性質並非一成不變，往往隨著經濟發展階段不同而出現不同變化。

至於交叉彈性係指某種商品價格變動時，引起相關商品需求變動的程度，公式如下：

$$\varepsilon(A^D, P_B) = \frac{dA/A}{dP_B/P_B} = \left(\frac{dA}{dP_B}\right)\left(\frac{P_B}{A}\right)$$

交叉彈性值端視相關商品間的關係而定。負交叉彈性反映兩種商品互為代替品，正交叉彈性顯示兩種商品屬於互補品 (complement)。交叉彈性為 0 表示兩種商品毫無關係。交叉彈性的絕對值愈大，則兩種商品的關係愈為密切。此外，需要的交叉彈性亦可用於衡量市場的地理範圍，A 商品在甲乙兩區域銷售，假設甲區域價格變動對乙區域銷售量發揮極大影響，則兩區域可視為同一市場，否則將屬於不同市場。

除上述與供需函數有關的彈性外，J. R. Hicks (1932) 提出替代彈性 (elasticity of substitution)，係指兩種商品的相對價格變動時，引起兩種商品比率變動的比例。當消費者達成均衡時，商品相對價格等於無異曲線斜率（邊際替代率，MRS_{AB}），是以替代彈性表示如下：

$$\sigma_{AB} = \frac{d\ln(A/B)}{d\ln(MRS_{AB})} = \frac{d\ln(A/B)}{d\ln(P_x/P_y)}$$

替代彈性為正值，表示兩者間存在替代關係；若是趨於無窮大，將代表兩者屬於完全替代關係。假設替代彈性等於 0 時，表示兩種商品缺乏代替性，屬於互補性質。

4

生產活動
production activity

(一)交易成本 (transaction cost)

1991 年諾貝爾經濟學獎得主 R. H. Coase (1935) 在《廠商的本質》(*Nature of Firms*) 中提出交易成本概念，成為解釋廠商起源與財產權交易的理論基礎，且是法律經濟學 (economics of law) 的根源，此即有名的寇斯定理 (Coase theorem)。交易成本概念係指:「人們從事市場交易活動，將須尋找交易對象，談判交易條件、進行議價與敲定價格，然後簽訂契約、進行檢驗以確定對方是否履行契約規定。」在此過程中，買方落實交易（消費）活動前必須耗費蒐集訊息的時間成本（貨比三家）、議價成本（契約成本）及支付「商品本身價格」。反觀賣方則須面對消費者與上游供應商，凡是「促成交易所耗費的成本」皆屬於交易成本，如: 對供應商品質的監督成本 (monitor cost)、對消費者售後服務成本、以及廠商內部管理成本等，甚至包括法律制度對市場交易秩序規範所衍生的成本，是以「廠商若能降低買賣雙方的交易成本，即代表具有市場競爭力」。

舉例來說，電子商務 (electronic commerce) 市場蓬勃發展，係因電腦網路提供商品資訊，降低消費者蒐集訊息及執行交易所需的時間成本。此外，製造業中衛體系的建立或 ISO 9000 等品保認證，將能降低上下游廠商彼此間的契約成本與監督成本，有助於提升競爭力。再看廠商內部採取五種管理方式（生產、行銷、人事、財務、研發）所衍生的成本問題，也都屬於交易成本

範圍，如：直銷制度將行銷通路的層層利益直接由公司和客戶分享，降低中間交易成本。房屋仲介業熟稔非標準化商品的房屋市場價值，將可降低買賣雙方估價成本而存在於市場。

　　交易成本是廠商起源的根本原因，亦是決定發展最適規模的基礎。廠商規模與市場交易成本間存在對應關係，廠商規模應該擴充到內部額外處理一筆交易的成本，等於在市場交易的成本，或委託其他廠商處理的成本。明確地說，廠商採取經營策略包括自行生產、委外代工（外包）、策略聯盟與購併 (acquisition & merger, A&M) 等，自行生產係透過廠商內部行政程序來完成，後三者卻係透過市場機能運作來落實，選擇何者將視不同策略的相對成本而定。總之，在廠商決策過程中，市場價格並非唯一決定因素，尚須評估選擇適當代工廠商、達成代工協議及監督代工成果等活動所需的人力、時間及費用所累積的交易成本，才能決定適當的生產規模與策略。

㈡廠商目標

　　一般而言，廠商若屬於獨資企業型態，所有權與經營權同為一人，營運所得全歸自己所有，營運目標當可定義為追求利潤最大。隨著廠商經營型態轉變為合夥企業、有限公司或股份有限公司，甚至成為股票上市或上櫃公司時，公司所有權與經營權逐漸分離，營運目標將趨於多元化。換言之，公司經營階層未必擁有多數股權（所有權），勢必衍生主理人與代理人問題 (principal-agent problem)，促使營運目標趨於多元化。W. Baumol 提出最大銷售額 (sales maximization) 模型，認為廠商係追求最大銷售額或銷售額成長率最大。另外，經營階層可能追求一定的市場占有率或排名，或是包括高品質、良好的社會聲譽、提供客戶滿意的服務、固定的投資報酬率等。當廠商追求多元目標時，將須引進經營階層的效用函數，再考慮利潤水準的要求下尋求效用最大。

㈢生產與產業結構 (industrial structure)

　　生產係指創造或增加效用的經濟活動。就廣義而言，生產屬於創造效用或附加價值 (value-added) 的過程，包括創造形式效用 (form utility)、地方效用 (place utility)、時間效用 (time utility) 與產權效用 (property utility) 四種類型，提供人們在使用過程中能有不同觀感，從而願意支付較高價格購買。就狹義而言，生產專指物質的轉換過程，亦即原料經過製造過程後，將會展現截然不同的風貌。

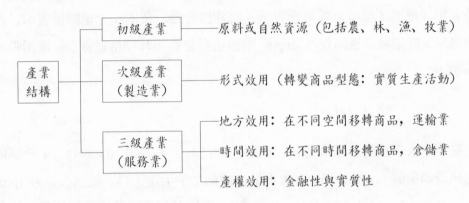

　　一國的產業結構大略劃分成初級產業 (primary industry)、次級產業 (secondary industry) 與三級產業 (tertiary industry)。隨著經濟發展層次提升，次級產業 (製造業) 與三級產業 (服務業) 的產值合占國民生產毛額 (gross national product, GNP) 的比重居於絕對多數。尤其是在先進國家或高度發展區域，如：新加坡與香港等亞洲金融中心，服務業產值顯著超越製造業，在經濟活動中的重要性急遽攀升。服務業的生產活動係在提供人們地方、時間與產權三種效用，而創造產權效用的廠商基於仲介標的性質不同，再區分成金融性（金融資產）與實質性（實體資產）產權效用。

㈣生產函數 (production function)

在生產過程中，廠商使用固定技術 (t)，組合勞動 (N)、土地 (L)、資本 (K)、企業精神 (entrepreneurship, E) 等因素投入生產活動。生產函數係指在固定期間內，在現行技術已知下，廠商組合因素生產所能創造的最大產出 (output)。值得注意者：經濟學討論的產出係指利用因素創造的附加價值，並未包含原料價值在內，此即淨產出 (net output) 概念。反觀一般所說的商品概念，係指包括原料在內的毛產出 (gross output) 概念。習慣上，每種因素都應以「人 / 小時」與「機器 / 小時」等概念表示，而非以勞動、資本和土地數量表示，理由是：生產函數涉及的投入 (input) 屬於流量變數而非存量變數。生產函數型態如下：

$$Q = F(N, K, L, E, t)$$

勞動泛指人們提供的基本勞務，但不包括技術工人 (skilled labor)。土地屬於自然資源稟賦 (endowment)，資本係人們創造的生產工具，或稱生產財 (producer's goods) 或資本財 (capital goods)，有別於滿足消費者最終慾望的消費財。資本可再分成固定資本 (fixed capital) 與變動資本 (variable capital)，前者指機器設備、廠房等，後者專指存貨而言。至於企業精神是廠商承擔風險從事營運活動，這樣的生產者稱為企業家 (entrepreneur)。

生產函數係描述因素投入與產出間的技術關係。就短期而言，生產函數若僅考慮單一因素變動對產出的影響，產出固然會隨因素增加而提高，不過產量增加率卻呈現遞減趨勢，此即報酬遞減現象。明確地說，當其他因素維持不變時，廠商增加單一因素投入帶來產出增加稱為邊際產量 (marginal product, MP)，所有邊際產量加總稱為總產量 (total product, TP)，總產出除以因素量稱為平均產量 (average product, AP)。一般而言，在其他因素固定下，

邊際產量將隨因素量增加而減少，即稱為報酬遞減或邊際生產力 (marginal productivity) 遞減。

接著，經濟學採取等量曲線 (isoquant) 概念，探討廠商從事長期生產的技術關係。等量曲線類似無異曲線概念，係指廠商使用兩種因素（資本與勞動）組合，能夠生產相同產出的軌跡，斜率稱為邊際技術替代率 (marginal rate of technical substitution, MRTS$_{NK}$)，亦即為維持相同產量，廠商增加勞動雇用在技術上可替代的資本數量。就同一等量曲線而言，隨著勞動使用量增加時，所能取代的資本數量將愈來愈少，此即邊際技術替代率遞減。當廠商面對固定成本預算與因素價格，達成生產者均衡時，邊際技術替代率將等於因素價格比率。r 是資本使用成本 (user's cost of capital)，W 是貨幣工資率 (money wage rate)。

$$MRTS_{NK} = \frac{MP_N}{MP_K} = \frac{\rho}{W}$$

J. R. Hicks (1932) 提出替代彈性，在生產面的意義為：邊際技術替代率變動引起資本勞動比率變動的比例。

$$\sigma_{NK} = \frac{d\ln(K/N)}{d\ln(MRTS_{NK})} = \frac{d\ln(K/N)}{d\ln(\rho/W)}$$

A. C. Arrow、H. B. Chenery、B. S. Minhas 與 1987 年諾貝爾經濟學獎得主 R. M. Solow (1961) 共同提出固定替代彈性的生產函數 (constant elasticity of substitution production function, CES)，成為經濟學領域經常使用的函數型態：

$$Q = \gamma \left[\delta N^{-\rho} + (1-\delta)K^{-\rho} \right]^{-1/\rho}$$

$\lambda > 0$ 是技術參數，$0 < \delta < 1$ 是分配參數，$\sigma = 1/(1+\rho)$。值得注意者：隨著 ρ 值變

化，CES 生產函數將呈下列變化：

(1) ρ 值趨近於 -1 時，將蛻變為 $Q=\alpha N+\beta K$ 的完全替代生產函數。

(2) ρ 值趨近於 0 時，將蛻變為 Cobb-Douglas 生產函數：（α 與 β 為分配參數，A 為技術參數）

$$Q = AN^{\alpha}K^{\beta}$$

(3) ρ 值趨近於無窮大（替代彈性為零）時，將蛻變為 1973 年諾貝爾經濟學獎得主 W. Leontief 提出的生產函數：

$$Q = \min\left\{\frac{N}{\alpha}, \frac{K}{\beta}\right\}$$

α 是勞動係數 (labor coefficient)，係生產一單位產出所需的勞動投入。β 是資本係數 (capital coefficient)，係生產一單位產出所需的資本投入。

(五)技術進步 (technical progress)

技術進步係指在因素固定下，產出發生增加的現象，發生原因包括學校教育品質提升、組織結構改善、健康醫療系統完善與創新研究成果等，促使廠商生產技術或生產效率大幅提升。至於技術進步對生產函數的影響包括三種類型：

1.勞動增加 (labor-augmenting) 的技術進步

在資本勞動比率固定下，平均與邊際勞動產量出現增加的技術進步現象，此即 Harrod 中性技術進步，或稱勞動增加、使用勞動 (labor-using) 或資本節省 (capital-saving) 的技術進步，生產函數型態可表為：

$$Y(K, N, t) = F[K, A(t)N]$$

2. 資本增加 (capital-augmenting) 的技術進步

在資本勞動比率固定下，平均與邊際資本產量出現增加的技術進步現象，此即 Solow 中性技術進步，或稱資本增加、使用資本 (capital-using) 或勞動節省 (labor-saving) 的技術進步，生產函數型態可表為：

$$Y(K, N, t) = F[A(t)K, N]$$

3. Hicks 中性技術進步

在資本勞動比率固定下，勞動與資本的平均與邊際產量以齊一速度遞增的技術進步現象，反映生產函數的自發性成長因素 $A(t)$ 將隨時間成長的現象：

$$Y(K, N, t) = A(t)F[K, N]$$

(六)引申需求 (derived demand)

引申需求係指廠商從事生產活動必須雇用因素，在面對個別因素價格下，願意雇用的因素數量。在生產過程中，廠商除需投入生產因素外，尚須投入原料，從而產生中間財 (intermediate goods) 需求。因素市場係指廠商與因素擁有者從事交易的場所，而因素市場與商品市場運作的差異性包括：(1)前者的購買者規模較大，後者的消費者購買數量較少。(2)前者的購買者通常集中在少數地區，後者的消費者分散在各區域。(3)前者的需求係從消費者的商品需求引申出來，後者的需求屬於最終需求性質，出自於滿足自身的慾望。

廠商雇用因素支付的價格應等於因素的邊際貢獻。如果因素價格高於因素的邊際貢獻，則將增加因素雇用；一旦因素價格低於因素的邊際貢獻，廠商將減少因素雇用。廠商增加因素雇用引起產量變動，稱為邊際實物產量 (marginal physical product, MPP) 或邊際產量，此即因素的邊際貢獻或因素的

邊際生產力。是以廠商面對的邊際產量曲線或邊際生產力曲線，就是引申需求曲線。

在現實社會中，我們都以貨幣來衡量價值，是以經濟學將邊際產量的市場價值視為引申需求，邊際產量乘上商品的邊際收益稱為邊際產量收益 (marginal revenue product, MRP)，顯示邊際產量帶給廠商收益的增量，即是因素的貨幣邊際貢獻。在均衡時，因素價格應等於邊際產量收益。在完全競爭市場中，產品價格固定不變，產品價格就等於邊際收益，而價格與邊際產量的乘積即是邊際產值 (value of marginal product, VMP)。在不完全競爭市場中，價格或平均收益大於邊際收益，是以因素的邊際產值要大於邊際產量收益。

邊際產量收益曲線是因素的引申需求曲線，顯示隨著因素雇用量增加，邊際產量收益呈現遞減現象。假設廠商使用一階齊次的生產函數，生產因素若依邊際貢獻支付報酬時，商品價值剛好分配完畢，此種現象稱為邊際生產力學說 (theory of marginal productivity) 或稱加總理論 (adding-up theorem)、耗盡理論 (exhaustion theorem)，數學家稱為 Euler 理論。在生產過程中，廠商往往同時雇用多種因素進行生產，此即稱為聯合需求 (joint demand)。

(七)法律經濟學

法律經濟學或稱為法律的經濟分析，係結合法學和經濟學的學門；一方面以人類社會的法律現象為研究對象，成為法學或法理學的分支；另一方面則以經濟學方法探討法律問題而屬於經濟學的一環。該學門運用價格理論與福利經濟學、公共選擇 (public choice) 理論探討三大主題：(1)預測特定法律帶來的影響、(2)解釋特定法律存在的理由，包括習慣法是否具有經濟效率，以及期望法官關心效率與分配的議題、(3)決定應該制定何種法律以及如何界定經濟效率。

法律經濟學起源於 Coase (1960) 提出的「火車─牧場」案例，陳述其對

權利規範的論點，關注焦點集中於探討侵權法的社會成本問題。直至 R. A. Posner 在 1970 年代發表《法律的經濟分析》(*Economic Analysis of Law*)，系統化闡述法律經濟學的相關理論，並對所有部門法領域進行經濟分析。就邏輯來看，經濟學與法律學的交集包括「以法律規範經濟活動」與「以經濟方法分析法律設計」，法律學家大多數將法律經濟界定為前者，不過法律經濟學的定義卻屬後者。

　　法律經濟學研究在顯性市場交易 (explicit market transaction) 法律管制的領域中取得許多進展，包括反托拉斯法 (公用事業及公共運輸業管制)、詐欺和不正當競爭 (公司破產、有擔保的交易和商法的其他領域)、公司法和證券管制；稅法與稅收。

規模經濟與範疇經濟
economics of scale & scope

㈠內部經濟 (internal economy)

在長期時，廠商同時增加所有因素，對產出增加程度的影響將是規模報酬探討的主題。假設新古典 (neoclassical) 生產函數為：

$$Q = f(N, K)$$

廠商同時等比例增加資本與勞動雇用量 λ 倍，上述函數表為：

$$Q = f(\lambda N, \lambda K) = g(\lambda)$$

$\lambda=1$ 表示廠商雇用因素為目前使用的規模，$\lambda>1$ 表示廠商擴張生產規模，$\lambda<1$ 表示廠商縮減生產規模。是以 C. E. Ferguson (1969) 定義規模彈性 (elasticity of scale) 或稱函數係數 (function coefficient) 如下：

$$\varepsilon(Q, \lambda) = \frac{d\ln Q}{d\ln \lambda}$$

當所有因素同時增加一倍，產出增加超過一倍時，稱為規模報酬遞增或大規模生產經濟，規模彈性大於 1。規模經濟主要來自於廠商生產所需特殊因素（如：生產設備、技術等方面之連續性）的不可分性和廠商內部進行之專業化。唯有當產出達到相當水準時，不可分割的設備和生產線方能充分運

用，高度生產分工和管理部門分工才能充分被利用，也才有充足條件從事大量研發活動。這些現象都是廠商內部力量造成，又稱為內部經濟，效果反映在長期成本曲線呈現遞減形狀。隨著廠商營運規模超過某一區間後，內部出現協調困難、誘因激勵弱化、資訊不流暢甚至扭曲等大企業具有的弊病，引爆喪失活力的內部不經濟 (internal diseconomy) 現象，從而邁向規模不經濟，因素增加僅能換取較小比例的產出增加，此即規模報酬遞減或大規模生產不經濟，規模彈性小於 1，長期成本曲線呈現遞增形狀。由此可見廠商規模需受各種因素制約，並非可以無限制擴充，只有與一定條件相適應、適度規模才能帶來經濟效益。此外，當所有因素同時擴張一倍時，產出剛好增加一倍，則稱為規模報酬固定，規模彈性等於 1，此時的生產函數必為一階齊次函數 (homogeneous function of degree one)，長期平均成本曲線為水平線。

　　規模報酬變化係以固定因素比例為基礎，生產函數屬於齊次函數型態。實務上，廠商係透過改變成本預算增加因素雇用量來擴大產出，因素使用比例未必維持不變，是以經濟學改採支出報酬 (returns to outlay) 概念。當廠商增加產出時，必須增加因素雇用，在因素價格不變下，長期成本預算支出自然會增加(使用因素比例可能改變)。當產出增加比例大於成本支出增加比例時，廠商將享有遞增的支出報酬，長期平均成本曲線將呈遞減現象。當產出增加比例等於成本支出增加比例時，廠商享有固定的支出報酬，長期平均成本曲線將是水平線。一旦產出增加比例小於成本支出比例時，廠商面臨遞減支出報酬，長期平均成本曲線將呈遞增現象。

㈡聚集經濟 (agglomeration or cluster economy)

　　各種產業及經濟活動因集中出現在某一區位而獲利，稱為聚集經濟。一般而言，聚集經濟包括內部經濟與外部經濟 (external economy) 兩個範疇。前者係指在所有生產過程中，廠商採取大規模生產降低生產成本，享受規模報

酬遞增。後者區分成兩部分：

1.地方化經濟 (local economies)

　　同一產業內廠商在特定地點相互依存聚集而形成生產網絡，享有彈性生產與行銷優勢，透過擴大產業產出方式降低整體成本。對廠商而言，經濟利益屬於外部效果，對產業而言則為內部效果，此又稱為區位規模經濟或佈局規模經濟。

2.都市化經濟 (urban economies)

　　跨產業廠商在特定地點聚集，形成跨部門生產網絡效果，尤其是在製造業聚集後，商業、服務業隨之增加，帶來生產因素充沛且多元化提供市場訊息的流通等。對產業及廠商而言，經濟利益均屬於外部效果。

　　聚集經濟的效益來源包括：⑴降低運輸成本、⑵同性質廠商的空間聚集，可聯合採購原料、共同銷售商品、商品數量多、選擇機會大，容易吸引更多顧客，促使商品銷售規模和市場範圍擴大、⑶訊息迅速流通的效益、⑷在廠商聚集區，廠商調整規模容易，勞動供給充足且有大量熟練工人，可降低勞工培訓成本、⑸共同利用基礎設備的效益。

　　Daggett (1955) 指出聚集點為廠商決定相互依靠的位置，必須由廠商聚集在一起才會產生優勢，一起行動才會獲利。空間上的聚集可有效降低生產過程中的不確定因素，進而降低營運風險。是以廠商若發現產業內其他廠商群集於某一地區，將會傾向遷往該區進行生產。此外，聚集經濟可讓主要都市工業複合體的組成廠商擁有大區域的公共設施與福利服務，當複合體規模擴大時，政府部門提供設施服務（如：電力生產、都市運輸、水源供給及污水處理等）的單位成本將會下降。理論上，規模經濟應會繼續增加至各工廠的最小效益規模點，超過此點，低成本會延續到外部規模經濟的廠商；聚集經濟將存在最適空間，在最理想且有效率的水準下提供公共設施與服務，以促使廠商外部經濟最大化。

㈢範疇經濟

　　規模經濟強調「規模大就是美」，重點在於商品並講求市場占有率。範疇經濟強調「完整的商品組合才是美」，重點在個人而講求個人（錢包）占有率，亦即當廠商掌握「人的經驗」後，採取營運策略即是能夠銷售給消費者的商品種類愈多愈好。換言之，廠商生產多元化商品的成本，若是低於生產單一商品成本的總和時，將享有範疇經濟 (SC)，通常以多種商品與個別商品的平均成本差異比例衡量：

$$SC = \frac{[C(q_1, 0) + C(0, q_2) - C(q_1, q_2)]}{C(q_1, q_2)}$$

SC>0 代表具有範疇經濟，SC<0 代表具有範疇不經濟。

　　規模經濟提供廠商長期經營優勢，如一般廠商若要與台塑集團一爭長短，在缺乏資金與經濟規模下，顯然有其困難，理由是：大公司從事大量生產將享有較低單位成本，規模經濟就成為台塑屹立不搖的競爭優勢。反觀在網際網路的數位經濟 (digital economy) 中，致勝關鍵不在供給者的規模經濟，而是需求者的範疇經濟。舉例來說，傳統汽車產業採取大量生產 (mass production) 發揮規模經濟降低成本，從而取得競爭優勢。在數位經濟環境中，大量生產卻無法降低成本，Amazon 書店僅擁有一個客戶或百萬客戶時，每增加一位客戶的邊際成本趨近於零。但是產品內容多元化（範疇規模）卻能產生大量訂製 (mass customization) 觀念，讓廠商經營重點轉向需求面的範疇經濟。當規模經濟重點由供給者轉向需求者時，廠商經營本質將隨之改變。

　　廠商追求發揮範疇經濟效果，通常採取多角化策略 (diversification strategies) 經營，範圍包括有限的多角化（單一企業型與控股企業型）、策略相關多角化（屬性相同型與不完全相同型）與非策略相關多角化。至於促使廠商採

　　取多角化策略的誘因包含營運範疇經濟（共用的活動與核心能力）、財務範疇經濟（內部資金配置、降低風險與稅賦優勢）、反競爭性範疇經濟（多重競爭與開拓市場力量）、多元化人力誘因（人力資本投資多元化與管理薪資最大化）。

6

收益與成本函數
revenue & cost

(一)收益函數

　　廠商從事產銷決策時，首要評估因素包括收益與成本函數的構成。收益係指廠商銷售商品或勞務給所獲之營運收入，包括平均收益 (average revenue, AR)、總收益 (total revenue, TR) 與邊際收益 (marginal revenue, MR) 等常用的概念。

　　平均收益就是單位商品價格 (P)，亦即廠商面對的需求曲線。總收益相當於平均收益乘上銷售數量 (TR=PQ)。邊際收益則為廠商增加商品銷售引起總收益的變動量。在完全競爭 (perfect competition) 市場中，價格取決於市場供給與需求，廠商屬於價格接受者 (price taker)，缺乏影響商品價格能力，是以平均收益曲線成為水平線，邊際收益等於平均收益。在不完全競爭 (imperfect competition) 市場中，個別廠商對商品價格具有部分影響力，平均收益曲線相當於商品需求曲線，將隨商品數量增加而呈遞減現象，促使邊際收益曲線也會隨產品數量增加而遞減。

　　邊際收益曲線與平均收益曲線都隨商品數量增加而遞減，不過前者一定不會超過後者，兩者關係如下：

$$MR = AR(1 - \frac{1}{\varepsilon})$$

ε 是需求彈性。上述公式顯示：當 $\varepsilon=1$ 時，$MR=0$；$\varepsilon>1$ 時，$MR>0$；$\varepsilon<1$ 時，$MR<0$。當平均收益曲線呈水平線時，需求彈性為無窮大，此時 $AR=MR$。在不完全競爭市場中，需求彈性不再是無窮大，MR 自然小於 AR。

(二)成本的概念

在生產過程中，廠商雇用因素必須支付成本，包括揭露於會計報表之顯現成本 (explicit cost)，以及確實發生卻未出現在報表，如：無償使用自己資源而未支付薪水或房屋租金，此即隱含成本 (implicit cost)。顯現成本登錄於會計帳冊，又稱為會計成本 (accounting cost) 或商業成本 (business cost)，而經濟成本 (economic cost) 則包括顯現成本與隱含成本。

成本概念可用貨幣或實物衡量價值。廠商生產某一商品將放棄生產其他商品機會，是以經濟學改採機會成本 (opportunity cost) 概念，揭示生產甲商品所需放棄生產乙商品數量的代價。廠商從事營運將有長期與短期之分，長期係指廠商可以調整所有因素的狀態，短期係指某些因素無從調整，故有固定與變動因素之別，造成短期成本包括與產量無關的總固定成本 (total fixed cost, TFC)，以及隨產量增加而變化的總變動成本 (total variable cost, TVC)。在短期成本結構中，固定成本與產量無關，屬於無從避免的成本，故又稱為沉沒成本 (sunk cost)。將固定成本除以產量可得隨產量增加而遞減的平均固定成本 (average fixed cost, AFC)。同樣地，將變動成本除以產量可得平均變動成本 (average variable cost, AVC)。

一般而言，短期平均變動成本與平均產量 (average product, AP) 存在反向關係，通常隨產量增加先是呈遞減現象，直到某一程度後，才反轉呈遞增現象，促使該曲線呈現 U 形狀態。至於短期平均總成本 (average total cost, ATC) 是平均固定成本與平均變動成本的加總，曲線亦是呈現 U 形。在廠商決策過程中扮演重要角色的邊際成本 (marginal cost, MC)，係指增加商品生產所增加

的成本，亦即是總成本的增量，與固定成本無關。就數學推演結果來看，遞增的邊際成本曲線將會通過平均變動成本曲線與平均總成本曲線的最低點。

　　廠商規劃長期生產時，相當於在設計藍圖進行事前 (ex-ante) 選擇，所有因素均屬可變，並無固定因素存在，是以長期成本結構中僅有變動成本。長期平均成本 (LAC) 是長期總成本除以產量，LAC 曲線是短期平均成本 (SAC) 曲線的包絡曲線 (envelope curve)，亦即 LAC 曲線上的任何一點均代表一個短期或事後的 (ex-post) 生產規模。長短期平均成本曲線的關係是：就長期而言，廠商係在眾多設備規模方案進行選擇，此係屬於事前的紙上作業，所有因素均屬可變。此種現象反映在新古典生產函數型態，特質是因素間的關係屬於事前與事後均屬可變 (putty-putty) 的型態。一旦廠商選定生產方案付諸實施，廠房設備就此固定下來，從而進入事後概念的短期生產活動，開始生產即需支付固定成本。

　　總之，經濟學所稱之長期事實上是生產猶在計劃階段，長期平均成本曲線又稱為計劃曲線 (planning curve)，通常呈現 U 形，平均成本遞增部分正是規模報酬 (returns to scale) 遞減階段，遞減部分則是規模報酬遞增階段，U 形最低點隱含的短期生產規模即是最適工廠規模 (optimum scale of plant)。此外，長期邊際成本係指產量增加引起長期總成本的增量，遞增的長期邊際成本曲線亦將通過長期平均成本曲線的最低點。

7 市場結構
market structure

(一)產業經濟學 (industrial economics)

產業經濟學係針對體系內產業組織 (industrial organization) 或產業結構 (industrial structure) 問題進行討論,進而分析廠商決策行為與相互關係。同時,再針對政府部門執行管制政策與法令,對廠商決策行為衝擊與經濟績效進行探討。綜合產業經濟學研究主題包括決定市場結構的基本條件、市場結構特性、廠商決策行為、政府部門政策與經濟績效。

產業經濟學的發展主流有二:(1) Harvard 學派由 J. Bain 與 E. Mason 發展出結構、行為與績效 (structure、conduct and performance) 方法,結構層面係探討市場上的廠商、消費者或潛在廠商數目,廠商進入與退出,或多角化程度等;在市場行為方面,主要針對特定市場結構下,廠商如何擬定價格政策、非價格政策或銷售等;績效則是探討在市場運作下的福利層面。該學派強調市場結構決定廠商行為,而廠商行為又決定績效好壞。同時,該方法強調對產業組織進行實證研究,並對實證結果進行文字描述。(2) Chicago 學派由 A. Director 與 1982 年的諾貝爾經濟學獎得主 G. J. Stigler 帶動發展而成,運用價格理論進行嚴謹理論分析,注重對相關競爭理論的實證認定。該學派承認獨占廠商存在的可能性,但卻認為獨占存在情況多屬短暫而無法持續久遠,將因廠商自由進入而降低對價格與產量的影響力。1970 年代快速發展的賽局理論 (game theory) 促使經濟學更加瞭解產業組織的策略競爭行為,並運用於分

析廠商的動態行為，如：廠商面對潛在進入者時之策略運用。

(二)管理經濟學 (managerial economics)

　　管理經濟學屬於規範經濟學的範疇，係將經濟學應用於廠商營運管理，提供管理決策和管理技術的理論基礎和決策原則的學門。該學門結合個體經濟學、企業管理學、市場行銷學等學門，針對商品市場需求、生產過程的因素配置、廠商生產成本與收益、不同市場結構中的價格與產量決策、商品訂價策略、政府管制與廠商長期投資決策等問題進行探討。另外，工程經濟學 (engineering economics) 探討的內容與管理經濟學相去不遠。

(三)市場組織 (market organization)

　　市場係指商品或勞務交易的場所，交易雙方人數與商品品質將會影響市場型態。市場結構或市場組織係指市場組成型態，將取決於特定情況下的市場供需環境，同時決定廠商的市場行為與市場績效。市場行為係指廠商基於追求利潤和市場占有率 (market share) 極大，在商品市場採取的戰略性行為。至於市場績效係指在市場結構已知下，廠商採取特定市場活動，促使商品價格、產量、成本、利潤、商品品質和類型、以及技術進步等方面達成預擬目標的狀態。

　　體系內資源配置方式係由市場組織、政府管制與公司組織三者共同決定，而在市場經濟中，市場組織將主導資源配置機能，其他兩種機能則扮演次要角色。影響市場結構的因素包括：

1.集中度 (concentration ratio)

　　特定產業中的廠商經營集中程度，絕對集中度是反映規模處於前幾名廠商的市場占有率，相對集中度則是利用 Lorenz 曲線與 Gini 係數等方法計算的指標。

2.產品差異化 (product differentiation)

廠商基於消費者偏好生產特殊商品，與其他廠商的商品略有差異而存在不完全替代關係。

3.參進阻止障礙 (barriers to entry)

產業內既存廠商擁有相對預擬進入廠商的優勢，或新廠商預擬進入產業面臨不利因素和限制。

經濟學將競爭概念區分為產業競爭 (industrial competition) 與商業競爭 (commercial competition) 兩種，前者係指資源在各種產業間移動的競爭，亦即產業間為爭取某種資源所進行的競爭行為。後者係指產業內部的競爭。接著，市場分類標準包括：廠商與消費者數目、商品在消費者心目中係屬同質性 (homogeneous) 或異質性 (heterogeneous)、市場資訊充分性以及廠商進出產業自由度。

G. Stigler (1957) 提出完全競爭市場概念，係指市場交易雙方均屬價格接受者、充分訊息、同質商品、廠商自由進出市場。另外，E. C. Chamberlin (1933) 提出純粹競爭 (pure competition) 概念，其與完全競爭的差異在於缺乏訊息完全的條件。在市場分類標準中，若有任何標準不符合時，個別廠商或消費者將具有影響價格能力，成為價格決定者 (price maker)，該類市場稱為不完全競爭市場。不完全競爭市場將因廠商數目多寡而形成壟斷性競爭 (monopolistic competition)、獨占 (monopoly)、寡占 (oligopoly)，亦可因商品的品質差異性分成同質或異質的競爭市場。若從購買者立場來看，市場分成專賣 (monopsony)、寡頭專買 (oligoposony) 與專買性競爭 (monopsonistic competition) 等類型。

(四)產業結構的衡量

經濟學利用產業集中度 (degree of concentration) 衡量產業結構，係指產業內少數大廠商市場占有率的總和，常用指標包括：

1. 前四大廠商集中比率 (four-firm concentration ratio)

$$CR_4 = \sum_{i=1}^{4} S_i$$

$0 \leq CR_4 \leq 1$ 係前四大廠商市場占有率的集中度，S_i 係 i 家廠商的市場占有率。CR_4 值愈高反映集中度愈高，市場或產業賣方的獨占力愈大；反之，則愈小。

2. Gini 係數或 Lorenz 曲線

$$G = \frac{g}{2\bar{S}}$$

$0 \leq G \leq 1$, $g = \dfrac{2}{n(n-1)} \left[(n+1)\sum S_i - 2\sum (n-i+1)S_i \right]$，$S_i$ 是第 i 家廠商的市場占有率，$\bar{S}$ 係市場占有率的平均值。Gini 係數可用於表示分配的平均度，$G=0$ 表示產業內各廠商的市場占有率完全相同，均不具壟斷力量。$G=1$ 表示該產業為獨占產業。

3. Hirschman-Herfindahl 指數

$$I_H = \sum_{i=1}^{n} (S_i)^2$$

S_i 為第 i 家廠商的市場占有率（僅取數值不取百分比），I_H 係將產業中每一廠商的市場占有率平方後累加，當產業屬於獨占型態，其值為 10,000。當產業中所有廠商規模都相同時，其值為產業內的廠商數目的倒數（即 $1/n$，n 為廠商數）。當廠商數目固定，其不均度增加時，I_H 值會上升；反之，該值將趨近於 $(1/n)$。

4. E 係數 (entropy coefficient)

$$E = \sum_{i=1}^{n} S\log\left(\frac{1}{S_i}\right)$$

$0 \le E \le \log n$。當廠商的市場占有率都相等時，E 值等於 $\log n$。

此外，經濟學採取兩種指標衡量廠商的壟斷力量 (monopoly power)：

1. Lerner 指數

$$I_L = \frac{P - MC}{P} = \frac{1}{|\varepsilon|}$$

I_L 是 Lerner 指數，P 是商品價格，MC 是邊際成本，ε 是需求彈性。

2. Bain 指數或利潤率指標

$$I_B = \frac{P - AC}{P}$$

I_B 是 Bain 指數，AC 是產品的平均成本。

(五)廠商進入與退出市場

在市場結構中，廠商進出市場自由度將是評估市場競爭性的標準之一。在產業經濟學中，J. Bain (1956) 定義市場參進阻止障礙為：既有廠商長期能將商品價格訂在最低平均成本之上，又可阻止潛在廠商進入產業。參進阻止障礙類型包括：

1.絕對成本優勢 (absolute cost advantage)

既有廠商擁有專利權或營運授權，控制特殊生產技術或稀少性資源，或基於信用評等取得優惠融資條件，從而在產業擁有絕對成本優勢。

2.規模經濟

既有廠商享有規模經濟的經營環境，將潛在競爭者排除於市場之外。

3.資本需求

長期平均成本最低點所對應的最小產量即稱為最小效率規模 (minimum efficient scale, MSE)，假設該規模所需資本龐大，迫使潛在廠商無法承擔而放

棄進入。

4.產品差異化

消費者對既有廠商的商品擁有較強的偏好與忠誠度，潛在廠商若要進入市場，必須在正常產銷成本外，額外支付建立配銷體系與建立品牌等侵入成本 (penetration cost)。

5.法令規章與制度性優勢

廠商可採取創立新廠商、轉型而改變產業別、進行多角化經營而形成新企業單位等策略而進入市場。至於衡量廠商加入產業的狀況，可用下列指標表示：

$$加入率 = \frac{當期加入的廠商數}{前一期的廠商數} \times 100\%$$

加入率愈高表示新廠商相對於既存廠商數目較多,反映產業結構變動較劇烈。反之,加入率愈低表示新廠商相對於既存廠商數目較少,產業結構變動較少。此外，在衡量廠商加入時，應考慮既存廠商的退出，可採取淨加入率衡量：

$$淨加入率 = \frac{當期加入的廠商數-當期退出的廠商數}{前一期的廠商數} \times 100\%$$

淨加入率為正值反映加入廠商超過退出廠商，產業內的廠商數目增加，競爭將趨於激烈；反之，淨加入率為負值反映加入廠商少於退出廠商，產業內的廠商數目減少，競爭可能趨於緩和或下降。

8

完全競爭市場
perfect competition market

　　完全競爭廠商是價格接受者且能自由進出產業，長期僅能得到相當於機會成本的正常利潤 (normal profit)。就短期而言，廠商使用固定因素生產，必須支付固定成本。是以廠商追求利潤最大，短期均衡條件包括短期邊際成本等於價格（必要條件）、邊際成本呈現遞增狀態（充分條件）與利潤不低於負的固定成本。

　　當短期邊際成本高於價格時，廠商增產的成本超過收益增加，顯然不利於擴產，故將降低產量謀求增加利潤。反之，一旦短期邊際成本低於價格時，表示廠商增產成本低於收益增加，擴產顯然有利，故將增產以獲取更多利潤。只有當短期邊際成本等於價格時，廠商才停止改變產量，此係短期均衡的必要條件。

　　邊際成本曲線通常呈現 U 形，先隨產量增加而降低，在某一產量達到最低點後，再轉而隨產量增加而上升。當邊際成本處在遞減階段時，廠商增產勢必導致邊際成本下降，在價格固定下，增產一定帶來利潤增加，故非廠商均衡所在。唯有處在邊際成本遞增階段時，廠商才會評估邊際成本與價格高低問題，此係追求利潤最大的充分條件。

　　然而廠商營運盈虧難測，出現虧損是否值得繼續經營，將需評估虧損程度而定。短期內，廠商必須支付固定成本，採取歇業勢必損失該部分的資金。假設虧損金額低於固定成本，廠商持續經營將可收回部分資金；虧損金額若是超過固定成本，意味著連變動成本也無法收回，廠商採取停業將可避免損

失擴大。是以固定成本金額的虧損是廠商短期損失的極限，亦即市場價格不能低於平均變動成本，後者的最低點將是廠商短期決策的停業點 (shut-down point)。一旦短期均衡條件均獲滿足，廠商的短期供給曲線將是超過平均變動成本以上的短期邊際成本曲線，該曲線處於遞增階段，是以短期供給曲線顯示價格與產量呈同向變動。

再就長期觀點來看，廠商自由進出產業，所有因素均屬可變，是以均衡條件包括長期邊際成本等於價格、長期邊際成本曲線處於遞增階段與超額利潤為零。廠商短期若能獲取超額利潤，長期勢必吸引更多廠商加入瓜分市場，市場供給擴張促成價格下降，導致超額利潤消失。相反地，廠商營運收入不足以支付變動成本時，選擇退出市場促使商品供給減少，市場價格逐漸回升而減輕虧損。此種現象持續至超額利潤為零，個別廠商停止進出市場，此時商品價格等於長期平均成本最低點，顯示將具有內部效率 (internal efficiency) 或稱 X 效率 (X-efficiency)，意味著廠商在既定成本下生產最大產量，或在一定產量下以最低成本生產。

完全競爭市場屬於理論模式，實務上很難找到符合完全競爭的商品市場，不過國際美元市場則是屬於近似的案例，理由是：⑴美元是全球流通量最高的貨幣，存在眾多類型的貿易商、投資人、投機者、銀行及跨國基金參與美元交易，個別交易並不會對美元走勢造成重大影響，縱使是各國央行干預亦不容易改變美元走勢。⑵無論在全球性、區域性或單一國家內的外匯市場 (foreign exchange market)，買賣美元匯率幾乎趨於相同。⑶美元匯率透過即時資訊系統傳播，訊息係屬公開，交易雙方掌握的市場資訊大致相同。⑷交易雙方可以迅速自由進出市場套利 (arbitrage)。

W. J. Baumol、E. Panzar 及 R. Willig (1982) 提出可競爭市場理論 (contestable market theory)，可視為完全競爭市場理論的一般化，在無進入與退出障礙下，可競爭市場將和完全競爭同時存在。兩者最大差異在於：廠商藉由

達成規模與範圍經濟，可能呈現出相當高集中度的市場結構，而在無進入障礙的情形下，高集中度的可競爭市場也會因為潛在性競爭的存在，而表現出完全競爭的結果。此種現象與潛在性競爭理論的結果相同，不過該理論係以成本函數說明廠商訂價行為，故可用此檢視產業集中的正當性 (warranted concentration)。

9 壟斷性競爭市場
monopolistic competition market

(一)壟斷性競爭

　　J. Robinson (1933) 與 E. C. Chamberlin (1933) 分別發表有關不完全競爭的理論，成為壟斷性競爭理論的基礎。壟斷性競爭市場係指廠商與消費者眾多而類似完全競爭狀況，在消費者眼光中，每家廠商提供略有差異的異質商品，如：廠商區位 (location) 的差異性，但卻屬於近似替代品，導致廠商對商品價格決定具有些微影響力。此外，廠商與購買者未必能完全瞭解市場價格和銷售量，卻很容易從不同途徑（如：廣告及詢問）取得相關資訊。

　　就短期而言，壟斷性競爭廠商類似獨占廠商，追求利潤最大將需符合：短期邊際成本等於短期邊際收益、邊際成本處於遞增階段與利潤不低於負的固定成本等三項均衡條件。廠商追求利潤最大，將需比較增產的邊際成本與邊際收益。一旦邊際成本超過邊際收益，廠商發現增產不利，勢將採取減產策略。相反地，若邊際成本低於邊際收益，廠商發現增產的邊際收益超過邊際成本，勢必繼續增產。只有當兩者相等時，廠商將停止調整產量，此係追求利潤極大的必要條件。

　　至於邊際成本遞增的條件，與完全競爭廠商達成均衡的狀況類似。壟斷性競爭廠商雖然能夠影響商品價格訂定，不過營運盈虧無人保證，若是虧損金額超過固定成本時，採取歇業策略將較繼續經營有利，是以固定成本的損失金額屬於可忍受的極限。接著，Chamberlin (1960) 分析壟斷性競爭廠商行

決策時，認為廠商不僅關心本身均衡問題，更關心集團的均衡 (group equilib-rium)。後者係指廠商自由進出產業，產業內廠商相互競爭的經濟壓力調整，將促使追求利潤極大條件包括長期邊際成本等於邊際收益、長期邊際成本呈現遞增狀態與僅能獲取正常利潤。

壟斷性廠商維持商品差異性，將需耗用社會資源，導致達成長期均衡時，使用生產規模並非長期平均成本最低點的體系最適工廠 (optimal plant)，而使用短期生產規模亦不在其平均成本最低點處生產，從而出現產能過剩 (excess capacity) 現象。

㈡都市經濟學 (urban economics)

都市經濟學針對都市土地使用、都市結構、都市規模及都市系統層級等問題，從住宅區位選擇、廠商廠址決定及公共設施位置選擇等議題出發，探討經濟成員彼此互動情況下，如何透過經濟活動產生都市及都會區內最適區位，從而形成各種均衡及最適都市結構。城市經濟學以政治經濟學為理論基礎，並與產業經濟學、運輸經濟學 (transportation economics)、區域經濟學 (regional economics) 和土地經濟學 (land economics) 等存在密切關係。

㈢空間經濟學 (spatial economics) 或區位理論 (location theory)

傳統經濟學討論廠商決策行為時，僅是侷限在某一定點而無空間距離概念，實務上，在產銷過程中，廠商將面臨商品市場位置與生產因素來源位置的問題，從而促成空間經濟學或區位理論的出現。區位理論分為古典區位和現代區位理論，前者從廠商追求最低成本和最大利潤觀點，運用個體靜態分析探討區域內的經濟關係；後者從資本累積觀點，運用總體動態均衡分析，探討提高經濟成長率與降低失業率作為廠商營運的主要目標。

區位理論通常假設廠商追求地理上生產成本的最低點，作為獲取最大利

益之最適區位。不過市場需求將隨著空間分佈改變，廠商選擇區位考慮因素包括生產成本與運輸成本、技術優勢與需求程度，三者密不可分，亦即生產成本與規模經濟影響商品價格，商品價格影響需求程度，而此程度又間接影響生產規模，從而形成持續循環的過程。

　　規模經濟與所有區位問題之因素間存在相互影響關係。規模經濟可達到有效市場範圍容許之程度，而藉由影響廠商的成本及其提供之交付價格 (delivered price)，規模經濟也有助於擴大市場範圍和空間程度。廠商達到規模經濟能力將取決於下列兩者間之關係：服務更大市場範圍的生產經濟效率，以及為獲取此市場範圍所須克服之運輸成本。

10

獨占市場
monopoly market

㈠獨占形成的原因

獨占或壟斷是指產業中僅有單一廠商，提供的商品在市場通常乏替代品存在。獨占形成來源包括：⑴政府部門基於保護消費者、環保或經濟政策而對產業進行管制，以核准執照方式限制廠商數目或執業人數，如：對特定產業（大眾運輸、無線電視、通訊、能源等）的營業許可或專業執照（如：律師、會計師、醫師等），從而賦予壟斷力量。⑵廠商使用的生產技術具有專利權或經過授權時，其他廠商無從模仿製造。⑶廠商營運享有規模報酬遞增，長期平均成本呈現遞減現象，新廠商必須面對最小效率規模門檻而無法參與競爭，結果僅剩下規模最大廠商躍居獨占角色，此即稱為自然獨占 (natural monopoly)。

㈡差別訂價 (price discrimination)

獨占廠商達成均衡與壟斷性競爭廠商達成均衡的條件雷同。不過獨占廠商有時採取差別訂價策略，通常分成三級：

1.第一級差別訂價 (first degree)

廠商針對消費者需求，依據每單位商品數量訂定不同價格。

2.第二級差別訂價 (second degree)

廠商針對個別消費者需求，將商品依據某一區間訂定不同價格出售。

上述兩種訂價策略都是依據消費者需求數量作為訂價標準，屬於階段訂價法。

3. 第三級差別訂價 (third degree)

廠商面對市場分隔（如：國內與國外市場），個別市場需求彈性不同，轉售商品成本極高或無法轉售。倘若兩個市場的邊際收益不等時，廠商收回低邊際收益市場的商品，轉往高邊際收益的市場銷售。前者的市場邊際收益隨之上升，後者的市場邊際收益趨於減少，直到兩者的邊際收益趨於相等時，收益將達於最大。廠商追求利潤極大的條件在於邊際成本等於邊際收益，是以第三級差別訂價的均衡條件遂為每個市場的邊際收益相等，且等於邊際成本。

除上述訂價策略外，獨占廠商可以採取跨期差別訂價 (intertemporal price discrimination) 與兩段訂價法 (two-part tarrif)。前者係在不同時段訂定不同價格，亦即廠商推出新商品上市，消費者急於購買將反映需求曲線的價格彈性較低，廠商將可訂定較高價格。隨著新商品上市熱潮過後，廠商將採取降價刺激觀望的消費者進場購買。尖峰訂價法 (peak-load pricing) 係跨期差別訂價的一種，在不同時點向消費者收取不同價格。獨占廠商在尖峰期訂定高價，離峰期訂定低價。尖峰期係指消費者需求量接近廠商最大產能的一段期間，離峰期則係消費者需求量遠低於廠商最大產能的一段期間。尖峰訂價法並非追求掠奪消費者剩餘，而係對消費者收取接近於邊際成本的價格以提升經濟效率。

兩段訂價法係將價格分為兩段，第一段係廠商先向消費者收取固定費用，如：入會費、年費或訂金等，第二段係消費者購買商品時，再依購買數量收取費用，如：遊樂場在消費者入場時收取門票（入場券），使用遊樂設施時再收取使用費。

(三)獨占的福利損失

獨占廠商透過「以量制價」掠奪消費者利益，扭曲經濟資源配置，是以政府部門經常訂立反獨占法規，如：美國的反托拉斯法案 (Antitrust Act) 與臺灣的公平交易法，防止獨占廠商濫用獨占力量，侵害社會利益而獨享超額利潤。是以政府部門採取 $P=MC$ 的邊際成本訂價法 (marginal-cost pricing)，管制獨占廠商訂價行為，但將造成自然壟斷廠商發生營運虧損。另外，政府部門以資本設備為基礎，改採取平均成本加成訂價法 (average-cost mark-up pricing)，訂定投資報酬率上限，卻誘使公用事業 (public utility) 偏好擴充資本設備，促使經濟資源無效率使用而造成社會福利損失，此即偏向使用資本的 A-J 效果 (Averch-Johnson effect)。

獨占廠商釀成社會福利的無謂損失 (deadweight loss)，屬於讓人詬病的焦點。A. C. Harberger (1953) 認為獨占廠商追求超額利潤，刻意壓低產量以提高商品價格，將造成市場運作缺乏效率的結果。過少的產量造成部分社會利益進入獨占廠商口袋，更將釀成部分社會福利消失無蹤，既不歸於獨占者亦非歸於消費者，此即無謂損失，H. Leibenstein (1966) 將此觀察歸納為 X 無效率 (X-inefficiency)，泛指獨占廠商缺乏對手的競爭壓力，導致組織、管理、技術及研究發展等各方面均缺乏效率。獨占廠商具有 X 無效率問題，促使完全競爭與獨占廠商的成本結構不同，亦即完全競爭的邊際成本低於獨占市場。Leibenstein 因而將社會損失分為全面資源誤置效果 (total misallocation effect) 與 X 無效率效果，前者類似無謂損失，後者係廠商在獨占結構下，因自身疏忽而造成額外成本支出，兩者相加即是獨占造成的社會福利損失。

(四)尋租理論 (rent-seeking theory)

G. Tullock 開創尋租理論研究，強調非生產性活動發揮的作用，認為人們

追求財富轉移耗費的資源係屬於社會成本，為獨占廠商行為與政治經濟活動建立理論基礎。尋租理論內容可歸納如下：

1.尋租成本與收益

尋租成本類型包括：(1)促進財富轉移成本：廠商投入資源換取壟斷特權，促使財富由消費者移轉至獨占廠商。(2)阻止財富轉移成本：消費者不甘心財富轉移到廠商手中，遂採取投入資源阻止此種轉移。反觀獨占廠商為維持壟斷地位，勢必投入資源阻止新廠商加入競爭。(3)尋租活動形成特權，扭曲資源配置成本（福利損失）。前兩者係尋租活動引發的主觀成本，第三類則是客觀成本。

當廠商透過尋租活動取得特權後，短期雖可取得額外收益，長期勢必吸引其他廠商跟進設法躋身特權者行列，結果導致特權者喪失原本的優勢地位而僅能取得正常收益。另外，廠商取得特權而脫離競爭的威脅，逐漸疏忽消費者需求，大幅降低追求創新技術與降低成本意願，競爭力長此以往將趨於衰退而逐漸喪失原有租金。是以 Tullock 認為尋租收益僅是暫時性收益陷阱，不過縱使尋租活動無法再帶給尋租者利益，廠商仍將持續尋租維持特權，此係政府部門難以消除特權、放鬆管制的原因。

2.尋租的政治市場

立法者追求利益集團選票，經常在利益集團遊說下通過法案，實現財富向利益集團轉移。不過立法者行為卻受理性選民無知的保護，理由是：普通選民擁有資訊有限，個人選票對選舉的影響微乎其微，導致獲取充分資訊投下瞭解一票所支付的訊息成本雖然很少，但卻遠超過預期淨收益。在普通選民寧願保持無知狀態下，有組織且對相關問題擁有較多資訊的選民，可以透過遊說議員進行尋租而實現其利益，亦即意味著選民是尋租活動的主要來源之一。

利益集團遊說政府部門從事尋租活動，遊說效果（對政府造成壓力）將

涉及搭便車 (free rider) 問題。換言之，當集團達到一定規模促使集體行動有效性不取決於某個人參與時，個人將不參與集體行動而直接享受利益。一旦搭便車者達到一定數量時，集體行動將不復存在。為求克服搭便車行為，利益集團採取選擇性激勵手段，小集團也可採取策略性談判手段，但無論採取何種策略，在競爭尋租活動過程中，利益集團運用的資源不容小覷，成為威脅經濟自由的主要因素。

3.有效尋租

在尋租活動的競爭中，僅有少數人能夠實現有效尋租活動，亦即包括超過租金耗散（尋租支出超過可獲取租金）和租金耗散不足（尋租支出低於可獲取租金，此即有效尋租）兩類。當尋租者意識到尋租競爭將降低預期淨收益時，租金耗散的存在性將值得質疑。假設此種尋租活動存在而且尋租支出浪費掉，則允許政府創租的體系將陷入貧困環境，但此與事實似乎不符。租金耗散不足出現的因素除包括尋租者趨避風險態度和壟斷性投入的比較優勢外，規模報酬遞增或遞減也是潛在的重要因素。在規模報酬遞增狀況下，除非在激烈競爭前，尋租者運用排他性競價排除其他廠商，否則極有可能出現超過租金耗散的結果。由於這種競爭要求反應迅速，存在考慮不周而被誤導的危險，促使在規模經濟中獲取的收益有可能在這種風險操作中被耗盡。反觀在規模報酬遞減情況下，規模愈小誘使尋租活動愈有利可圖，縱使存在自由進入和完全競爭環境，超過常規的收益依然存在，租金耗散不足情況存在也就理所當然。

4.護租、創租和抽租

護租係指廠商耗費資源維護從政治市場取得的租金，亦即廠商投入資源設法阻礙放鬆管制，阻礙改革以維護既得利益。護租行為無疑將浪費體系資源，卻可促使廠商降低或放棄護租活動。創租係指政府部門擁有特殊產權，透過利用這種特殊權利立法設置管制措施，為廠商創造租金獲取收益。至於

抽租係指政府部門放棄管制廠商營運活動,使其避免權利受損而獲益的行為。

5.減少尋租活動的措施

尋租活動將浪費社會資源,Tullock 建議採取限制多數票、全民公投、預算平衡、限制政府規模和貫徹憲法等措施來有效降低尋租活動。簡單多數票促使獲勝的多數聯盟成員可將預期的專案成本部分轉嫁他人,從而降低自己承擔的成本,客觀上將激勵尋租活動增加。若在簡單多數票上附加其他規則,獲勝成員承擔成本將會增加,如:3/4 的多數票原則意味著獲勝聯盟的成員將承擔選擇專案的 3/4 成本,勢必降低從事尋租活動的誘因。另外,廣泛使用限於單一問題的全民公投時,將能限制尋租活動,理由是:由於只有對大多數選民有利的政策才能通過,促使少數強大的尋租者無法採取互投贊成票的策略,為自己帶來巨大好處而使公眾利益受損。平衡預算限制迫使政府部門必須評估增加支出導致需要增稅所面對的攻擊,無法將承諾廠商利益的部分成本,透過赤字預算延後至將來,從而抑制尋租活動。尋租活動勢必導致政府部門規模呈現低效率膨脹,直接管制就成為限制尋租活動的另一措施。最後,政府部門通常由行政、立法與司法三個機構組成,沒有一個機構可以凌駕其他機構。憲法透過政府部門三個機構間的相互協調進行落實,三者應相互獨立、相互制約而又相互協調,才能反映公眾利益,而非成為尋租者侵犯他人權益實現個人私利的工具。

11

寡占市場
oligopoly market

㈠寡占廠商的特色

寡占或寡頭壟斷係指產業中的廠商家數有限，具有操控價格能力。由於個別廠商決策將會衝擊其他廠商利益，彼此互相牽制導致儘量避免採取價格競爭 (price competition) 策略爭奪市場。一旦有人破壞默契，其他廠商勢必迅速跟進，是以 P. Sweezy 提出拗折需求曲線 (kinked-demand curve) 解釋價格僵化 (price rigidity) 係寡占市場的特色。

寡占廠商的商品若具同質性，則稱為純質寡占 (pure oligopoly)，具有異質性則屬於異質寡占 (differentiated oligopoly)，而商品品質是由消費者角度來判斷。當消費者對商品並無顯著偏好時，商品屬於同質而具有完全替代性。反之，消費者對某家廠商的商品情有獨鍾時，可視為異質商品，不過與其他廠商的商品依然存在高度替代性。生產同質商品廠商面對相同的市場需求曲線，商品價格取決於市場數量的總和；生產異質商品廠商擁有部分壟斷力量，可以各自訂定略有差異的價格，不過訂價行為仍將由所有廠商的商品產量來共同決定。

當少數廠商控制整個產業，採取價格競爭將會引爆廠商削價競爭，甚至蝕本為止，此即俗稱的割喉競爭 (cutting-throat competition)。為避免同歸於盡的慘狀，寡占廠商偏好採取非價格競爭 (non-price competition) 策略，改採廣告、行銷支出策略爭奪市場，將品牌特殊性、印象、功能等特質（異質）透

過廣告，烙印在觀眾（消費者）的心目中，達到促銷與打品牌知名度的效果。

(二)聯合壟斷

寡占廠商採取明裡或暗中勾結 (collusion) 聯合壟斷市場，尤其是組成卡特爾 (cartel) 以集體聯合行動或由領導廠商採取價格領導制度 (price leader-ship)，控制市場價格或數量，以保障既得利益。然而卡特爾活動將面臨利益分配不均問題，廠商往往表面聯合、實則暗中較勁，尤其是侵害消費者利益常受到輿論指責，促使政府部門訂定反托拉斯法或公平交易法，明文禁止聯合壟斷行為。聯合壟斷是廠商攫取暴利的手段，但想長期維護勾結成果亦非易事。經濟學採取產業排名前 4 位的廠商銷售額（或產量等數值）占產業總銷售額比例作為衡量市場結構集中度的指標，至於廠商占有率係指某市場中各品牌所占的市場份額：

$$A 品牌市場占有率 = \left(\frac{曾經使用或購買A品牌人數}{曾經使用或購買同類商品的總人數} \right) \times 100\%$$

$$忠實消費者市場占有率 = \left(\frac{經常使用或購買A品牌人數}{經常使用或購買同類商品的總人數} \right) \times 100\%$$

當產業集中度愈高時，商業競爭趨向壟斷性競爭；反之，產業集中度愈低時，商業競爭趨向完全競爭。另外，經濟學運用產業集中曲線 (concentration curve) 衡量產業集中度將更加直觀，亦即當集中曲線呈現陡峭型態時，市場集中度高；反之，市場集中度較低。當集中曲線屬於正斜率的直線時，將反映所有廠商規模都屬相同。

(三)雙占廠商 (duopoly) 的決策行為

寡占廠商決策行為必然對同業產生重大衝擊，尤其是市場上僅有兩家廠

商時，擬定決策更需考慮對手反應，亦即決策函數將存在猜測變量 (conjectural variation)，該變量可能是對手廠商的產量或價格。A. A. Cournot (1838) 假設市場上僅有兩家成本結構相同的廠商，在猜測對手產量不變下，追求利潤極大而決定自己的產量，此即稱為產量決定模型 (quantity setting model)。爾後，個別廠商將視對手產量，求出調整自己產量的反應函數 (reaction function)。是以當市場達成均衡時，係由兩家廠商彼此透過一連串修正自身產量的調整過程而完成，只是廠商每次調整自身產量時，均猜測對手產量不變。在此，Cournot 模型預測寡占市場之均衡產出與價格，將落在獨占與完全競爭市場之間。隨著廠商家數日益遞增時，Cournot 均衡將趨近於完全競爭均衡。

　　稍後的 Bertrand (1883) 將前述模型修正為廠商猜測對手維持價格不變，在追求利潤最大下，決定自己商品的價格，此即價格決定模型 (price setting model)。爾後，個別廠商將視對手價格，求出調整自己價格的反應函數。兩家廠商透過一連串修正自身價格的調整過程，當兩者價格等於生產的邊際成本時，將會達成市場均衡。

12 企業集團
conglomerate

㈠企業集團的形成

廠商追求成長可採取兩種策略：

1.內部成長 (internal growth)

公司本身單獨從事擴張成長，包括自行研發商品、擴建廠房、自闢生產線等。

2.外部擴張 (external expansion)

廠商與他人合作達成成長目的，包括購併與策略聯盟，而購併活動以取得控制其他廠商經營權為目標。

企業集團係以一個或若干大型廠商為核心，透過交叉持股 (cross holding)、異業結盟與購併等策略，將具有生產技術、經濟誘因聯繫的獨立廠商，以股權投資和合作契約為紐帶而建立的大規模、多角化與多層次結構的廠商聯合組織型態，特徵包括資本規模龐大與市場集中度高、經營多元化、多層次與多種聯接紐帶的聯合、眾多廠商的聯合組織、製造與金融的結合。

依據形成方式，企業集團包括產品輻射型、專案配套型、技術開發型與綜合服務型；若依廠商結合程度區分，又分為緊密型聯合（金融控股公司）、鬆散型聯合（母公司與衛星工廠）、以及半緊密型（製造業集團）。企業集團組織的層次結構包括由母公司及其分公司組成的核心層，由控制經營權的子公司組成的控股層或緊密層，由轉投資關係企業（屬於重要股東但未必控制

經營權）組成的半緊密層，由固定結盟廠商組成（衛星工廠）的結盟層或鬆散層等四個層次。

依據資產組織方式區分，企業集團分為水平合併 (horizontal mergers) 和垂直整合 (vertical merger) 兩大類，前者又分為單向結合和交叉結合兩種。單向結合係由集團成員共同投資形成，即集團廠商對企業集團採取單向投資。交叉結合係指企業集團主要成員相互持股，以及在相互持股關係的基礎上，實行相互影響與控制的綜合格局。

(二)購併活動

合併的動機源自廠商追求創造新價值，而新價值來自規模經濟、改善標的廠商管理績效、資源互補、租稅利益、被購併標的可獲得低成本融資、提升商品市場壟斷力。廠商採取購併策略產生的效益包括迅速取得現有資產設備、配銷通路、技術及專利、節省開發創設時間、減少資本投入於人員訓練、達成綜效等。

購併包括收購與合併，前者係主購廠商購買標的公司資產或股票，從而取得經營權或業務整合；後者係多家廠商依合併契約及合併所在地法律規定之合併程序，歸併為單一公司或另設新公司。廠商收購標的公司型態有二：

1. 資產收購

屬於一般資產交易活動，無需承受標的公司債務。

2. 股權收購

購買標的公司股票或認購其現金增資股票以取得經營權，收購者成為股東將需承受該公司債務。

廠商採取收購策略類型包括：

1. 換　股

發行新股換取標的公司股票，收購者只是增加一批新股東，對財務影響

有限。國內金融控股公司即是採取該項操作策略。

2.給付股票和現金

採取全部換股收購策略僅適合歷史悠久的大公司，次一級公司進行收購活動，若全部採取換股策略，成功機會較低，理由是：雙方股票的市場接受度若屬相同，將如何吸引對方股東接受換股？

3.現金收購

投資人在多頭市場偏愛股票，但在空頭市場將偏好現金。

廠商合併活動區分為吸收合併和創新合併兩類。跨國合併涉及不同國家的法律適用性問題，購併者須在當地設立子公司作為合併橋樑，無法直接購併外國公司，故又稱為間接合併或三角合併。

1.吸收合併或反向三角合併

多家廠商合併後，其中一家存續、其他廠商消滅，消滅廠商的資產與負債皆概括移轉到存續廠商。

2.創新合併或前向三角合併

多家廠商合併設立新公司，原來廠商皆消滅，權利義務全部轉由新廠商承擔。

從經濟觀點來看，廠商合併活動分為：

1.水平合併或橫向收購

廠商基於擴大營運規模強化競爭優勢，以控制或影響同類商品的市場，進行相同業務性質的廠商結合。

2.垂直合併或縱向收購

廠商規劃整合原料、加工與市場通路，追求降低成本及減少營運支出，創造市場競爭條件與靈敏掌握市場變化情況，結合處於不同生產作業階段，但屬於同一產業的廠商。

3.擴大商品或服務類型的收購

如美國旅行家集團收購花旗銀行集團，提供顧客全方位的財務服務，包括銀行、保險、證券與投資。

4.擴大市場占有率的收購

如美國雅虎網路公司收購臺灣奇摩網路公司，追求順利進入華文網路市場。

5.集團合併或稱複合型收購

不同事業性質廠商的結合，又可分為產品延伸合併、市場延伸合併、純粹複合式合併等。

13

賽局理論
game theory

　　A. Smith (1776) 創建古典競爭理論，僅是描述競爭結果而非競爭行為，競爭行為被形容為「看不見的手」而以價格參數作為代表。競爭是指「廠商生產同質商品，為爭奪顧客而彼此間進行鬥爭活動」，爭奪顧客本質上屬於動態過程，該過程就是競爭。完全競爭廠商只是價格接受者，無須在意產業內其他廠商的決策活動，故僅有競爭之名而無競爭之實。賽局理論或稱博弈理論認為競爭是在不確定環境下的一系列決策，強調經濟成員的主觀動態性，補足古典理論迴避競爭實質的根本缺陷。

　　賽局理論起源於 Zermelo (1912)，Borel 在 1920 年代初期就已有若干成果，直至 J. Von Neumann (1928) 提出「大中取小定理」(minimax theorem) 成為賽局理論基礎，而 J. Von Neumann 與 O. Morgenstern (1944) 發表〈賽局理論與經濟行為〉(Theory of Games and Economic Behavior) 為賽局理論奠定基礎。賽局理論探討理性賽局者 (player) 基於追求私利最大，將選擇採取何種策略，以及採取此項選擇將會產生何種結果，係屬於研究人們決策行為相互效果及均衡狀態的方法，可應用於下列情境：⑴存在多個決策者或賽局者，每人擁有多種行動方案或策略 (strategy)；⑵整個結果需視所有賽局者選擇的策略而定；⑶賽局者對各種結果都有明確的偏好順序，並對每一結果的得失或償付 (pay-off) 給定一個數字以反映這些偏好順序。人們從事下棋、撲克等遊戲，或各種社會、經濟、政治和軍事衝突都具有此類特性，原則上都可採取賽局理論進行分析。

　　市場均衡和賽局均衡是經濟學中相異的均衡概念，前者係指市場供需相等的市場清結 (market clearing) 狀態，後者則指人們不再改變決策的穩定狀態。在固定環境下，當經濟成員實現最大化目標時，將是達到經濟學中的消費者均衡和生產者均衡。人們面對環境各異時，決策目標各不相同，自然作出不同選擇。這些選擇勢必相互影響、相互作用，最終將彙集成動態化經濟活動，此即每一成員與環境從事博弈的結果。在某一經濟環境下，利益衝突者共同參與經濟活動，在不合作前提下各自作出利己選擇，最終結果卻可能達成共同受益的均衡狀態，此即 1994 年諾貝爾經濟學獎得主 J. F. Nash 在賽局理論中提出的 Nash 均衡 (Nash equilibrium) 或一般博弈均衡。Nash 均衡可定義如下：

　　在非合作賽局 (noncooperative game) 中，與賽雙方進行賽局前無法就採行策略達成具束縛性之契約，契約目的係追求從賽局中獲取聯合利益最大，是以參賽者須從自利觀點選擇最適策略。假設甲擁有 A_n 種策略、乙擁有 B_m 種策略，同時符合下列兩條件之策略組合 (A_i, B_i)，將構成此一賽局之 Nash 均衡解：⑴當乙使用 B_i 策略時，甲的最佳因應策略為 A_i 策略。⑵當甲使用 A_i 策略時，乙的最佳因應策略為 B_i 策略。

　　當 Nash 均衡達成時，與賽者均已就對手採取之策略進行最適因應，故無獨立偏離該均衡之意願。基於該項概念，市場供需是人們透過博弈活動得到的結果之一，當商品供需相等時，就達到市場均衡，此即部分均衡。假設所有市場都處於均衡狀態，體系將是達成一般均衡，市場均衡是博弈均衡的一個可能結果。

　　在零和賽局 (zero-sum game) 中，一方獲利恰為他方損失。「大中取小」(minimax) 係指甲方擬定每個策略選項，將因乙方採取反制措施而面臨不同損失，其中必有損失值最大的最壞情況。甲方若在各種最壞情況產生的最大值中，採取選擇最小值的策略，即是採取「大中取小」原則。與此相對的概念

即是「小中取大」(maxmini)。策略數目若屬有限，賽局者利用隨機處理(randomizing devices)選擇各種策略的加權平均值，並在對手採取致命的反制策略下，仍可採取謀求最大利益的策略。至於運用隨機處理的原因是：對賽局者而言，若無一個策略可以保證永遠獲利，為免對方洞悉，則以隨機方式選擇不同策略因應。然而此種隨機處置亦非盲目，必須在一定機率分配下才能在長期獲致最大利益，此一機率分配是加權計算各策略可能獲益之平均值而得。

在社會科學中，賽局理論運用以非零和賽局(non-zero-sum games)為主，理由是：商場不同於戰場，戰爭屬於你死我活的零和遊戲，商場卻經常可以追求雙贏(win-win game)結果。著名例子就是 M. Flood (1951) 提出，而由 A. W. Tucker 明確公式化和命名的「囚犯困境」(prisoner's dilemma)。這個賽局具有弔詭的性質，每個賽局者擁有一種優勢策略(dominant strategy)，可在對方採取可能反制策略下使自己獲益最大。一旦雙方皆採劣勢策略(dominated strategy)，則每一方都可獲得較佳利益。優勢策略及劣勢策略屬於相對概念，在甲乙兩方賽局中，不論乙方採取何種策略，甲方採取 A 策略永遠較 B 策略有利，則 A 策略相對於 B 策略將屬於優勢策略，B 策略相對於 A 策略則屬劣勢策略。

爾後，1970 年代初期將上述情境推廣到多個賽局者的狀況，從而得到 N 個囚犯的困境。在此賽局中，對每個賽局者而言，如果每人都採取劣勢策略，將較每人都採優勢策略還要有利。N 個囚犯的困境可說是人們熟悉的眾多社會問題模式，經濟學將賽局理論運用在談判(bargaining)及集體選擇(collective choice)等問題，包括環境資源保護、工資上漲促成通貨膨脹、環境污染及武器競賽等問題的解決。

14

福利經濟學
welfare economics

㈠福利經濟學

A. C. Pigou (1920) 發表的《福利經濟學》(*The Economics of Welfare*) 係福利經濟學的起源。該學門特色包括基於特定價值判斷為基礎，或根據確定目標建立理論體系、以效用理論為基礎建立福利概念、以社會目標和福利理論為基礎制定政策方案。福利經濟學針對經濟環境變化後，討論經濟成員福利水準變化狀態，同時針對外部經濟理論、次佳 (second best) 理論、相對福利學說、公平和效率、總體福利理論等領域進行探討。

㈡經濟福利的判斷標準

針對經濟環境改變後，體系內的社會福利 (social welfare) 水準變化與否，經濟學提出不同評估準則：

1. Pareto 準則

經濟狀況改變後，若無人遭受損害，卻有人的福利水準增加，將表示整體社會福利水準上升。當人們的福利水準增加到無法再增加的情況時，顯示社會福利達到最大，此即稱為 Pareto 最適境界 (optimality)。

2.補償原則 (compensating principle)

當經濟情況改變後，某些人的福利增加，但也有些人的福利下降，假設前者增加的福利超過後者減少的福利，將顯示社會福利增加，此即潛在的

Pareto 改善 (potential Pareto's improvement)。N. Kaldor 認為經濟狀況改變後，獲利者願意補償受害者，且受害者接受補償後願意接受經濟狀況改變的事實，則可視為福利水準提高。J. R. Hicks 採取反向觀點看同一問題，認為經濟狀況改變後，受害者雖願意補貼獲利者，但若無法促使獲利者回歸原先狀態時，將意味著福利水準上升。

3. 雙重標準 (double criterion)

T. Scitovsky 認為採取補償原則評估福利水準，應同時滿足 N. Kaldor 與 J. R. Hicks 的標準，才能表示福利水準上升，此即稱為雙重標準。效用可能曲線 (utility possibility curve) 係指在相同社會效用水準下，人們的各種效用水準組合軌跡，軌跡上的任何一點表示體系內具有相同福利水準，是以當兩條效用可能曲線不相交時，唯有個別曲線上的點方能透過補償原則比較其福利水準高低。

4. Little 標準

I. M. D. Little (1952) 強調福利水準高低除考慮效率層面外，還要考慮分配的公平面。是以經濟福利提高須同時滿足 Kaldor-Hicks 與 Scitovsky 標準的補償原則，以及更平均化的所得分配。

5. 一致性測驗 (consistent test) 標準

P. A. Samuelson 提出一致性測驗標準，A 與 B 若在同一效用可能曲線上而具有相同福利水準時，當 C 福利水準高於 A 時，則 B 福利水準一定不低於 C。在此標準下，分屬不同所得分配的效用可能曲線因無法滿足一致性測驗，而無從比較福利高低。

6. 社會福利函數 (social welfare function) 標準

A. Bergson 提出由個人效用函數構成的社會福利函數，內容不僅涉及人們的個別所得多寡，也涉及成員間所得分配的相對數量。K. J. Arrow 認為，社會福利函數須在所有成員偏好次序已知下，透過一定程序將個人偏好次序

歸納成為單一的社會偏好次序，才能從社會偏好次序中確定最適社會狀態。Arrow 定理在福利經濟學中被稱作不可能定理 (impossibility theorem)，亦即原本想運用大量論證對社會福利函數進行補充，但客觀上反而證明不可能從個人偏好次序達到社會偏好次序，亦即無法得出包括體系所有層面的社會福利函數。

15

公共選擇
public choice

(一)交易成本與政治市場

1993 年諾貝爾經濟學獎得主 D. C. North 指出新古典理論關切市場運作模式，同時假設市場中存在能夠運作的先決條件，但對市場如何演進而來則略而不提。新古典理論屬於靜態理論，實際現象卻需要動態理論來說明經濟活動的演進過程。在不確定環境中，人們設法建立制度規範人際間的互動關係，制度就是社會的遊戲規則，包括正式規則（憲法、法律、規定）與非正式限制（慣例、行事準則、行為規範），以及上述規則與限制的有效執行。執行者可能是第三者（執法與社會放逐）、第二者（報復行為）或第一者（自我要求的行事準則）。制度加上技術決定構成體系生產成本的交易及轉換(生產)成本，進而影響經濟活動的表現。由於制度與採取技術間存在密切關聯，市場效率性將是直接取決於制度面的架構，後者也因此成為塑造經濟、政治、與社會組織的誘因架構 (framework of incentives)。

R. H. Coase (1935) 關切決定廠商生存的交易成本，North 關切體系表現的交易成本，認為在經濟發展過程中，經濟組織效率的重要性將與技術進步等量齊觀。交易成本包括衡量成本與執行契約成本，經濟市場擁有客觀標準衡量交易商品與勞務的特性，至於契約執行則有賴司法制度的力量。競爭固然是降低交易成本的利器，但經濟市場仍無法避免高交易成本。相較之下，政治市場則是更缺乏效率傾向。在政治市場中，候選人以政見交換選票，然

而每位投票者所占分量微乎其微，投票者想充分瞭解政見的動機並不強烈。同時，政治市場也不像經濟市場存在確保契約執行的機制，政治議題複雜性與投票者缺乏瞭解政見的動機，充斥意識型態的陳腔濫調，導致政治市場缺乏完全競爭性。換言之，由於政治市場結構特性以及政治問題複雜性，稀釋市場效率的誘因。

North (1990) 發展出制度變遷理論，將制度從組織中抽離。制度係競賽的規則，組織則是由參與競賽者或具有某種目標函數的個人組成。組織型態可以是廠商、產業公會、合作社（以上為經濟組織），也包括政黨、立法機構、主管單位（以上為政治組織），或是教會、運動協會、俱樂部（以上為社會組織）。組織以及其內部開創者在追求目標（廠商獲取最大利潤，或政黨贏得選舉）達成過程中，均可視為是變革的代理人，來自制度架構的誘因創造讓組織得以生存的機會。經濟體系具有稀少性及競爭性的特質，是以組織係處於生存競爭的情況。競爭促使組織設法修正制度性架構，以改善本身的競爭地位，競爭強弱決定制度變革速度，變革方向將反映參與者的認知，亦即解釋外在環境的心智模式。

(二)政治經濟學 (political economics) 與制度學派 (institutional school)

早期經濟學家認為經濟學是研究國家財富的學門，是以古典經濟學原本稱為政治經濟學，追求可以提升全民福祉的政策結論。直至 1870 年代以後，新古典學派興起，逐漸縮小經濟學定義與範圍，成為專注於探討人們在市場經濟活動中謀求財富與運用資源的學門。尤其是 A. Marshall (1890) 出版《經濟學原理》(*Principles of Economics*) 後，正式使用經濟學取代政治經濟學。

J. M. Keynes (1936) 出版《就業、利息與貨幣的一般理論》(*The General Theory of Employment, Interest and Money*)，以總合方式討論體系運作，主張政府部門須在經濟活動中扮演重要角色以維持體系穩定運作，經濟學自此開

始討論混合式資本主義經濟的運作，Keynes 經濟學遂成為新政治經濟學的鼻祖。另外，T. Veblen (1899) 創立制度經濟學係屬於政治經濟學的一環，結合一國的法律政治結構與市場體系將經濟學納入較大的分析架構。1974 年諾貝爾經濟學獎得主 G. Myrdal 深入探索經濟、社會和制度現象的相互依賴性，認為制度經濟學繼承古典政治經濟學傳統而發展的經濟學，其異於 Keynes 政治經濟學之處反映在前者採取演化與科際的研究方法，採取整體方法研究經濟體系運作，不僅將體系視為完整機體來研究，而且還視為演化機體來探討。反觀後者則將體系視為各種經濟關係的總和，並未提出特別理論解釋資本主義經濟發展或工業化活動的進行。

　　制度學派將體系視為一個過程研究時，認為若要完整解釋經濟發展，必須同時考慮經濟與非經濟因素。尤其是研究工業化國家或落後國家發展問題時，須對涉及的社會、心理與政治因素有所瞭解。換言之，經濟學家若想提出政策性建議，則須體認非經濟因素對解決經濟問題的重要性，若無法對經濟問題進行確切分析，勢必無法提出適切的解決方法。Keynesian 學派對經濟學性質與範圍的確定仍持狹隘觀點，未曾考慮技術變化對經濟結構的影響。

　　接著，新制度經濟學 O. Williamson (1975) 假設理性成員追求私利最大，針對集體行動、不確定性、昂貴訊息成本以及複雜的人性動機（如：公平與正義）等問題，將設計制度建立彼此間的互信或監督協調機能，透過制度影響個人所能獲得的訊息與面臨的誘因，進而影響個人決策與彼此互動。該學派未如公共選擇理論將集體行為視為個人行動的加總，而係關注於探討影響個人間互動與不同型態結果的機能，制度係影響個人行為與集體結果的重要關鍵變數。

㈢公共選擇理論

　　公共選擇理論或政治經濟理論係將經濟學應用於分析政治學，研究焦點

集中在探討經濟因素與政治因素互相作用的範疇。該理論假設人們追求私利，向政府部門購買公共財與服務，政府部門僅是市場延伸。G. Tullock (1962) 與 1986 年諾貝爾經濟學獎得主 J. M. Buchanan 指出「當人們選擇集體達成目標而非個別行動時，即產生集體行動，政府部門就是一種過程或機器讓這些集體行動能夠產生」。公共選擇理論基本上是放棄「公共利益」存在，透過投票機制讓公共政策反映個別利益之集合。由於在集體選擇的投票過程中，搭便車問題造成選民偏好無法真實顯現；即使多數決制度下的中位數偏好選擇亦未必是最有效率資源配置；其他如投票的矛盾、代議民主、選民的理性無知、政黨政治、選票互助等，皆造成集體選擇的失敗，以及公共支出規模趨於膨脹。

公共選擇理論偏重個體層面的探討，針對公共支出決策，主張應從公共財與服務的供給者（如：行政官僚）與需求者（如：民意機關）的決策動機進行分析，進而掌握個人利益對總體決策的影響。有關公共選擇的基本議題包括四項：

　1. 偏好的加總

M. de Condorcet (1785) 首先發現投票弔詭者，在多數決的選舉制度中，將個體偏好加總為社會決策，將存在邏輯上的不一致，此種發現被認為適用所有可能加總個人偏好的方法。換言之，政府部門無法落實達成單一社會政策，尤其是一個決策同時存在多個議題面向時，該項說法更屬正確。

　2. 政黨競爭

兩個追求選票極大化的政黨從事競爭，將導致「兩黨均會針對選民偏好之中間分配提出類似政策」的平衡狀態。不過體系存在多黨競爭並各自結盟時，提出的政綱將會出現相當差異性。

　3. 利益團體

壓力團體活動成果的某些部分可歸屬於公有財，理由是：即使未負擔費

用者亦可因而獲益。例外的是，當利益團體很小、成員由組織所獲的只是私有財、或壓力團體是依政府法令產生時，其活動成果將排除於公有財的範圍。

4. 公共行政機關 (public bureaucracy)

公共行政機關具有提供公共服務的獨占權力，易於將政府活動拓展至超越大眾預期的程度。

公共選擇理論針對不同公共財、時期及國家廣泛運用計量方法，進行估算公共勞務需求。A. Downs (1957) 建立政治經濟模型 (politico-economic models)，探討經濟部門和政治部門的互動關係，將政府部門視為追求選票極大化，進而說明公共支出膨脹現象，解釋通貨膨脹 (inflation)、產出與失業等經濟性因素是引起要求政府改選的原因，促使執政者為規避被改選而致力於控制經濟活動，成為引發經濟循環的部分原因，此即稱為政治景氣循環 (political business cycle) 現象。換言之，該理論將政府部門視為政經體系中的內生部分，強調如何經由共識而選擇最適規則和機構，逐漸取代傳統追求社會福利極大化的觀念，從而對經濟政策理論發揮深遠的影響。

16

市場失靈與政府失靈
market failure & government failure

㈠市場失靈原因

在市場經濟中，看不見的手（價格機能）引導人們從事經濟活動，促使自利行為最終達成公私利益調和，此即 A. Smith (1776) 提出「看不見的手」的原理，政府部門干預自由競爭體系運作幾乎是有弊無利。不過看不見的手也有照顧不到的時候，當市場運作肇致缺乏效率現象，如：壟斷、環境污染、劣質商品充斥時，A. Smith 設想的美好境界顯然遭到破壞，經濟學稱為市場失靈。

在 2003 年發生的非典型肺炎流行之際，我們看到典型的市場失靈現象。首先是某些商品價格波動異常，包括治療與防護非典型肺炎的相關藥品、醫用口罩與體溫計等相關商品價格迅速上漲。追究當中理由有二：相關商品需求在此期間巨幅增加，供應商在追逐暴利驅使下共同哄抬價格。其次是訊息不全或資訊不對稱 (asymmetric information)，各種謠言流傳擾亂正常市場資訊傳播，扭曲市場供需。市場失靈的另一現象是以偽劣商品冒充合格商品，廠商以假亂真和以次充好也是緣自資訊不對稱。如果廠商有意欺騙，政府部門又缺乏提供監督質量的公共服務，消費者將處於被動地位。市場失靈現象反映在廠商提供商品和勞務時，並未考慮製造的負面外部性 (externality)，典型例子是工廠造成環境污染，卻未支付成本或支付成本不足。

綜合以上所述，市場失靈係指價格機能無法透過自利動機自動達成資源

最適配置，發生緣由除價格無法反映邊際社會價值外，主要型態包括市場不完全性、存在公共財問題、外部性、自然獨占、風險與不確定性等因素。

(二)公共財

公共財係指商品在同一期間同時提供多人消費的現象，此即聯合消費 (joint consumption) 或集體消費 (collective consumption)。符合聯合消費的商品不適用排他原則 (exclusive principle)，亦即個人消費某商品，無法排除他人共用該商品的利益，此即公共財，如：國防、治安等。公共財若由廠商提供，必有部分成員坐享利益不願支付代價而成為搭便車者，造成廠商缺乏生產誘因，遂由政府部門編列預算來解決公共財的供給問題。有些公共財類似國防與治安等，當使用人數或使用次數增加，並不影響原先使用者的邊際利益時，將不具敵對性 (nonrivalness)，此即屬於純粹公共財 (pure public goods)。

某些商品具有排他性，享用人數超過私有財的個人獨享，社會價值高於私人價值，則係屬於準公共財 (quasi public goods)，常被提及者是殊價財 (merit goods) 與地方公共財 (local public goods)。前者是具有特殊社會價值的商品，如：社會保險、教育等，後者係指公共財的受益對象僅限於某些區域或地方，如：環境保護、自來水供應系統、公園等。

某些公共財具有敵對性 (rivalness)，隨著使用人數或次數增加將會降低原先使用者的邊際利益，消費者將需承擔擁擠成本 (congested cost)，此即屬於非純粹公共財 (impure public goods) 或稱擁擠公共財 (congested public goods)。為保障消費者利益，提供者採取限制消費成員數量，故稱為俱樂部財 (club goods)。有些公共財因使用次數增加而出現擁擠現象，稱為多次使用的公共設施 (varible use public facility)。公共財並非全部以消費財型態出現，若屬於生產因素或中間財性質，即是公共中間財 (public intermediate goods) 或公共投入 (public input)。

㈢外部性

　　外部性係指經濟成員的經濟活動出現外溢效果 (spillover effect)，進而影響其他成員利益或成本的現象。假設外部效果屬於正面性質，促使社會利益超過私人利益，則稱為外部經濟；一旦外部效果屬於負面，導致社會利益低於私人利益，則稱為外部不經濟 (external diseconomy)。外部不經濟將衍生外部成本 (external cost)，邊際社會成本 (marginal social cost) 等於私人邊際成本加上邊際外部成本 (marginal external cost)。外部性來自於因素價格變動者稱為金融外部性 (pecuniary externality)，外部性源自因素組合者稱為技術外部性 (technical externality)。為了矯正外部性造成社會利益與私人利益的差異性，政府部門採取因應策略包括課稅或補貼、或賦予一方擁有財產權，誘使民間採取磋商方式調整過度的產量，亦可採取行政干預限制具有外部性質的商品數量。廠商從自然界取得資源無需支付代價者，稱為共有資源 (common property resource)，這些資源並非取之不盡的商品，無法視為自由財。由於共有資源的有限性，過度使用將浪費社會資源，漁場就是典型例子，漁民撈魚不必支付代價給海洋，但漁產終歸有限，在保護環境的前提下，慎勿耗竭以免破壞生態。

　　網際網路發展造成影響層面既廣且深，H. R. Varian 與 E. Shapiro (1998) 定義網路外部性為：「人們加入網路系統願意支付的價格，若與網路中現有顧客數量或對象有關，則將顯示存在網路外部性。」網路外部性來自於使用者要求的服務價值是否大於支付的費用，也與其他人使用頻率有關，其異於一般外部性在於前者的對象是資訊而非污染。隨著上網人數激增，人們由網路取得新資訊的機會愈高，網路外部性就是網路使用者的外部性 (subscriber externality)，具有相互依存性 (interdependence) 與非補償性 (non-compensation) 特質。前者係人們間的決策具有互動性，後者係指某人產生的成本（或收益）

無法要求他人支付。非補償性的用處在於可以區分購買成本與使用成本，前者係人們向網路產業購買 modems 與網路卡等設備的支出，後者係人們必須學習使用網路，還受網路基本設施好壞、其他成員使用與上網情形的影響，這些成本與購買網路設備成本無關且須自行吸收，故稱為非補償性。

㈣外部性問題的解決

　　當體系出現外部性問題時，政府部門與廠商可採不同策略因應：⑴政府部門：外部性出現將會增加社會成本，A. C. Pigou 主張對污染廠商課稅，促使每單位產出的稅額正好等於在效率產出水準所造成的邊際損害。其次，在製造污染廠商家數固定下，補貼污染廠商要求其停止污染，也可達成效率的產出水準。在課稅方法之外，補貼不污染廠商將是造成污染廠商實質生產成本上漲的另一種策略。第三，政府部門執行公權力規範廠商行為，從而控制外部性效果。第四，外部性造成缺乏效率可能與資源市場不存在有關，政府部門採取出售污染許可權利給廠商，為污染創造市場，價格可稱為污染費，將有助於提升經濟效率。第五，Coase (1960) 認為若能清楚界定財產權，且交易成本為零時，則不論財產權歸屬於誰，透過自由交易將能達成資源效率配置，此即意味著只要建立財產權交易制度，政府部門將無須介入處理外部性問題。⑵廠商：廠商採取合併策略解決，亦即製造污染廠商及受害者雙方合併。

　　在解決外部性問題的策略中，建立交易市場屬於最佳方式，其餘策略將會衍生下列問題：⑴唯有在製造外部性者已知下，課稅和補貼才可能付諸執行，不過衡量外部性成本或效益，以及訂定適當稅率及補貼金額並不容易。⑵建立許可證市場，可能誘使大廠商將許可證搶購一空，阻止小廠商進入市場而形成寡占市場。⑶建立財產權交易策略將有執行上的困難，理由是：類似空氣污染外部性涉及人數眾多（包括污染者及被污染者），協商成本龐大，

尤其是很難確定哪些製造者必須負責，而且分擔比例不易計算。(4)政府部門建立污染標準進行管制，廠商只要符合標準，將缺乏降低污染的誘因，而且直接管制所需的監督及執行成本極為可觀。

(五)產業政策 (industrial policy)

面對市場失靈扭曲資源配置與造成效率損失，政府部門針對特定產業及商品生產、投資活動，採取輔導與保護政策，此即產業政策。產業政策目的雖在消除市場失靈，事實上，相關輔導或扶植措施的成效、對資源配置造成的扭曲、以及對經濟福利產生的效果，迄今仍存在眾多爭議。

政府部門執行產業政策內容包括：

1.直接限制政策

政府部門採取許可制、配額制，限制新廠商進入產業，將對產業內各廠商產生差別性影響，或維持廠商既得利益。

2.間接性誘導政策

政府部門採取誘因政策，如：補貼、關稅、融資等，以及改變產業環境的貿易障礙及公共投資政策等。

3.資訊相關政策

政府部門提供產業或廠商間的訊息傳送，包括對產業結構長期發展規劃訊息、消除市場不確定性因素。

產業政策類型可歸納為三種：

1.產業技術政策

廠商依據市場發展經驗形成對未來市場預期，在負擔成本與風險下促進研發活動，成為經濟成長動力。隨著產業發展縮短技術的生命循環週期，而基礎性產業技術需要大量資金投入，研發投資超出個別廠商負擔能力，此即政府部門政策性介入的原因。政府部門利用產業技術政策促進研發活動，基

於其他目的制定的政策也可發揮技術創新效果，如：外資及外匯政策通常基於追求效率運用外匯，將有限外匯優先分配給預期具有比較利益的產業，給予差別性的技術引進。

2.產業育成政策

高科技廠商創業需要具備較高技術與生產新商品能力，政府部門採取融資、減稅、補助金、教育、人才培訓、技術移轉等政策工具，協助降低創業風險，將有助於產業升級與改善經濟結構，此即產業育成政策。從資源配置觀點，政府部門支援措施可能釀成財富分配不均結果，尤其是廠商將累積的財富進行再投資，將更形擴大貧富差距。不過創新企業成功將發揮促進經濟成長與擴大就業效果，所得分配不均現象則可透過財政政策予以解決。

3.產業調整政策

夕陽產業係指受到本身無法控制的世界經濟發展衝擊，導致無法在國內市場與進口商品競爭的產業；或是在市場需求不變下，商品在國內市場占有率劇降的產業。如果延緩此種產業消失可為體系帶來淨利益或降低不利影響程度時，政府部門宜政策性延緩產業消失速度，此即產業調整政策。

㈥政府失靈

經濟學通常依據市場失靈或政府失靈理論，進行界定政府部門在經濟活動中扮演的角色。市場失靈是支援政府部門採取干預活動與管制私部門經濟活動的理論基礎，不過各國經驗顯示：政府部門採取管制策略未必能夠解決市場失靈問題，甚至管制政策背後經常隱藏著官商利益勾結，變質成為少數大財團維護壟斷利益、限制對手廠商參與競爭、以及提高商品或勞務價格的手段，從而形成政府失靈現象。是以先進國家自 1970 年代起展開解除管制 (deregulation) 風潮，美國在 1975 至 1985 年間相繼對航空、鐵路、卡車、金融、能源等產業進行大規模解除管制，臺灣則於 1980 年代後期跟進採取解除

管制活動，涵蓋範圍包括證券金融、銀行、保險、航空、高速公路客運、無線廣播與有線電視頻道、電廠、石油煉製、電信等產業的開放與自由化。

解除管制或自由化是各國政經發展趨勢，但非意味著回歸無政府干預的市場經濟，理由是：市場失靈現象確實存在，政府部門不可盲目解除管制。事實上，解除管制只是管制革新 (regulatory reform) 的一環，不僅追求解除管制，同時尋求更好的管制策略與環境。在管制革新的架構下，政府部門解除管制目的係著眼於解除不必要管制，亦即解除並無市場失靈的產業管制，至於確實存在市場失靈的產業，政府部門改採制定合理化的管制規範與環境，如：檢討以「報備制」或「事後追懲制」取代「許可制」、以「經濟誘因」取代「命令式（強制）管制」、以「成效管制」取代「細節管制」等。

市場失靈理論的缺陷在於過度強調市場機能運作失控的現象，忽略政府部門具有同等或甚至更高位階的自主性與自利性傾向。基於鞏固政權、增加稅收、國際收支平衡、穩定經濟活動與促進經濟成長等動機，政府部門均可能自發性、不待市場失靈，即採取追求社會福利極大化的措施。臺灣曾經推動六年國建計畫、振興經濟方案及亞太營運中心構想等，均屬於典型例子。其次，市場失靈理論僅考慮經濟因素影響，忽略政治權力、社會權力等非經濟因素的衝擊，無法妥善界定政府部門扮演的經濟角色。

相對市場失靈理論而言，政府失靈理論充分考慮非經濟因素的影響，強調選民的非理性偏好、政經人物的尋租行為、立法部門的爭權奪利、利益團體的遊說、政商掛勾、黑金坐大、社會運動，甚至威權體制的殘餘與不合時宜的法規等，促使政府失靈現象日益明顯，而政府部門組織龐大、壟斷資源及監督困難等特質，本質上即容易傾向於運作失靈。此外，該理論強調市場機能優越性，縱使市場機能運作可能出現失靈，不過政府部門運作失靈更可怕，亦即政府部門扮演的經濟角色愈少愈好。另外，該理論純粹從個體經濟觀點來看，只肯定廠商及家計部門決策的合理性，採取完全否定政府部門作

為理性成員的觀點，否定其可以針對統轄範圍內的經濟活動及總體資源進行
合理化調整與利用的能力和角色。

17

效率與公平
efficiency & equity

　　生產效率係指相同因素投入能夠生產的最大產出，或相同產出水準所需投入的成本最低。生產效率或稱技術效率 (technical efficiency)，係指在既有技術水準下，廠商追求特定產出水準的最低成本組合。Farrell (1957) 首先提出生產邊界 (production frontier) 作為衡量效率的基礎，生產函數 $y = f(N, K)$ 係使用資本與勞動組合所能達到的最大產出水準。假設實際產出 y^* 等於潛在最大產出 y，則顯示將具有技術效率；反之，實際產出小於潛在最大產出水準，則屬於技術無效率。廠商生產效率可用實際產出與潛在最大產出水準之比例 (y/y^*) 衡量。

　　廠商從事生產活動，除關心雇用因素支付的成本外，同時也在乎因素的邊際產量。若將該因素的邊際產量除以因素價格，即是單位因素價格的邊際產量。當廠商同時雇用多種因素生產時，如果甲因素單位價格的邊際產量超過乙因素單位價格的邊際產量，將採取增加雇用甲因素或降低雇用乙因素的策略。根據邊際報酬遞減法則，廠商增加雇用甲因素，將促使甲因素的邊際產量下跌；反之，廠商減少雇用乙因素，將使乙因素的邊際產量上揚。當廠商雇用各種因素單位價格的邊際產量趨於相等時，將是生產效率達於最佳的條件，亦是最低因素成本組合的均衡條件，可表為兩種因素價格的相對比率（因素市場的交換比例）應等於兩種因素邊際產量的相對比率（生產技術面的替換比例）。

　　經濟學討論效率問題時，將包括生產效率 (production efficiency)、交易效

率 (exchange efficiency) 或配置效率 (allocative efficiency)、以及創新效率 (innovation efficiency) 三種類型：

1.生產效率

在既定技術下，廠商使用最低成本的因素組合生產，發生期間應屬長期概念。經濟效率涉及生產效率與交易效率，是以生產與消費同時達到最佳效率稱為全面效率 (overall efficiency)，將是資源配置的重要均衡條件，亦即生產面的邊際轉換率 (marginal rate of transformation, MRT) 等於消費面的邊際替代率，前者是增加甲商品生產所需放棄乙商品生產的數量，在完全競爭市場將相當於機會成本的概念。

2.交易效率或配置效率

係指既定存量的商品透過價格機能，分配給評價最高的消費者，發生期間應屬短期概念。就消費者均衡條件而言，體系內所有成員面對兩種商品的邊際替代率都維持相同狀況。

3.創新效率

經由發明、發展、新產品的普及與生產過程，而增加體系的財富，發生期間應屬於技術均可改變的非常長期 (the very long run) 概念。

福利經濟學強調公平概念，係指合乎社會正義的所得分配狀態。社會正義往往流於主觀價值判斷以致因人而異，不同時代背景對公平概念就有不同解釋，但均會包括水平公平 (horizontal equity) 與垂直公平 (vertical equity) 兩個觀點，前者係指同等地位者應有同等對待，後者則指不等地位者應有不同的對待。水平公平的租稅乃指稅前所得相同者，稅後所得也應該相同，顯見所得相同者被課徵的稅額應該相同。垂直公平的租稅不僅反映稅前所得不同者，稅後所得也應該不同，而且租稅不可改變稅後所得的高低次序，亦即稅前所得較高者，稅後所得也要較高；稅前所得較低者，稅後所得也要較低。

絕對公平原則 (principle of absolute equity) 屬於最早被提及的租稅公平

原則，要求每位成員繳納同等金額的租稅，以致依人數多寡課徵的人頭稅 (poll tax) 或定額稅 (lump-sum tax) 被視為絕對公平的租稅。早期農業社會普遍採用絕對公平的租稅，但卻忽略每人負擔能力或受政府部門保護程度，爾後遂出現修正公平原則 (modified equity principle) 概念，包括負擔能力說 (ability to pay approach) 與受益說 (benefit approach) 兩種分析方法。負擔能力說係以納稅人的能力作為課稅基礎，要求納稅人應承擔相等犧牲 (equal sacrifice) 為基礎，又可分成相等絕對犧牲 (equal absolute sacrifice)、相等比例犧牲 (equal proportional sacrifice) 和相等邊際犧牲 (equal marginal sacrifice) 三種說法。A. Marshall 主張相等絕對犧牲，要求每位納稅人因課稅而損失的效用應該維持相同。A. J. Cohen-Sturt 主張相等比例犧牲，要求每位納稅人因課稅而損失的效用占稅前所得的效用比例應該維持相同。A. C. Pigou 主張相等邊際犧牲，要求每位納稅人稅後所得的邊際效用應該維持相同，此時體系內犧牲的效用總和為最小，又稱為最小總合犧牲 (least aggregate sacrifice)。

受益說係由 A. Smith 提出的概念，而由 E. Lindahl (1919) 發揚光大，主張納稅人的租稅負擔應等於從政府部門得到的利益。富裕階層受政府部門保護較多，宜繳納較多租稅；貧窮階級受政府部門保護較少，宜繳納較少租稅。該理論將政府部門視為個人的集合體，一方面提供公共財給人們享用，另外則需向人們課稅融通支出。政府部門收支的一出一進猶如市場供需的買賣雙方，乃基於受益多寡來決定稅負，故又稱為自願交易說 (voluntary exchange approach)。

修正公平原則僅從納稅角度來看公平問題，尤其是效用的不可衡量性限制該原則的運用。是以 J. Rawls (1971) 主張極大化低所得原則 (maximin principle)，強調經濟立足點的平等，要求工作機會均等，內容包括⑴納稅人擁有相同的基本自由權。⑵個人間的經濟差異係可以接受，政府部門除提供每人公正的相同機會外，並要給最低所得階層獲取最大的預期利益。此外，有人強調稅後所得重分配以達到平均化為目標，A. P. Lerner (1944) 就是典型代表，甚至平等主義者 (equalitarian) 強調所得完全平均化才是真正公平。

18

資訊不對稱理論
asymmetric information theory

(一)不確定性與風險來源

風險與不確定性都是指對未來環境無法確知的狀況。未來經濟環境雖未可知，出現狀況卻具有一定機率時，稱為風險情況；如果出現狀況無機率可循，則稱為不確定情況。不確定性是人們從事金融操作的基本特徵，人們對環境因素變化的掌握存在許多空白領域，造成無法精確預測金融資產價格，促使預期收益落空而形成投資風險。資產價格波動風險來源可分為兩部分：

1.系統風險 (systematic risk)

金融資產在公開市場交易，交易價格將受金融市場變化影響，而市場因素包括社會心理、政治經濟、國際局勢、政局動盪、匯率走貶、通貨膨脹過速、能源危機、景氣循環等變動造成的價格波動，此即系統風險或市場風險 (market risk)。系統風險係所有資產共同面臨的風險，資產一旦進入公開市場交易將無從豁免，屬於不可分散風險 (undiversiable risk)，投資人無法透過資產組合多元化予以降低。

2.非系統風險 (nonsystematic risk)

基於資產獨具的特質而產生的資產價格波動風險，係屬於可分散風險 (diversiable risk)，如：公司營運變化釀成個別股價波動、國家經濟體質變化造成匯率波動等，人們採取資產組合多元化將可規避非系統風險。

(二)逆選擇 (adverse selection)

在訊息不全下，現實生活中的資訊不對稱現象處處可見，如：在舊車市場中，買方對舊汽車性能並不清楚，賣方則是相當清楚；老闆對售貨員是否努力促銷公司商品並不清楚，售貨員可是心知肚明；立法院對行政院部門編列預算是否浮濫僅能捕風捉影，但各機關應是相當清楚。

2001 年諾貝爾經濟學獎得主 A. Akerlof (1970) 發表檸檬市場 (lemon market) 研究，探討舊車市場出現逆選擇與道德風險 (moral hazard) 的問題，前者又稱隱匿訊息 (hidden information)，屬於事前行為，係交易一方對他方的相關訊息並不清楚，從而造成市場運作缺乏效率。在二手貨市場中，商品品質參差不齊，消費者並不清楚品質水準，遂以市場平均價格作為購買價格，該價格低於高品質商品的價格，卻高於低品質商品應有的價格，造成高品質商品退出市場，劣質商品充斥市場。此種現象促使消費者重新調降市場平均價格，再度促使次一等商品也退出市場，導致市場最後僅剩下低品質商品在交易。

在實際現象中，可貸資金市場 (loanable fund market) 和保險市場 (insurance market) 提供逆選擇的普遍性例子。就前者而言，金融機構採取高利率放款策略，最後可能僅剩下高風險貸款人留在市場。就後者而言，以醫療保險為例，保險公司若不瞭解被保險者健康情況，必然訂定較高費率，結果造成健康不佳者投保，面對理賠率上升只好再次提高保費，又將部分健康情況較好者趕走，形成高保費「逆選擇」身體狀況相對不佳者，而健康風險較低者被排出市場。針對兩種資訊不對稱造成逆選擇問題，同年獲獎的 J. E. Stiglitz 提出解決之道，如：保險公司設計多元化保費和保項組合的保險契約提供投保人挑選，投保人經由自我選擇決定類型，不同類型投保人也就經由篩選出爐。同年的第三位獲獎者 A. M. Spence 將資訊不對稱運用至勞動市場，廠商

如何在眾多應徵者中篩選出合適者？Spence (1974) 認為可以運用市場信號 (market signal) 規避逆選擇的後果，亦即市場上訊息較多者應提供相關資訊給訊息較少者，即是經由市場信號機制將訊息不對稱改變為接近訊息對稱。舉例來說，廠商藉由應徵者的學歷、經歷、推薦函、各項考試成績以及擁有各式證照等作為信號，從而推測應徵者的工作能力，進而篩選出合適員工。

㈢道德風險

　　道德風險又稱隱匿行為 (hidden action)，屬於事後行為，係指訊息充分者故意作出不當行為以謀取更多利益，保險就是典型例子，如：被保險人未投保前是個行事謹慎的人，保險公司給予較低的保費，投保後卻不再注意自身安全，導致保險公司支付額外的傷害理賠。為防止道德危險問題發生，可用主理人與代理人問題為例，即主理人無法直接約束代理人是否用心工作，將設計誘因機制 (incentive mechanism) 促使代理人自動選擇用心工作，或建立監督機制監視代理人是否用心工作。資訊不對稱下的誘因理論係指資訊較少者如何設計誘因機制，誘使資訊較多者透露擁有的資訊，或誘使資訊較多者的行為符合資訊較少者的要求。1996 年諾貝爾經濟學獎的兩位得主 J. Mirrlees 與 W. Vickrey 係以發展資訊不對稱的誘因理論貢獻卓著而共同獲獎。

　　傳統投標方式包括複式價格標 (discriminatory auction) 與單一價格標兩種類型，前者係指投標者在投標後，按照競標價格高低決定得標順序，此係現行公債標售制度最常使用的方式。至於後者又稱為荷蘭標 (Dutch auction)，係指依投標價格超過底價的高低順序依次得標，並以最低得標價格作為發行價格來計算得標價款。Vickrey 提出著名的 Vickrey 投標法，規則和傳統投標法相同，唯一不同者是贏標者付出的價格並非其投出的標價，而是第二高標，故又稱次高價投標法。Vickrey 投標法解決投標中資訊不對稱的問題，理由是：在秘密投標下，不管別人如何出標，每個投標者都會依照自己對標的物的評

價據實出標，贏標者支付的價格並非他所出的標價，而是他人（第二高標者）
出的標價。

㈣代理問題 (agent problem)

在廠商營運過程時，資訊不對稱將會引爆股東與經營階層、股東與債權
人兩個層面的代理問題。傳統廠商邁向現代化經營的特徵是所有權與經營權
分離，尤其是廠商上市或上櫃後，外部股東持有多數股權屬於主理人 (princi-
pal)，經營階層僅持有少數股權而為代理人 (agent)，資訊不對稱促使經理人僅
追求自身利益，而未積極替股東賺取最大財富。M. Jensen 與 W. Meckling
(1976) 定義代理關係為：股東（主理人）雇用他人（代理人）代為經營公司，
並授予決策權的契約關係。一般而言，經營階層與股東間存在工作不力、補
貼性消費 (perquisites) 與管理買下 (management buyouts, MBO) 等三種代理關
係。為降低上述代理問題形成的損失，股東必須採取監督活動或設計誘因機
制，從而支付代理成本 (agent cost)。另外，公司採取股權與舉債方式募集資
金，將會形成股東與債權人間的代理問題，包括董事會未經債權人同意，促
使經營階層投資較債權人預期風險為高的專案、以及要求經營階層借貸新債
務、公司以投資名義借貸資金，卻用於發放現金股利、經營階層發現專案利
益只能歸債權人享有，放棄原本有利可圖的專案。

根據交易成本理論，廠商出現係基於將市場交易成本內在化的需求，部
分取替市場交易活動。隨著廠商規模擴大節省交易成本愈多，同時吸引金融
市場資金開始介入營運，股東逐漸失去對廠商財產的直接控制權，形成所有
權與經營權分離現象，進而產生股東與經營階層間的代理關係，以及與廠商
利益相關的其他錯綜複雜的利益聯盟，包括股東、債權人、經營階層、員工、
客戶與供應商等。基於追求私利原則，利益關係人將選擇追求私利最大的決
策，如：股東追求財富最大，要求廠商擴大分紅比例以取得高投資報酬；經

營階層追求個人利益最大，極力擴大個人所得與福利；債權人希望優先保障債務安全性等，上述利益目標多元化勢必釀成利益關係人間的矛盾。

㈤公司治理 (corporate governance)

　　廠商若要穩健發展，實現各利益關係人利益一體化是首要前提。人們基於自利原則，對每項交易可能性都要衡量成本和利益。在代理關係存在下，公司治理透過建立合理約束與誘因制度，落實經營階層責任，藉由提升公司績效且兼顧利害關係人利益以保障股東權益。隨著美國 Enron 公司在 2001 年發生作假帳案後，陸續發生世界通訊 (Worldcom) 隱瞞虧損、線上時代 (AOL Time Warners) 虛報廣告營收、Jonson 製藥隱含產品過失等案件，一連串企業謊言醜聞如地雷爆炸而震撼國際金融市場，促使 1990 年代初期萌芽的公司治理概念，成為現代企業經營良窳的核心。

　　公司治理探討包括所有權與經營權的關係、公司所有權問題、董監事組成運作以及管理績效等問題，追求投資人安心將資金交給專業經理人，坐享最高投資收益，經營階層在善盡股東託付下，充分運用公司資源發揮所長，創造最大盈餘並分享經營成果。為達成資源最適化配置，股東利用經濟誘因與法律嚇阻效果，設計健全公司治理規範，促使掌握資源的經營階層戮力從公追求最高公司價值，替股東創造最大財富。是以公司治理概念屬於監控與管理的方法，目的在於健全公司營運及確保股東最大利益，兼具防弊作用與興利功能。

19

國民所得帳
national income account, NIA

　　1971 年諾貝爾經濟學獎得主 S. Kuznets 於 1930 年代率先探討國民所得的內涵，研究國民所得對經濟活動的影響，而被稱為國民所得之父。同一期間，1984 年得主 R. Stone 對國民會計帳戶體系發展發揮奠基性貢獻，大幅提升經濟實務分析基礎，而被譽為國民經濟統計之父。經過兩人努力後，國民所得概念廣為各國採用，作為衡量總體經濟活動的指標。

　　國民所得水準反映國家經濟發展、富裕與國力強盛的程度。Kuznets (1934) 提出國民所得帳或稱國民會計帳，係以貨幣衡量經濟活動表現的工具，對總體經濟活動的作用猶如私人帳戶對廠商或家庭發揮的功能，除反映一國經濟脈動外，各項細目將可反映體系在某段期間的生產活動，同時提供政府部門擬定公共政策所需的資訊。若將歷年國民所得帳進行縱向比較時，即可顯示經濟活動的長期趨勢。

　　經濟學採取的國民所得概念包括國民生產毛額 (GNP)、國民生產淨額 (net national product, NNP)、國民所得 (national income, NI)、個人所得 (personal income, PI) 與可支配所得 (disposable income, DI) 等五種。

㈠國民生產毛額

　　國民生產毛額係指固定期間內，一國當年生產之最終商品與勞務以市場價值衡量之總值，是衡量經濟發展程度的指標之一。國民生產毛額的衡量期間通常以年為單位，政府部門為掌握經濟活動變化，也會採取季為衡量單位，

計算國民所得季成長率作為判斷景氣循環的參考指標。由於本國國民可能分居本國與外國，國內亦同時存在本國籍與外國籍居民，是以政府部門衡量體系最終商品與勞務價值時，可採取以國籍為標準的國民生產毛額與以區域為標準的國內生產毛額 (gross domestic product, GDP) 兩種概念。兩者差異在於國外因素所得淨額 (net foreign factor income)，亦即本國因素在外國獲取的所得（如：赴東南亞投資收益）與外國因素在本國獲取所得（如：外籍勞工所得）的差額。

$$GDP（區域）= GNP（國籍）- 本國因素在外國的所得 + 外國因素在本國的所得$$

為加總異質商品與勞務，GNP 係以該年總產出（商品與勞務）的市價衡量。以市價衡量的另一涵義是：商品或勞務必須經過市場交易才能列為 GNP。為精確衡量總產出價值，體系在固定期間生產的商品與勞務，均只能計算一次價值，中間財價值在迂迴生產過程中已經被計算過，若再計入 GNP，將犯了重複計算的錯誤。另外，我們可以採取附加價值法 (value-added approach) 衡量國民所得，亦即累加生產過程中每一階段的附加價值，將等於最終商品價格。

體系當期交易內容還包括金融資產與舊貨交易兩種。前者包括股票、債券、外匯與衍生性商品等金融資產買賣，這些交易活動都涉及資金流通，與生產活動並無直接關聯，故不計入 GNP。不過金融資產成交值對 GNP 真的毫無貢獻？臺灣在 1986 年至 1990 年間出現股價指數由近 1,000 點狂飆至歷史高峰 12,682 點，同樣帶動房地產價格暴漲。股價與房地產價格暴漲，帶動兩者成交值劇增，雖然無法列入 GNP，不過證券公司與房屋仲介公司仲介兩者交易，提供仲介勞務，收取成交值的某一比例作為手續費或佣金，該部分屬於 GNP 中的最終勞務價值。是以兩種資產成交值擴大，將因手續費或佣金增加而帶動景氣熱絡，對短期 GNP 成長貢獻極大。隨著兩者價格與成交值滑

落後，GNP 成長呈現衰退現象，造成體系淪落泡沫經濟 (bubble economy) 的境界。

同樣的，舊貨交易並非當期生產，若再計入本期 GNP 也會犯了重複計算的錯誤，如：中古車商或房屋仲介公司將舊車或舊屋賣給別人，該項交易不能計入 GNP 中，否則將過去生產的商品再包括進來，將會虛增本年 GNP 價值。另外，若將數週前購買的新車賣給別人，轉售值亦不包括於當期 GNP 中，理由是：原先購車價值已經算入 GNP。值得注意者：舊貨交易值雖然無法列入 GNP，不過仲介舊貨交易者提供仲介勞務而收取成交值的某一比例作為佣金，該部分屬於 GNP 的最終勞務價值。

(二)國民生產淨額

採取 GNP 概念衡量一國生產力或財富的變動，將會高估當期產出價值，理由是：部分 GNP 必須用於更新及補償當年生產過程消耗的資本財。在國民所得帳中，GNP 減去折舊 (depreciation) 或資本消耗準備，即可得到國民生產淨額，亦即在維持生產規模不變下，體系所能使用的總產出。

$$NNP = GNP - 折舊$$

再由體系支出面觀察國民生產淨額的分配結構如下：

$$GNP = C + I_N + G + (X - Z)$$

C 是個人消費支出 (consumption expenditure)，I_N 是民間投資淨額，G 是政府購買的商品與勞務，$(X-Z)$ 是出口扣除進口即是淨輸出 (net export)。

(三)國民所得

國民所得係衡量因素擁有者提供土地、勞動、資本與企業精神所獲取的

所得。就廠商的觀點，國民所得係衡量使用因素或資源的成本；而由因素供給者的觀點，則是在生產過程中發揮貢獻而獲取的報酬。在 NNP 中唯一無法反映經濟資源對當期生產貢獻者的就是企業間接稅 (indirect business tax)，理由是：政府部門並未對廠商生產活動提供直接勞務。在計算當年生產因素賺取的國民所得時，必須由 NNP 中扣除企業間接稅、企業移轉支付與政府移轉支付，然後再加上政府補貼。另外，運用所得方法計算國民所得的內容為：

$$國民所得 (NI) = 工資 + 租金 + 利息 + 經營者所得（利潤）$$

工資係指廠商與政府部門雇用勞動支付的代價，包括負擔勞工部分的社會安全保險 (social security insurance) 支出及對私人年金、健康、福利等基金的支出等薪資輔助項目。工資扣除社會保險支出的淨額稱為受雇人員報酬 (compensation of employees)。租金 (rent) 是指財產擁有者收到的報酬。利息是指廠商支付資金供給者的報酬，不過政府支付的公債利息並不計入利息所得。在國民所得帳中，利潤包括獨資、合夥或合作社等非公司型態的經營者淨所得 (proprietor's income)，以及公司營運獲取的盈餘兩部分。

　　一國的國民所得除以該國人口數 (population, POP)，可得每人所得 (per capita income)。由於國民所得係以當期市場價格衡量，以致無法進行跨期比較，是以排除物價變動因素的每人所得稱為每人實質所得 (real income)，未排除物價變動因素前的每人所得稱為每人名目所得 (nominal income)。此外，為進行跨國比較，將每人所得以外幣（美元）表示，亦即將其除以匯率 (exchange rate)，可得以美元表示的每人國民所得。

㈣個人所得與可支配所得

　　生產因素獲取的國民所得與個人實際收到的所得會有差距，調整方式有二：⑴不勞而獲：個人實際收到的所得並非當期賺得，如：企業移轉支付、

政府移轉支付（失業保險、社會福利金）與公債利息支付。⑵勞而不獲：人們提供資源獲取的所得實際上並未到手，工資包括給受雇者的補償與社會安全保險兩項，後者並未由勞工取得。另外，公司營運利潤（稅前盈餘）的分配方式包括繳納公司所得稅、提存法定與特別公積金、員工紅利與董監事酬勞、保留盈餘與股東紅利，僅有股東紅利才由個人實際取得。個人所得減除個人所得稅後的淨額，即是可支配所得。當家庭或個人擁有可支配所得時，將可隨心所欲支配而用於消費或儲蓄。

㈤投入產出分析 (input-output analysis)

投入產出分析起源於重農學派 F. Quesnay (1758) 的《經濟表》(*Tableau Economique*)，用於探討體系內不同階級從事經濟活動，透過投入產出關聯而在交易過程中引起的乘數 (multiplier) 作用。爾後，W. W. Leontief (1933) 基於一般均衡理論基礎，針對有關經濟活動的相互依存性，運用聯立方程體系描述此種相互依存關係，形成投入產出分析理論。該理論將體系內各個部分（作為生產單位或消費單位的產業部門、行業、產品等）之間表現為投入和產出的相互依存關係的經濟數量分析方法。該理論特點是：在觀察部門間錯綜複雜的投入產出關係時，能夠發現任何局部最初變化對體系各個部分的影響，而編製投入產出表 (input-output table) 是進行投入產出分析的基礎。

投入產出表又稱產業關聯表或部門關聯平衡表，反映國民經濟各部門間投入與產出關係的平衡表。體系內每個部門既是生產商品（產出）部門，又是消耗商品（投入）的部門。投入產出表以所有部門的產出去向為行、投入來源為列而組成棋盤式表格，進而說明兩個基本關係：⑴每一部門的總產出等於生產中間財與最終商品之和，中間財應能滿足各部門投入需求，最終商品應能滿足存貨累積和消費需求。⑵每一部門的投入就是生產過程中直接需要消耗的各部門中間財，在生產技術不變下，投入決定於它的總產出。投入

產出表按計量單位分為實物型和價值型兩種，實物型係以實物量單位編製，價值型則以貨幣單位編製，按時間劃分可有統計和計劃投入產出表；按性質劃分可有靜態和動態、平衡和優化投入產出表；按內容劃分可有產品、固定資產、生產能力、投資和勞動消耗等投入產出表。

投入產出分析廣泛運用於各個經濟學領域，發揮效果包括：⒜提供編製中長期計劃的依據。⒝分析經濟結構、進行經濟預測。⒞研究經濟政策對經濟活動的影響。⒟研究某些特殊社會問題，如：污染、人口、就業以及所得分配等問題。

20

淨經濟福利
net economic welfare, NEW

(一) GNP 的缺點

國際間通常以每人所得水準衡量一國經濟發展程度，甚至衡量一國福利水準，不過卻忽略幾個重要因素：(1)每人所得屬於平均概念，無法反映實際所得分配狀況。(2)市場交易活動往往因逃稅、違法、物物交換 (barter economy) 或市場化程度等因素，許多實際交易價值未能反映在國民所得統計內，亦即無法掌握地下經濟 (underground economy) 活動占全國經濟活動的比例，將會導致 GNP 估計值失真。(3)部分生產活動未在市場交易而被忽略，如：家庭主婦提供家庭勞務時，採取商品密集或時間密集的生產方式，將會影響 GNP 數值。(4)忽略休閒價值的設算。(5)忽略外部成本，如：污染公害、有害福利的負面產品等。(6)疏忽商品品質。

(二) 淨經濟福利指標

W. Nordhause 與 J. Tobin (1972) 提出經濟福利的衡量 (measurement of economic welfare, MEW)，Samuelson (1976) 稍後改稱淨經濟福利 (NEW)，評鑑 GNP 中與國民福祉無關的項目，重新建立以貨幣價值衡量的社會福利指標。國民產出淨額 (NNP) 與淨經濟福利 (NEW) 的主要差異在於前者係由生產觀點，後者採取消費觀點著手討論。政府部門估算淨經濟福利時，首先計算國民產出淨額，然後再扣除包括防治污染、都市化的擁擠以及維護治安等

產生負效用商品的設算價值。其次，針對休閒以及非市場交易商品等產生正
效用的商品價值進行設算，然後加計在前面的金額。

㈢綠色國民所得帳 (green GNP)

　　傳統國民所得帳無法精確描述一國永續發展概念，理由是：⑴忽略稀少
性資源的設算，無法掌握經濟活動的永續生產力。⑵忽略污染降低環境品質
及對人類健康及社會福利的影響。自 1987 年以來，世界環境和發展會議 (The
World Commission on Environment and Development) 在聯合國、世界銀行及世
界自然基金 (Worldwide Fund of Nature) 共同成立工作小組，重新研究及改善
傳統國民所得帳編製方法，並在 1990 年發展出 SNA (System of National Ac-
counts) 所得帳，1993 年發展結合自然資源會計帳的理論而成為 SEEA (Sys-
tem for Integrated Environmental and Economic Accounting) 所得帳，此即綠色
國民所得帳，重點為：⑴提供社會經濟功能或部門別結構的資訊；⑵結合量
化資料及貨幣化的天然環境資源會計帳系統；⑶包含人類活動的成本與效益
分析；⑷藉由相關的加總指標以強化資料分析的可行性。臺灣的行政院主計
處自 2001 年開始逐年發佈綠色 GNP，藉以瞭解福利水準與生態環境損耗情
況，提供政府制定環保與產業政策參考。

　　永續發展概念在於平衡人類和其他有機體（如：動植物）的需求，強調
自然環境資源與人造資產並存是維持體系永續發展的基本因素。經濟活動在
長期不應破壞自然環境，亦即經濟成長不能超越自然環境資源與人造資產容
許的極限。追求社會經濟永續發展就是希望落實「滿足當代需求，兼顧不損
及滿足後代需求能力之發展」，而綠色國民所得帳的特色在於將天然資源與環
境污染成本納入傳統國民所得帳，作為衡量國民生活水準 (standard of living)、
福利與環境永續發展的總體指標。是以若要編製綠色 GNP，首先需要先設算
「自然資源消耗」及「環境品質變化」的貨幣價值，再由傳統的國民所得中

扣除。

　　綠色國民所得帳涵蓋市場價值及非市場價值，同時考慮經濟利益及環境因素，發展出整合環境與經濟帳的國民所得帳輔助系統，作為衡量社會福利與經濟永續發展的總體指標，內容包括：⑴傳統國民所得帳為綠色國民所得帳的核心；⑵從核心系統抽離與環境相關之經濟活動，進而計算自然環境體系與經濟體系間相關性的輔助系統。該系統完全針對經濟活動引起的環境變化進行評估，而因經濟活動產生之自然變化並不在考慮範圍，隨後再依此系統作為評估經濟與環境共生策略的基礎。此外，國民經濟與環境所得帳係以國家為整體計算基礎，並不強調個別組成分子。一般而言，環境變化導致市場失靈應歸咎於私部門忽略社會成本與效益、買方與賣方無法取得相同資訊以及生產獨占性。為解決市場失靈問題，理論上可採中央集權方式操作，將社會成本效益的資訊整合成完整的經濟體系。

　　傳統國民所得帳已經考慮部分環境資源（如土地及森林資源）價值，但僅偏限於計算市場價值，亦即環境資源帶給擁有者的經濟利益，如：森林產生的經濟利益來自木材，木材的市場價格即是國民所得帳計算的市場價值。此種計算方法的缺失有二：

1.成本面

　　就生態觀點來說，砍伐木材對自然環境造成負面效果，卻未設算負面的非市場價值。尤其在生產過程中，廠商追求利潤最大，採取成本最低方式生產，勢必忽略製造污染成本。污染對生態體系造成負面效果，廠商卻支付代價不足，致使商品價格包括低估的污染成本而偏低，誤導人們增加消費忽略社會成本的商品。

2.資產面

　　國民所得帳提到的資產（包含經濟財和環境財）都只具有市場價值。值得注意者：國民所得帳考慮的資產只限於可控制產銷數量與價格的確定所有

權者的資產。未經合法開發而砍伐之森林、野生水果和大海裡的魚等具有公共財特性，因無明確的所有權者且無法掌握其產量，並不在傳統國民所得帳的考慮範圍。

㈣生態經濟學 (ecological economics)

　　生態經濟學起源於 1960 年代，係結合生態學和經濟學，針對人類經濟活動與自然生態間的發展關係，揭示生態經濟活動和發展的客觀規律，探討生態體系與經濟體系相互適應與協調發展的途徑。該學門研究自然生態和經濟活動的相互作用，探討自然生態系統和人類經濟活動間的相互作用與影響，探究維繫兩者間長期動態平衡的關鍵所在。在經濟學範疇中，K. E. Boulding 與 N. G. Roegen 率先指出經濟發展與生態環境的密切關聯性，從而奠定生態經濟學領域的研究基礎，涵蓋的議題包括環境倫理 (environmental ethics)、永續發展 (sustainable development)、綠色產出、碳稅 (carbon tax)、核廢料處置及自然資源的評估等。

㈤資源與環境經濟學 (environmental economics)

　　資源與環境經濟學係結合經濟學與環境科學，針對經濟發展與環境保護相互關係進行研究的學門。經濟發展造成環境污染和破壞，原因是人們只考慮短期經濟效果，忽視經濟發展對自然與社會帶來的長期衝擊。人們長期將水與空氣等環境資源視為取之不盡、用之不竭的自由財，將大自然當作淨化廢棄物的場所，無須支付任何代價。隨著體系進入 1950 年代後，生產規模快速成長、人口迅速增加、經濟活動持續擴大，人們從自然界獲取的資源遠超過自然界再生能力，排入環境的廢棄物遠超過環境容量，資源耗竭、環境污染與破壞問題日益嚴重。此種現象促使經濟學家與自然科學家共同商討防治污染和保護環境的對策，評估污染造成的經濟損失，比較防治污染費用和效

益，從經濟角度選擇防治污染策略，甚至將控制污染納入投入產出表進行研究，從而在 1970 年代初期出現污染經濟學或稱公害經濟學，探討防治環境污染的經濟問題。在進入 1970 年代後期，經濟學接續發展出環境經濟學、生態經濟學、資源經濟學，討論經濟發展和環境保護間的關係。

21

所得分配
income distribution

(一)所得分配類型

　　所得分配係在於討論「為誰生產」的問題，勞動、資本、土地和企業家四種因素共同創造社會財富或所得，所得分配就是將社會財富或當期生產結果分配給因素擁有者：勞動得到工資、資本取得利息、土地獲得租金、企業家得到正常利潤。所得分配理論研究焦點在於剖析各種因素獲取所得的決定方式，以及所得分配方式的公平性。因素所得相當於因素價格與因素雇用量的乘積，是以所得的決定也就是解決因素價格決定問題。因素價格與商品價格一樣，係由供需關係決定，是以所得分配理論是價格理論運用於探討所得分配問題。

　　國際間衡量所得分配的指標，係以家庭可支配所得為基礎，將全國家庭依可支配所得大小排序後，再將戶數進行五等分組（每等分均包含全國 20% 的家庭），由低所得戶依序往高所得戶累加的戶數比率，與其對應的所得累加比率所形成之軌跡稱為 Lorenz 曲線，可用於衡量體系所得分配狀況的指標，進而分析所得分配是否均等化的問題。此外，計算最高 20% 家庭的平均所得為最低 20% 家庭所得之倍數，此即五等分差距倍數，倍數愈大反映所得分配愈不平均。

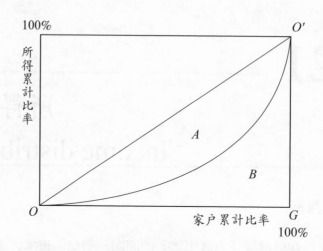

　　如果 Lorenz 曲線呈直角形時，表示所得由某一家戶獨得，其他家戶的所得為 0。如果 Lorenz 曲線係為通過原點的 45° 線，表示每家戶的所得分配完全相等。在該圖中，OO' 線稱為絕對均等 (absolute equality) 線，OGO' 線稱為絕對不均 (absolute inequality) 線。Lorenz 曲線愈接近 OO' 線表示該國所得分配愈平均，愈接近 OGO' 線反映該國所得分配愈不平均。Lorenz 曲線介於 OO' 與 OGO' 線間，可分成圖形中之 A、B 二部分，A 部分所占比例愈高，表示所得分配愈不平均；A 部分所占比例愈低，表示所得分配愈平均。經濟學遂定義 Gini 集中係數 (Gini's concentration coefficient) 或 Gini 係數為：

$$g = \frac{A}{A+B}$$

$0<g<1$，g 值愈大表示所得分配愈不平均，g 值愈小表示所得分配愈平均。根據 2001 年臺灣地區家庭收支調查結果，最高 20% 家庭所得為最低 20% 家庭所得的倍數為 6.39 倍 (2000 年為 5.55 倍)，$g=0.35$。經濟學通常係以 $g=0.4$ 為警戒線，臺灣歷年 Gini 係數均維持在 0.35 之內，顯示臺灣家庭所得間的貧富差距尚屬平均。

　　所得分配不均的原因是多方面的。理論上，市場經濟中的產出係依因素的邊際生產力，以工資、利潤、租金和利息型態分配給因素擁有者，此即屬於功能性所得分配 (functional income distribution)，並無是否公平的問題。基本上，所得分配不均涉及個人所得分配 (personal income distribution)，亦即人們同時擁有各種因素，同時取得工資、租金、紅利和利息等收入，是以所得分配不均的根源在於每人擁有的資源數量不同以及因素的邊際生產力有所差異所致。

　　在探討所得分配不均的來源時，勞動所得占全部所得的 3/4，是以首先從勞動所得方面去尋找答案，而導致勞動所得不均的因素包括勞動品質與數量的差異、以及工作性質的差異性。另外，從計劃經濟轉型至市場經濟的國家中，所得分配不均現象較為嚴重，有些國家甚至出現貧富尖銳對立現象，原因在於：轉型過程的核心是國營事業民營化 (privatization)，透過公開或隱蔽方式將原來的國有資產轉為私人所有。

㈡社會安全制度 (social security system)

　　政府部門採取所得分配政策，追求縮小貧富差距、實現所得分配均等化目標，政策工具主要包括租稅政策與社會福利政策。租稅政策透過課稅措施降低富人所得、縮小貧富所得差距，運用租稅工具包括個人所得稅 (income tax)、財產稅 (property tax) 和贈與稅，以及消費稅 (consumption tax) 等。尤其是累進所得稅制 (progressive income tax)，高所得者適用高稅率，低所得者按低稅率徵收，低於一定水準者免課所得稅，如：臺灣個人綜合所得稅率最低為 6%，最高為40%。遺產稅和贈與稅都是針對富人階級，稅率最高達到 40%，目的在於降低財產移轉引起的所得分配不均。消費稅係針對奢侈性商品和勞務徵收高稅率，這些商品係以高所得者為主要消費對象，對這些商品課稅的目的在於增加其租稅負擔。

　　社會安全政策 (social security policy) 係針對貧窮階級進行補貼，用於落實所得分配均等化，包括：(1)各種形式的社會保障，如：給失業者的失業補助金、給老年人的老人年金、對低收入戶的家庭補助等，這些補貼主要以貨幣形式支付，也有發放食物券等。(2)提供貧困者就業與培訓機會。(3)提供低收入戶醫療保障與醫療援助，前者指各種必要的醫療支出，後者為護理及出院後的其他費用。(4)最低工資法等保護低收入者的立法。(5)提供低收入者低房租住房等。

　　接著，人們基於預防意外事件發生，甚至準備老年生活所需時，傳統上採取儲蓄活動因應。不過個人儲蓄能力通常不足以面對生活中的重大危機或保障晚年生活，是以社會保險概念出現遂成為福利國家的基礎。透過國家立法，工作意外保險、失業保險、死亡保險、殘障保險、老人保險與醫療保險等納入國民適用的保障中，強制國民參加社會保險，按薪資所得繳納定額費用，此即薪資扣繳稅 (payroll tax) 或稱安全基金收入稅 (earmarked tax)，一旦成員發生意外時，就能夠保障其生活。政府部門推動社會保險，透過兩種機能影響所得重分配：

　　1.同代間所得重分配 (intra-generational redistribution)

　　政府部門運用養老金計畫重分配特定年齡層的退休後所得及終生所得，使其漸趨相等。另外，政府部門可視婚姻狀況、家族成員多寡、配偶的勞動參與率等因素決定同代內的所得重分配狀況，當受益退休人員過世，配偶可繼續領取同額養老金，夫妻兩人同時工作，領取養老金不等於兩個人單獨領取的總額。

　　2.跨代間所得重分配 (inter-generational redistribution)

　　政府部門採取信託基金基礎，每代成員在就業期間繳納受益金，投資公債獲取報酬，而於退休後獲取本息，此種策略將無跨代所得重分配效果。假設政府部門採取非基金 (unfounded) 基礎執行上述方案，某代工作人口每人繳

付同等金額成立基金，支付退休一代的老年年金。萬一第二期年輕工作者拒絕繳付基金，原第一期工作者在第二期領不到退休養老金，衝擊效果為維持一期的隔代間移轉支付。假設該方案持續下去且人口持續成長，本期退休人員將可獲取更多年金，獲得較原先繳付金額為高的額外報酬，報酬率恰好等於人口成長率。假設捐款係依每人所得某一比例透過薪資扣繳稅方式徵收，隨著人口成長、技術進步與資本累積促使每人所得提高，非基金社會安全制度方案的報酬率將等於 GNP 成長率。

22

景氣循環理論
business cycle theory

(一)景氣循環指標

景氣循環係指體系以某一趨勢為中心呈現上升或下降波動，完整的循環過程涵蓋上升擺動 (upswing) 的繁榮 (prosperity) 期以及上轉捩點 (upper turning point) 的恐慌 (crisis) 期、下降擺動 (downswing) 的蕭條 (recession) 或收縮 (contraction) 期以及下轉捩點 (lower turning point) 的復甦 (recovery) 期等四個階段。

景氣指標是景氣預測工具之一，經建會編製的「臺灣景氣指標」包括景氣動向指標、景氣對策信號以及產業景氣調查三部分。前二者根據客觀統計資料顯示總體經濟狀況，產業景氣調查則根據廠商提供的客觀數據及主觀判斷，進行了解個別產業景氣狀況。

1.景氣動向指標

將所選取的統計數列經過季節調整、標準化因子調整、加權平均等統計處理後，合併成綜合指數時間數列，除反映景氣變動方向外，並顯示景氣變動幅度。

(1)領先指標 (leading indicator)：依據能夠提前反映景氣變動情況的指標編製而成，領先指標連續上升（下降）三個月視為景氣復甦（下降）的標竿。納入領先指標綜合指數的指標包括製造業新接訂單變動率、製造業每月平均工作時數、臺灣地區房屋建築申請面積、海關出口值變動率、躉售物價變動

率、M_{1B} 變動率以及股價變動率等七項。

(2)同時指標 (coincident indicator)：依據能夠反映當時景氣狀況的指標編製而成，可用於判斷當時景氣狀況。臺灣納入同時指標綜合指數的指標包括工業生產變動率、製造業生產變動率、國內貨運量、製造業銷售值、製造業平均每月薪資變動率及票據交換金額變動率等六項。

(3)落後指標 (lagging indicator)：晚於景氣變化。退票率是經濟實質面的落後指標，經建會每月公佈的臺灣景氣指標，將票據交換金額變動率作為衡量景氣的指標之一。

2.景氣對策信號

經建會根據貨幣供給、放款、票據交換、製造業新接訂單指數、海關出口值、工業生產指數、製造業生產指數、製造業成品存貨率、股價指數等九種經濟活動指標，編製景氣對策綜合判斷分數，同時以紅、黃紅、綠、黃藍與藍燈分別代表景氣由繁榮至衰退的信號。38 分以上為紅燈表示景氣過熱，32～37 分為黃紅燈表示景氣微熱，23～31 分為綠燈表示景氣穩定，18～22 分為黃藍燈表示景氣欠佳，17 分以下為藍燈表示景氣衰退。

3.產業景氣調查

綜合整理每月廠商問卷資料而成，屬於質的調查而非量的統計。調查重點在於廣泛徵詢各業廠商營業狀況及對未來景氣的判斷，由各個產業之產銷、訂單、存貨及利潤變動情形，了解各產業景氣狀況，由廠商對未來三個月的景氣預期，可看出短期未來不同產業景氣變動方向。

(二)景氣循環的外因理論

經濟模型本身以外的非經濟因素變動，引起經濟活動呈現循環性變動，此即屬於景氣循環外因理論 (internal theory)，包括 A. C. Pigou (1927) 與 J. M. Keynes (1936) 的心理學說 (psychological theory)，W. S. Jevons (1875)、H. S.

Jevons (1910) 與 H. L. Moore (1914, 1923) 的農業性理論 (agricultural theory) 或農作收穫理論 (harvest theory)，以及 J. A. Schumpeter (1934, 1939) 的創新理論 (innovation theory)。

㈢景氣循環的內因理論

經濟模型內的經濟變數調整，引發經濟活動呈現循環性波動，進而造成經濟活動呈現循環性變動，此即屬於景氣循環內因理論，包括貨幣性、實質性與均衡性循環理論。貨幣性循環理論包括 I. Fisher 的通貨膨脹過程 (inflationary process) 與 K. Wicksell 的累積過程 (cumulative process)，實質性循環理論包括 K. Wicksell 的投資過度理論 (over-investment theory)，T. Multhus 的消費不足理論 (under-consumption theory) 與 J. M. Keynes 的有效需求 (effective demand) 不足理論。

1995 年諾貝爾經濟學獎得主 R. Lucas (1973, 1974) 將理性預期 (rational expectation) 概念引進總體模型，結合景氣循環理論與基本均衡分析，亦即經濟成員具有追求私利極大化的一致性目標，所有市場透過相對價格調整而能持續清結 (clearing)。換言之，體系出現繁榮與蕭條的循環性波動係屬均衡現象，產出與就業的循環性波動完全是因應相對價格波動的結果。

23

經濟發展與經濟成長
economic development & economic growth

(一)經濟發展

經濟發展與經濟成長均是泛指經濟活動的長期變化趨勢，兩者概念經常混用。嚴格地說，後者僅是強調每人所得增加的現象，前者涵蓋範圍較為廣泛，除顯示經濟活動進步外，也包括經濟結構改變，包括昔日窒礙經濟進步的社會態度與習慣等非經濟因素亦隨之發生變化。對先進國家的經濟進步現象，習慣上都以經濟成長描述，但對落後國家的經濟進步，經濟學偏好以經濟發展描繪。

經濟發展與經濟成長理論著墨之處不同，內容差異為：

1.發展理論 (development theory)

探討落後國家邁向發展途徑的臨界轉換過程，討論焦點係從經濟與非經濟因素角度探索發展成功與否的條件，同時強調各種變數的品質變化。

2.成長理論 (growth theory)

探討總體經濟變數在時間歷程 (time path) 中的波動軌跡，討論焦點係從經濟因素探索成長軌跡如何決定，同時強調總體變數的數量變化。

經濟發展可定義為學習過程 (learning process)，經濟成員經由該過程洗禮而體會出如何改善制度環境，方有可能充分開發實質資源並作效率分配，從而發揮體系最大成長潛能。至於落後國家推動經濟發展能否成功，將與下圖所列的因素息息相關。

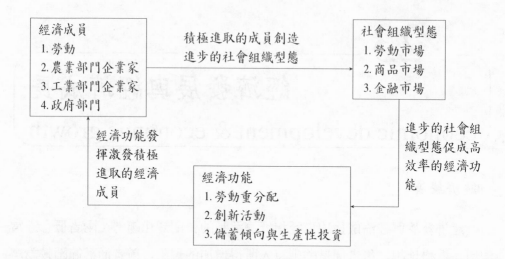

W. Rostow 依據歐美經濟發展史實，指出經濟發展可劃分為傳統社會 (traditional society)、經濟起飛準備 (preconditions for take-off)、經濟起飛 (take-off)、邁向成熟 (drive to maturity)、大量消費 (mass consumption) 等五個階段。S. Kuznets 提出經濟紀元 (economic epoch) 指出經濟成長歷史可分成許多期的紀元，在每一紀元內都有知識發現，透過技術突破帶動該紀元內經濟持續成長的動力。Kuznets 依據十多個國家國民所得和勞動就業在產業間分佈結構的統計數據，從時間數列 (time series) 和橫斷面 (cross section) 分析經濟發展結果的影響，顯現的經濟意義如下：

(1)農業部門所得和就業比例趨勢下降，主要原因有三：(a)農產品屬於必需品，人們的生活水準達到一定程度後，農產品需求並未隨所得增加而同步遞增，促使農產品價格和創造附加價值處於不利地位。(b)農業生產技術進步較工業緩慢，農業投資受報酬遞減的限制。(c)農業勞動生產效率提高和農業所得相對比例降低，必然引起農業部門的勞動就業比例相對下降。

(2)工業部門所得比例上升、勞動就業比例大體不變，原因在於消費結構變化與國民所得中的投資比例成長不斷擴大工業產品市場，促使工業部門所

得比例上升。隨著技術進步促使原有廠商降低雇用勞動，不過工業部門內產業擴張和商品增加又擴大雇用勞動，兩相抵消結果促勞動就業比例相對趨於穩定。

⑶服務部門勞動就業比例上升、國民所得比例微升，原因是：勞務相對工業品在價格上處於劣勢，服務部門的國民所得比例難以上升。

是以 Kuznets 比較分析經濟發展程度不同國家，得出如下結論：開發中國家農業與工業部門間的勞動生產效率（相對國民所得）差距，相較先進國家為大。開發中國家多屬於農業國家，先進國家多屬於工業國家，前者若要由窮變富，必須發展非農業部門。

在經濟發展理論方面，1979 年諾貝爾經濟學獎得主 W. A. Lewis 針對開發中國家面臨的經濟發展問題進行開創性研究，率先強調資本家剩餘 (capitalist's surplus) 轉為資本累積的重要性。對落後國而言，資本累積不僅結合勞動與資源進行生產，擴大經濟規模，達到創造財富目的，也有利於將實物型態經濟轉變為價值型態經濟。此外，資本累積同時意味著價值運動，在這種價值運動和利益分配中蘊藏著多重獲利機會，激發人們創造力，成為經濟持續成長的動力。

稍後的費景漢 (J. Fei) 與 G. Ranis (1961) 發表 Ranis-Fei 模型，提出落後國家原先僅有足以餬口的農業部門 (subsistence agricultural sector)，勞動供給在維持生存工資水準 (subsistence wage level) 上永遠超越勞動需求，呈現邊際生產力為零的隱藏性失業 (disguised unemployment)。在經濟發展過程中，落後國家若能建立高生產力的商業化工業部門 (commercialized industrial sector)，利用農業部門的剩餘勞動與隱藏儲蓄來支援工業部門成長，則隨時間推移，工業部門將能產生一連串利潤（資本家剩餘）用於投資，進而刺激就業增加與產出成長。當勞動過剩與不再過剩之間的轉振點出現時，即代表落後國家已經轉入開發中國家行列，而在此轉振點前後，不同技術條件對經濟發

展將會發揮不同影響，是以政府部門必須調整互相配合的政策。此一雙元經濟 (dualistic economy) 模型對落後國家由農業轉向工業發展的途徑，將發揮重要指引作用。

(二)區域經濟發展

區域經濟發展理論的類型包括：

1.成長極理論 (growth pole theory)

F. Perroux 認為體系內存在不平等相互影響力量，某些產業支配其他產業形成支配效果 (dominance effect)。是以政府部門採取引入推進型產業 (propulsive industry) 策略，透過該產業成長與創新誘導其他產業成長。同時，經濟成長不會在所有地方同時出現，而係以不同強度首先出現在某些產業，再藉由不同管道向外擴散至整個體系。成長極理論提出區域發展形成途徑有二：(a) 由市場機能引導廠商和產業在某些大城市或發達地區聚集而自動產生發展極；(b)政府部門透過經濟計劃和重點投資主動建立發展極。

2.累積因果關係理論 (cumulative causation theory)

G. Myrdal (1957) 認為在經濟發展過程中，政府部門採取自由放任措施，對貧窮國家而言，市場機能運作將擴大區域間的失衡與差距，此即累積因果原理 (principle of circular causation) 的概念。換言之，區域發展失衡是市場機能運作的結果，而且市場機能將強化區域的不均衡性。在繁榮地區，經濟活動集中將提高生產效率，市場機能導引經濟活動更趨活絡而帶動報酬遞增，促使繁榮地區持續累積成長，進而發揮兩種效果：(a)擴散效果 (spread effect)：促使繁榮地區向落後地區購買原材料及農產品，提升後者的所得水準，經濟發展再對其增加投資、輸出技術而使落後地區受益，亦即資金和技術由中心向外圍移動。(b)滯阻效果 (back wash effect)：生產因素往高報酬地方移動，帶領落後地區的資金與勞動等因素流向成長迅速地區。

總之，滯阻效果不利於落後區域發展，導致外圍地區經濟衰退；擴散效果有利於落後區域發展，卻僅發生在高度經濟發展環境。兩種效果強弱取決於經濟發展水準，當一國處於較高經濟發展水準時，擴散效果較強。反之，當一國經濟發展水準較低時，滯阻效果較強。Myrdal 認為滯阻效果強於擴散效果，經由此不均衡的互動過程，繁榮地區愈繁榮，落後地區愈形衰敗，區域間的差距日益擴大。是以一國某個區域持續經濟成長，係以其他地區的犧牲為代價。政府部門應該採取促使全國各區域趨於平衡的經濟政策，用於抑制滯阻效果出現，發揮擴散效果的作用，從而達成區域均衡發展。

3. 極化效果 (polarized effect) 與涓滴效果 (trickling-down effect) 理論

　　A. O. Hirschman (1958) 認為經濟成長不會在每個地方同時出現，通常由一個或幾個區域經濟實力中心首先發動成長，巨大的經濟推力將使經濟成長集中在最初的成長極。依據現實狀況，落後區域多數位居南半球，Hirschman 稱為南方 (South)，成長區域多數居於北半球而稱為北方 (North)，北方的成長對南方發揮影響的層面有二：(a)涓滴效果：北方對南方增加購買與投資，透過技術擴散增加南方生產、提高南方技術水準，進而帶動其經濟成長。(b)極化效果：北方較高效率廠商透過競爭，壓縮南方經濟活動趨於萎縮。

　　在經濟發展初期，「極」的累積性集中成長將擴大南北差距。就長期而言，涓滴效果將縮小區域間的差距，理由是：累積性集中成長並不會無限制擴張，一旦廠商在成長極區域不斷擴大與持續地聚集，勢必面臨「聚集不經濟」，促使廠商從事分散動作，將經濟成長力量擴散到其他區域，從而帶動落後區域發展。Hirschman 認為人們對成長過程中區域發展不均衡現象須有一定程度的容忍，政府部門應加強落後區域的公共投資，阻止資金與人才外流，甚至有系統地將資金與人才導向落後區域，投入資金從事基礎建設改善投資環境，以創造外部經濟。換言之，藉由政府部門力量抵銷極化效果，加強涓滴效果以確保區域均衡發展。

Hirschman 的涓滴效果和極化效果，類似 Myrdal 的擴展效果和滯阻效果，但兩人結論恰好相反。後者基於累積因果關係理論排除政府干預，擴展效果與滯阻效果完全由市場機能自由運作。至於前者強調政府部門屬於均衡機制，透過干預活動來達成區域均衡發展目標。

4. 倒 U 形 (inverted U) 理論

Williamson (1965) 指出經濟成長與區域平衡間呈現倒 U 形曲線。在經濟發展初期，區域間傾向不平衡成長 (unbalance growth)，差異性將會擴大。隨著經濟發展層次提升，區域間不平衡程度將趨於穩定。一旦邁向發展成熟階段，區域間傾向平衡成長 (balance growth)，差異性將漸趨縮小。接著，Williamson 進行橫斷面分析 1950 年 24 個國家的區域所得、人口資料，計算各國的區域不平衡指標發現：發展成熟國家的區域間不平衡程度較小，處於經濟起飛的中等所得國家，區域不平衡程度極大。另外，再對 10 個國家進行時間數列分析，顯現先進國家的區域不平衡程度多數歷經遞增、穩定與下降三個階段。

Williamson 的研究結果調和平衡成長與不平衡成長兩種觀點，說明擴展效果和滯阻效果的強弱關係，以及涓滴效果和極化效果的大小影響力。當擴展效果小於滯阻效果時，區域差距擴大造成不均衡成長；反之，當涓滴效果強過極化效果時，區域差距縮小將會出現均衡成長現象。在經濟發展初期，政府部門追求經濟發展起飛，採取扶持條件較佳地區優先發展，將公共投資適度集中於此，並利用貿易障礙與關稅政策保護該地區產業穩定成長。直到經濟發展逐漸成熟，政府部門應積極鼓勵區域間的互動，將公共投資轉向落後區域，縮小區域差距以實現經濟發展全面起飛。

5. 其他理論

(a)核心與外圍理論 (core-periphery theory)：J. Friedmann (1966) 認為核心係指區域體系的成長推動中心為都會區，外圍則是周圍腹地或邊緣區域。在

經濟發展初期，人口、商業與資源集中於核心區，隨著發展過程逐漸分散到外圍地區，直至最後階段，外圍區域愈見縮小而漸趨消失，區域差異達到極小化。(b)因素輸出模型：當因素流動在區域間不存在障礙時，某區域出口需求增加，將誘使落後區域資本移動至成長區域的擴張部門。成長區域面臨資本流入而改變原先資本勞動比率，將提升生產效率、降低失業率、區域所得水準上升、出口價格更具競爭力。反觀落後區域持續出現貿易逆差，資本累積減少、失業增加。若要改變區域間的不平衡發展，政府部門必須採取干預政策，控制區域因素的流動。(c)新古典區域成長理論：區域長期成長決定於資本、勞動與技術進步三大因素。在自由競爭環境下，經濟發展吸引勞動人口從低工資區域往高工資區域移動，資金則從高工資區域移向低工資區域，促使低工資區域的資本勞動比率上升、生產力提高，高工資地區則恰好相反，區域間差距將因市場機能充分發揮而自然縮小，區域發展長期將趨於平衡。

(三)雁行模式 (flying geeses model)

Akamatsu (1935) 提出雁行模式，主張落後國家面臨國內資源與市場限制，推動經濟發展必須依靠貿易活動向先進國家輸出消費財，換取從先進國家輸入工業設備，然後建立自己的工廠進行替代性生產以滿足國內需求，進而帶動國內相關產業發展。上述發展過程繪成圖像猶如雁群列陣飛行，故稱為雁行模式。經濟學者將此概念用於描述東亞地區先進國家向落後國家梯次轉移和傳遞產業，促進區域內各國、各地區產業結構依次調整和向更高層次轉換的動態過程。

面對既定的國際經濟架構，落後國家若要推動經濟發展、實現工業化，選擇雁行模式將屬必然趨勢。隨著全球化經濟發展，跨國資金移動將原先侷限於某國或地區的生產、交換、分配和消費活動轉變成世界性經濟活動。全球化緊密聯繫全球經濟活動，卻又將世界經濟分割成核心與周邊兩個對立部

分。在生產面，處於核心的先進國家位於國際垂直分工體系的頂端；在交換面，先進國家以高附加值商品與處於周邊的落後國家生產的低附加值商品進行交換。這種全球化經濟架構抑制落後國家的工業化進程，促使發展中國家長期處於供應低附加值的原材料和初級產品的地位，技術進步緩慢、產業品質低落。

為求擺脫被動境界，落後國家採取進口替代 (import substitution) 策略，發展本國製造業取代國外工業製成品進口，降低對先進國家的依賴性。在實施進口替代的國家中，日本是佼佼者而許多發展中國家卻仍在艱苦跋涉，甚至在工業化進程中夭折。日本脫穎而出的原因是多方面的，但僅就參與經濟全球化的方式來看，實施外貿主導型對外開放策略是日本成功通過雁行模式躋身於先進國家的關鍵。日本在追趕西方先進國家的過程中，長期堅持發展對外貿易與限制外資進入的策略。

對外經濟開放有利於本國引進、消化、吸收和超越國外先進技術。在外貿主導型經濟中，對外貿易發展帶動國內產業鏈的發展與延伸。反觀在外資主導型經濟中，國際資本控制開發中國家的經濟活動，只是形成大量的利潤轉移。開發中國家依賴外資，將造成長期嚴重的債務危機，此種經濟型態不利於發展中國家消化、吸收國外先進技術，不利於產業技術升級。

(四)經濟成長

經濟成長理論探討焦點在於決定體系長期成長軌跡的最重要因素為何？政府部門在成長過程中扮演何種角色？不同期間的經濟學對問題的解答將有差異。

1.古典學派 (classical school)

古典學派認為經濟成長決定於因素投入品質和數量，強調每人資本 (per capita capital)、勞動數量與品質提升對經濟成長發揮的效果。體系內的資本累

積速度取決於儲蓄率 (saving ratio)，分析每人資本累積對成長的意義，將轉化為分析儲蓄與經濟成長的關係，而生產效率提升則取決於技術進步。至於勞動成長率涉及出生率、死亡率與遷移行為，而勞動素質提升則屬於人力資本 (human capital) 累積的問題。

A. Smith (1976) 指出一國推動經濟發展，將需提升勞動生產效率與增加勞動就業量。為提高勞動生產效率，體系必須加強勞動分工，而擴大勞動就業量就需累積資本。勞動分工透過提高勞動熟練程度（邊做邊學，learning-by-doing）、降低勞動在不同工作間的轉換時間（累積人力資本）、促進節省勞動的機器發明（內生技術進步，endogenous technical progress）等三個途徑，將能提高生產效率。古典學派強調經濟活動和諧運行，經濟成長屬於必然結果，政府部門干預活動對經濟成長將無效果。

2. 新古典成長理論 (neoclassical growth theory)

R. F. Harrod (1939) 與 E. Domar (1946) 基於 Keynesian 理論推演成長模型，得到實際成長率、保證成長率 (warranted growth rate) 和自然成長率 (natural growth rate, n) 三者間維持一致，係保證經濟穩定成長的必要條件。不過兩人模型假設促使實際成長率 (s/v) 和保證成長率相等的資本係數 (v)、儲蓄率 (s) 和勞動成長率 (n) 均屬事先確定值，實際經濟活動無法保證三者始終處於理想的比例關係，造成經濟持續穩定成長難以實現，故被稱為剃刀邊緣 (knife-edge) 模型。當三種成長率不一致時，該成長模型缺乏穩定性，亦即缺乏自行矯正實際成長率和保證成長率偏離的機制，同時還存在不斷累積偏離效果的機制。

R. Solow (1956) 與 T. W. Swan (1956) 同時指出 Harrod-Domar 模型的缺陷，在於使用 W. Leontief 的固定資本與勞動係數的生產函數。兩人改採資本與勞動可以替代，具有固定規模報酬、因素報酬遞減、因素間具有正的替代彈性等特性的新古典生產函數，同時假設所有價格充分浮動、儲蓄率外生、

勞動供給外生且以固定速率成長，然後結合生產函數與固定儲蓄率構成簡單的一般均衡模型。當體系達成穩定狀態均衡時，每人均衡資本數量將等於每人儲蓄。

在缺乏技術進步下，新古典成長理論假設資本報酬遞減，指出每人產出成長率終將停止，或人們的生活水準將維持不變。理論上，該項結論無疑是正確，但卻不符合經濟現實：先進國家每人產出成長率持續一個世紀以上為正值，且無明顯跡象會出現下降趨勢。此外，該理論無法解釋各國每人實際產出成長率發生差異性的原因，尤其是資本報酬遞減的假設促使每人資本較少的國家，應該擁有較高報酬率和成長率，亦即該模型隱含：每人實際 GDP 的起始水準相對長期穩定狀態位置愈低，每人產出成長率將會愈大，亦即低所得國家的經濟成長率應該較高所得國家的經濟成長率為大。

依據各國經濟發展資料顯示：在 1960 ～ 1989 年的 30 年間，低所得國家的成長率最低，高所得國家次之，而中等所得國家成長率最高。經濟學家在 1950 年代末期和 1960 年代發現新古典成長模型無法解釋實際現象的缺陷，改採外生技術進步方式進行修正，調和理論與固定每人產出成長率能夠一致，同時仍保留體系收斂 (convergence) 的預測。不過此種修正的明顯缺陷是：每人產出成長率完全取決於模型外部因素的技術進步成長率。另外，每人產出成長率也取決於人口成長率，亦屬外生因素。新古典成長理論對政府部門評價具有古典學派色彩，政策僅能發揮水準效果而無成長率效果。

3.內生成長理論 (endogenous growth theory)

新古典成長理論的重要經濟變數均屬外生決定，內生成長理論將其改為由模型本身最適化結果的內生變數，故又稱為新成長模型 (new growth model)。

(1)儲蓄率內生化：1975 年諾貝爾經濟學獎得主 T. C. Koopmans (1965)，以及 D. Cass (1965) 將 F. P. Ramsey (1928) 的消費者最適決策引入新古典成

長理論，人們透過跨期選擇決策決定儲蓄率，意味著資本積累速度和資本供給內生決定，讓決定經濟成長的資本數量能在模型內獲得決定。Ramsey-Cass-Koopmans 模型雖然將儲蓄率內生化，卻未消除每人產出成長率對外生技術進步的依賴，高儲蓄意願或技術進步在長期將體現為每人資本或每人產出水準上升，卻不會引起每人產出成長率變化。

(2)勞動供給內生：內生成長理論將遷移、生育選擇、以及勞動與休閒的選擇分析引進新古典成長模型，促使人口成長內生化。

(3)內生技術進步：D. Romer (1986) 創始的內生成長理論，將技術創新、專業化分工和人力資本引入模型，轉換技術因素為內生變數。新古典成長理論假設資本邊際生產力遞減促使穩定狀態的每人資本成長率將等於零。如果能夠避免資本邊際生產力發生遞減現象，將可促使穩定狀態的每人資本呈現持續成長。K. J. Arrow (1962) 和 E. Sheshinski (1967) 認為人們透過學習獲得知識，學習過程不斷總結經驗，進而體現於技術進步，生產或投資經驗有助於提升生產效率，此即邊做邊學效果或邊投資邊學 (learning-by-investing) 效果。另外，廠商的學習透過知識外溢過程影響另一廠商，提升其他廠商的生產效率。換言之，邊做邊學效果和外溢效果抵消單一廠商面臨的報酬遞減現象，維持體系的資本報酬不變，從而發揮內生成長效果。最後，技術創新是經濟成長的泉源，而勞動分工程度和人力資本累積係決定技術創新的主要因素，政府部門採取某些政策，對經濟成長將能發揮重要影響效果。

(五)農業經濟學 (agricultural economics)

農業經濟學係探討農業生產、與農業相關的交換、分配和消費等經濟活動的學門，包括基礎理論和應用技術兩個層次，分別探討農業生產關係發展變化、生產力諸因素的合理組織與開發利用等。早在十八世紀中葉，英國首先出現研究農業經濟問題的專門著作，十九世紀中葉以後，德國針對農業經

營和農業生產的區位配置進行探討，進而研究農業生產經營的合理集約度和合理部門結構。1920 年代以後，針對農場主如何透過投資追求最大利潤，美國的農業經濟學開始探討其中的原理、原則和方法，並針對農產品運銷和農業金融問題進行研究。1930 年代以後，農業面臨景氣循環帶來的市場劇烈波動威脅，農業經濟學轉往農產品的市場預測、政府部門對農業生產的干預與調節方法方面發展。1950 年代以後，農業經濟學強調定量分析，廣泛運用統計方法與數學模型進行探討。

24

知識經濟
knowledge-based economy

(一)知識經濟的特質

知識經濟出現於二十世紀後期的後工業時代，有別於先前的工業社會與農業社會，係以知識為基礎的新經濟運作模式，成為推動經濟發展的新動力。知識係蘊含在人力資源和技術中的重要成分，以創新、科技、資訊、全球化與競爭力作為推動成長的動力，這些因素運作必須依賴知識累積、應用及轉化才能達成目的。

依據世界合作經濟發展組織 OECD (1996) 的《知識經濟報告》，知識經濟係以知識與資訊的生產、分配與應用為基礎的經濟活動，知識在商品生產過程中的貢獻明顯增加。換言之，知識經濟就是直接建立在知識與資訊的激發、擴散和應用的經濟活動，創造知識和應用知識的能力與效率，明顯超越土地、資金等傳統因素的貢獻，成為支援經濟持續發展的動力。OECD 衡量知識經濟的指標包括知識投入、知識存量與流量、知識產出、知識網路與知識和學習等五項，每項指標各再選用一些變數作為代表。

L. C. Thurow (1999) 認為第一次工業革命是蒸汽機、第二次是電力也是動能的來源、第三次是知識經濟產生的電腦與資訊，是以知識經濟可定義為以知識資源（包括研究發展及技術）配置及擁有為目的，高科技為基礎而從事生產、行銷與消費的經濟模式。知識經濟具有的特質包括：(1)研究發展活動成為知識經濟的重要基礎。(2)在知識經濟發展過程中，資訊與通訊科技扮

演核心角色。⑶服務業在知識經濟中扮演主要角色。⑷人力資源素質和技術成為實現知識經濟的先決條件。

㈡知識的衡量

當傳統因素加入經濟資源存量時，透過傳統生產函數型態將可直接掌握經濟成長狀況。反觀知識異於傳統因素，知識的衡量首先面臨如何將其納入生產函數，促使知識和資訊要在模型中內生化將屬非常困難。同樣的，知識的訂價很難透過市場反覆交易的嘗試來趨於均衡。

在衡量知識投入與產出時，知識投入的主要指標包括：研究發展支出、工程師和技術人員就業量、專利與商標等無形資產、技術帳戶的國際收入等。其中，研究發展支出和人力資源投入是比較重要的指標，衡量知識生產的投入遠比衡量知識存量本身和相關活動容易。衡量體系內無形資本存量有其困難，衡量知識資本存量幾乎不可能，而衡量知識流量就是衡量固定期間進入體系知識存量的比重更是難上加難，通常分兩部分評估：⑴具體化知識的擴散，亦即知識進入內含新技術的機械、設備、零件製造的過程；⑵非實體化知識的擴散，亦即知識、技術和以專利、許可證或技術訣竅為形式的技術轉移。

㈢政府部門角色

經濟發展帶動技術進步，立基於基礎知識的研發活動將促進應用技術發展，透過創新活動與推出新產品，進一步提升商品的市場價值，從而刺激經濟持續成長。是以技術進步日愈依賴研發活動，促使基礎知識在經濟成長中的地位日愈重要，成為影響經濟成長的重要變數。基礎知識、應用技術與市場價值三者間的關係如下圖所示。

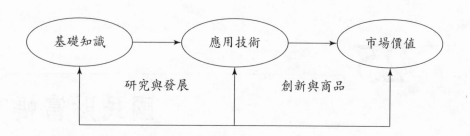

政府部門在知識經濟活動中扮演的角色如下:

⑴就市場經濟角度來看,政府部門除維持經濟環境穩定外,對知識創新、流通與應用等各階段隱含的市場失靈,應當予以適當導正。舉例來說,建立智慧財產權體系,設計誘因機制促使政府部門與民間部門合作,以提升體系運作效率,維護經濟活動運作的公平性。

⑵就科技政策角度來看,政府部門應全面協助產業提升技術發展能力,並以民間無力投入、高風險且外部性大的前瞻型計畫,作為介入研發活動的重心。

⑶就產業發展來看,政府部門除引導產業結構朝向知識產業發展外,應致力於形成效率的創新體系,在知識創新和知識擴散架構下,提供有助於提升廠商創新活動意願的環境,強化廠商持續吸收新技術的能力。

⑷就資訊網路角度來看,電子商務出現有助於廠商效率整合各種知識與訊息,大幅降低採購、存貨、銷售和行銷成本,提升經營效率。是以政府部門需積極規劃不同政策,強化電子商務的軟硬體建設和法治環境,協助廠商提升經營效率以面對國際競爭。

25 國民財富帳
national wealth account, NWA

(一)資產類型

在固定時點上，揭示各部門現存資產與負債數量狀況的會計帳即是資產負債表 (balance sheet)，累加體系內各部門資產負債表即可獲得國民財富帳。隨著金融創新 (financial innovation) 活動盛行，金融資產類型愈趨多元化，基本上分為兩大類：

1.基本資產 (basic asset)

分為原始資產 (primary asset) 與衍生性資產 (derivative asset) 兩種，前者包括存款 (deposit)、票券 (bill)、債券 (bond) 與放款證券化資產 (loan securitization) 等固定收益證券 (fixed income security)、股票 (equity) 與共同基金 (mutual fund)、保險、以及包括不動產 (real estate)、黃金與貴重金屬等實體資產。後者以基本資產或其價格為基礎而衍生的資產，主要類型包括期貨 (future)、選擇權 (option)、認購權證 (warrant)、金融交換 (swap)、資產證券化 (asset securitization)。

2.合成資產 (synthetic asset)

合成資產係透過下列模式創造而成：

$$A + B = C$$

(A+B) 是合成資產，C 是單一證券。上式顯示 A 與 B 兩種資產的組合等於 C

資產,「相等」意謂著預期未來現金流量不僅在時機與數量上相同, 信用風險 (credit risk) 與不確定性亦完全相同, 顯示 (A+B) 合成資產的價格、收益率、風險與 C 資產必須一致。一旦 (A+B) 價值超越 C 價值時, (A+B)–C 將是套利利潤 (arbitrage profit)。在資產合成過程中, (+) 代表投資人持有資產多頭部位 (long position), 或在金融市場扮演多頭 (bull) 或買方（投資人）的角色; (–) 代表投資人持有負債空頭部位 (short position), 或在金融市場扮演空頭 (bear) 或賣方（發行人）的角色。

㈡淨財富 (net wealth) 的爭論

商業銀行 (commercial bank) 發行各類型存款募集資金用於授信, 其中的支票存款 (check deposit) 兼為交易媒介 (media of exchange), 屬於內在貨幣 (inside money) 或內在資產 (inside asset) 的範圍, 而對應央行發行的通貨 (currency) 則屬於外在貨幣 (outside money) 或外在資產 (outside asset)。前者係指基於對某些部門負債而發行的貨幣（資產）, 而後者的發行則並無相對的債務人存在。在此, 經濟學針對兩者是否為體系內的淨財富, 曾經出現激烈爭論:

1.傳統觀點（會計觀點）

央行發行通貨賦予無限法償 (legal tender) 權利, 持有者忽略其為央行負債的事實, 故歸屬於外在貨幣（相當於淨值）而為體系的財富。反觀支票存款為持有者的資產, 卻屬於銀行負債, 就社會觀點而言, 內在貨幣屬於資產與負債完全相抵的資產, 並非體系淨財富。

2.新觀點（生產觀點）

不論是外在貨幣或內在貨幣均具有生產力, 在生產過程中創造附加價值, 故可認為是淨財富。

貨幣與公債同屬政府部門（包括央行與財政部）負債, 卻存在重要差異性。通貨屬於央行負債, 係人們出售商品或勞務給政府部門而取得之憑證,

因可作為交易媒介得轉用於支付向他人購物的貨款，故被忽略是央行負債性質而不再向政府部門求償，且因享有流動性而無利息收入，故被列為外在貨幣或外在資產而視為淨財富。反觀政府部門發行公債融通預算赤字 (budget deficit)，係屬於財政部負債，人們以資源向政府部門換取資產憑證，後者往後需以課稅方式清償責任。新古典學派提出 Barro-Ricardo 等值理論 (Barro-Ricardo Equivalence Theorem)，指出人們持有公債數量增加，同時意味著未來的租稅負債增加，兩相抵銷結果將使公債無法被認為是體系淨財富。

(三)國民所得帳與國民會計帳的關係

Tobin (1961) 指出國民所得帳與國民會計帳可透過兩種關係相互聯繫：

1.會計恆等式 (accounting identity)

在固定期間內，人們從事儲蓄活動，將於期末轉為財富累積，促成國家財富總值遞增。接著，人們追求儲蓄資金保值與增值，將會選擇持有各種資產，進而提升各種資產的貨幣價值。

2.金融性技術關係 (financial technical relation)

在貨幣經濟體系中，實質部門收付行為與金融部門融通行為息息相關，國民所得帳與國家財富帳的聯繫管道包括：(a)廠商採取發行股票或債券的外部融通 (external finance) 方式，聯繫投資支出與股票或債券數量累積。(b)政府部門發行公債或貨幣融通預算赤字，聯繫預算赤字與債券或貨幣數量累積。(c)國外部門的進口與出口不等時，將會造成外匯資產累積或下降。

最後，世界銀行將各國財富分為三種：(1)人造資本包括機器設備、工廠、道路等公共設施等；(2)環境資本包括礦物、土地、水資源、環境品質與景觀等；(3)人力資本表現於人民的教育程度與飲食營養程度。然後針對每種資本價值進行評估，再加總成為以美元表示的各國每人國富值，用於衡量各國財富或人民福祉，以及反映該國未來的發展潛力。

26
金融發展與貨幣經濟成長
financial development & money growth

(一)金融發展

在經濟發展過程中，生產、交換和消費活動隨著發展層次提升而日益擴大，交易規模擴大帶動融資需求激增。由於私人融資活動無法滿足大量資金需求，促使金融業出現扮演資金供需橋樑，提供廠商從事產銷活動所需營運資金。相對的，經濟發展刺激金融商品需求多元化，再次帶動金融業發展，是以經濟發展需要金融業支援，經濟成長亦將帶動金融業發展，兩者存有密切的互動關係。

H. T. Patrick (1966) 針對實質部門與金融部門營運的關聯性，提出政府部門採取的金融發展政策：

1.供給領導 (supply-leading)

在經濟發展初期，政府部門運用掌控資源建立國營金融機構，動員人民儲蓄資金，融通廠商投資資金。爾後，供給領導的金融發展策略逐漸轉變為追求矯正金融市場失靈 (financial market failure) 現象，目前尚有以財政預算或政府掌控資金主導的政策金融，包括以預算撥款成立的信用保證基金，與以郵政儲金為主的中長期資金運用制度等。

2.需求跟隨 (demand-following)

隨著經濟發展層次攀升，廠商營運規模擴大，對金融勞務需求日益多元化，誘使金融業改採由市場需求導引的營運策略。在此狀況下，政府部門尊

重價格機能運作，採取自由化與解除管制策略，將國營銀行推向民營化。

㈡金融雙元性 (financial dualism)

在金融發展過程中，金融雙元性扮演重要角色，經濟學提出兩種說法，探討金融雙元性成因：

1.金融壓抑臆說 (financial repression hypothesis)

政府部門採取政策性干預利率與匯率而形成金融壓抑政策。尤其是發展中國家經常陷入高通貨膨脹率的困境，政府部門實施利率上限 (ceiling rate)，不僅無法反映實際資金供需狀況，實質利率 (real rate) 甚至淪為負數，促使儲蓄者不願將資金存入正式金融體系，借款者卻強烈需求資金，迫使金融機構採取信用分配 (credit rationing) 解決資金供需失衡問題，無法取得融資者僅能向非正式金融體系求援。另外，金融當局干預外匯市場運行，高估國幣價值造成外匯供不應求，無法取得外匯者同樣轉向黑市交易，形成金融壓抑的另一種來源。

2.金融分割臆說 (financial segmentation hypothesis)

開發中國家的金融業面臨金融壓抑、金融雙元性與貨幣化程度等三種不同來源的分割壓力，阻礙金融業發展。其中，貨幣化程度可採取以貨幣交易的商品與勞務價值占全部交易總值的比例衡量，該比例亦可衡量金融寬化 (financial widening) 程度。

㈢地下經濟與地下金融

經濟學討論國民所得帳時，並未完全估算地下經濟活動的價值。未上市的生產活動包括家庭主婦提供家庭勞務與養育子女、自己動手修車等，均屬於廣義的地下經濟活動，這部分不涉及逃漏稅問題，並非地下經濟關心的議題。一般定義地下經濟活動主要從法律或道德觀點著眼，舉凡逃漏稅、違反

管制或違背善良風俗的經濟活動均屬於地下經濟範圍，其異於地上經濟活動者在於：前者雖然透過市場交易，但很難經由正常管道得知其規模。國民所得帳分別由生產面、支出面與因素面估計全國總產值，三者必須相等。地下經濟活動只要在任何一面被估算到，將涵蓋在國民所得帳內，如：走私進口商品在海關統計中漏掉，但隨著走私商品流向經過交易，產生的附加價值即可從民間消費支出顯現出來，是以國民所得帳實際上仍包含部分地下經濟活動的價值。

地下經濟活動涵蓋項目與範圍廣泛，不易精確衡量產值，是以行政院主計處定義地下經濟活動為所有非正式交易活動，包括逃避稅負、政府管制的經濟活動、以及自給自足的經濟活動，故可區分為非法經濟、隱匿經濟與不報稅等三類：(1)非法經濟係指法律禁止的經濟活動，包括走私、盜伐、盜採砂石、黑市美元與黃金等不合法的經濟活動。(2)隱匿經濟係指所得申報或統計調查未能涵蓋之經濟活動，如：地下工廠、逃漏稅。(3)不報稅的地下經濟包括自給自足或不上市之經濟活動、自建工程、攤販、地下工廠和其他各類服務業等，而以夜市攤販為地下經濟活動中最活絡的交易活動。

在金融循環流程中，盈餘單位與赤字單位追求互通資金有無，若交易活動未在金融法律規範的範圍，也未受金融當局監督管理，則屬於非正式金融或稱地下金融，通常存在兩種型態：

1. 地下錢莊型態

地下錢莊向盈餘單位（稱為金主）以高利率吸收資金，再以票據貼現（稱為票貼）形式貸放給赤字單位，後者須提供遠期支票、不動產或動產充作抵押品。

2. 金融掮客型態

金融掮客撮合盈餘單位與赤字單位直接互通資金，並向兩者分別收取佣金與介紹費。

地下金融或民間借貸市場類型包括(1)互助會或標會（合會）：屬於互相協助與合作無間的民間商業信用關係，是臺灣平地民間盛行的互通資金方式，屬於重人的信用兼具儲蓄與融通性質。(2)存放廠商：廠商基於資金周轉需求，利用「股東往來」向股東或員工借入短期周轉資金，此即員工存款或稱存放廠商。(3)地下錢莊：地下金融交易型態係以票貼（票據貼現放款）為主，將金主資金轉借給赤字單位，並以日息為主要計息方式，在地下金融中，針對股票市場的擴張信用融資對經濟活動影響最大，而丙種經紀人即是私下對投資人墊股（融券）或墊款（融資）以賺取利息者。(4)當鋪：在一般觀念中，人們進當鋪係屬窮到三餐不濟的最後選擇。實務上，人們可將當鋪視為融資手段，係向銀行貸款外的補充工具。人們向銀行申請抵押貸款，借款期間仍可照常使用提供擔保的物品，如：汽車、房子。就典當而言，質押期間物品的歸屬權發生轉移，人們不能再使用典當物品。

(四) McKinnon-Shaw 的金融發展理論

R. I. McKinnon (1973) 與 E. S. Shaw (1973) 針對落後國家的實際情況，基於融資觀念提出互補性臆說 (the complementarity hypothesis)，主張落後國家累積實質餘額 (real balance) 將是邁向累積實質資本的途徑，兩者係屬同向變動且具有互補關係，基本前提是：(a)廠商受自我融資 (self-finance) 限制，彼此間不發生借貸關係；(b)廠商規模很小導致投資計劃不可分割性變得相當重要；(c)政府部門未採取增加課稅或發行貨幣的鑄幣稅 (seignorage tax) 來融通資本積累，政府收入僅用於政府消費。基於前兩個假設，廠商必須事先累積貨幣餘額，才能從事投資活動，此即 J. M. Keynes (1937) 的融資動機 (finance motive) 貨幣需求。投資支出占總支出的比例愈大，貨幣總需求就愈大。另外，實際存款利率愈高或累積實際貨幣餘額的機會成本愈低，人們的投資意願就愈強烈，是以實質貨幣餘額和投資活動間呈現互補關係，並非新古典貨幣成

長理論所說的替代關係。一旦金融當局錯誤地改採金融壓抑策略，勢必產生惡性循環，促使體系陷入緩慢成長的境界。

㈤新古典貨幣成長理論

　　為探討實質部門開始使用貨幣後，體系穩定狀態下的經濟成長軌跡將會受到何種影響，1999 年諾貝爾經濟學獎得主 R. Mundell (1963) 以及 1981 年得主 J. Tobin (1965) 將貨幣引入 Solow (1956) 新古典成長模型，強調貨幣扮演價值儲藏 (store of value) 角色，人們將貨幣視為金融資產或資本財，並安排為資產組合的一環。假設體系內僅有實質資本與貨幣兩種資產，人們的可支配所得將分別持有實質貨幣餘額與實質資本，兩者互為替代品。當體系達成穩定狀態均衡時，人們增加保有實質餘額，勢必降低累積實質資本財的儲蓄資金，導致每人資本與每人產出呈現下降現象，資產替代效果 (asset substitution effect) 將導致貨幣成長率與長期均衡資本存量成正相關，此即稱為 Mundell-Tobin 效果。

　　Tobin 貨幣成長模型結論是：穩定狀態的每人資本與每人產出均低於 Solow 實質成長模型，顯示貨幣出現對經濟成長存在負面效果。此種結果不僅違反貨幣提升經濟效率的想法，更與實際現象相互矛盾。是以 D. Levhari 與 D. Patinkin (1968) 認為貨幣同時扮演價值儲藏與交易媒介 (media of exchange) 角色，兼具金融資產與消費財的性質。當人們將貨幣視為消費財時，實質貨幣餘額提供的流動性勞務 (liquidity service) 將構成實質所得的一環。若以名目利率 (nominal rate) 代表保有貨幣餘額的機會成本，用以衡量實質餘額提供流動性勞務的價值，則人們的可支用所得將包括淨國民可支配所得、名目貨幣增加誘使實質餘額增加、以及實質餘額增加之設算利息等三者之和。該模型結論是：體系達成穩定狀態均衡時，每人資本將大於 Solow 模型，包括流動性勞務在內的每人消費可能超過 Solow 模型的每人消費。

M. Sidrauski (1967) 建立跨時最適化的貨幣成長模型,發現貨幣在經濟活動中具有超中立性 (superneutrality) 的性質。此後,貨幣經濟成長理論如雨後春筍般地出現,依貨幣引進體系的方式不同可分為:貨幣直接進入效用函數、貨幣直接進入生產函數、交易付現限制 (cash-in-advance constraint) 以及交易成本方式等四類模型。另外,貨幣經濟成長理論在跨時最適化的外生經濟成長模型及內生經濟成長模型中,也分別得到不同經濟涵義與結果,對分析央行採取貨幣政策效果占有重要地位。

(六)信用分配

在傳統理論中,商品市場達成均衡時,供需將會相等。然而在銀行放款市場中,縱使市場達成均衡,實際上卻可能存在供需不等現象,亦即有些貸款申請人無法獲得融資,或是銀行存在眾多濫頭寸,一般稱此現象為信用分配。金融體系存在的信用分配類型包括央行的專案融通與銀行放款市場的信用分配。前者係指央行針對特殊產業的資金需求或為達到特定政策目的,將郵匯局轉存央行的存款透過銀行直接轉貸給特定經濟成員,追求效率分配資金的目的。另外,財政部提出綜合紓困方案,由央行提供資金給銀行,由其轉融通發生財務困難的廠商進行紓困,亦屬於專案融通的一種。後者係銀行針對貸款申請者進行篩選,類型包括:

1.不均衡信用分配或恆常性信用分配 (permanent credit rationing)

金融當局訂定利率上限,促使預期資金供給永遠超過預期資金需求,金融市場長期處於超額資金需求環境。為解決該項問題,銀行採取提高非利率條件進行信用分配的策略,包括要求借款人提供有信用的保證人、足額擔保品、對借款人申貸金額打折、要求借款人須回存一定比例的放款金額,或在銀行帳戶維持補償性餘額 (compensating balance) 等。銀行在授信過程中,要求廠商按實際借款金額的某一比率在帳戶中保留最低存款餘額,此即補償性

餘額。該項附加的放款條件無形中降低銀行授信風險,增加銀行實際可用資金與變相提高有效放款利率 (effective loan rate),但也加重廠商實際負擔的利率。廠商負擔的實際借款利率與銀行的有效放款利率可計算如下:

$$廠商實際借款利率 = \frac{廠商實際支付的借款利息-補償性餘額利息}{廠商借款總額-補償性餘額}$$

$$= \frac{名義利率-存款利率×補償性餘額比例}{1-補償性餘額比例}$$

$$銀行有效放款利率 = 名義利率 × [1 + 補償性餘額比例 × (1 - 存款準備率)] -$$
$$補償性餘額比例 × 存款利率$$

2. 動態信用分配 (dynamic credit rationing)

在預期資金需求與資金供給已知下,金融當局訂定利率上限,將出現超額資金需求。不過短期實際資金供需隨機波動,可能出現寬鬆(資金供給增加與資金需求減少)或緊縮(資金供給減少與資金需求增加)狀況,此時銀行採取調整放款策略作為因應。

27 消費理論
consumption theory

(一)消費支出與消費

消費支出係指固定期間內，家計部門購買當期生產之最終商品與勞務的支出金額，類型包括耐久財 (durable goods, D) 支出（如：汽車、冰箱等）、非耐久財 (nondurable goods, ND) 支出（如：衣服、牙膏等），以及勞務支出（如：律師、醫生、理髮師等提供服務）。消費係指家計部門享受商品提供的勞務。兩種概念的差異性在於耐久財的使用期間跨越幾個 GNP 計算期間，家計部門當期享受耐久財提供的勞務價值可設算如下：

$$C_D = \delta D + rD$$

δ 是耐久財的折耗率，r 是購買耐久財的機會成本。理論上，家計部門可以採取購買或租用耐久財的策略，當市場達成均衡時，C_D 值將會等於租金。

(二)消費函數 (consumption function)

消費函數係指在固定期間內，顯示消費支出與經濟變數間的關係，經濟學尤其強調消費支出與可支配所得間的關係。Keynes (1936) 在《一般理論》提出的消費函數型態如下：

$$C = C(y_D, r, a, G, \pi)$$

$y_D = y - T$ 是可支配所得，等於國民所得扣除所得稅，r 是利率，$a = \dfrac{A}{P}$ 是實質財富，G 是政府部門的財政政策 (fiscal policy) 相當於反映所得分配狀況，π 是預期通貨膨脹率。依據基本心理法則 (fundamental psychological law)，人們的消費支出將隨所得增加而遞增，但消費支出增加將低於所得增加。平均消費傾向 (average propensity to consume, APC) 係指每元所得用於消費部分，邊際消費傾向 (marginal propensity to consume, MPC) 係指所得增加引起消費增加的部分。可支配所得未消費的部分即是儲蓄，是以儲蓄函數 (saving function) 將類似消費函數，同樣取決於相同的經濟變數。

平均儲蓄傾向 (average propensity to save, APS) 係指儲蓄占所得的比例，邊際儲蓄傾向 (marginal propensity to save, MPS) 為所得增加引起儲蓄增加的部分。由於消費加上儲蓄等於所得，是以平均消費傾向加上平均儲蓄傾向等於一，邊際消費傾向加上邊際儲蓄傾向亦等於一。

S. Kuznets 研究美國消費函數型態，發現平均消費傾向長期維持在 0.84 至 0.89 之間，從而提出「長期平均消費傾向與長期邊際消費傾向相等」的主張，迥異於「短期平均消費傾向大於短期邊際消費傾向」的傳統看法，此種現象稱為 Kuznets-Goldsmith 矛盾，是以長期平均消費傾向是否固定的觀點遂成為經濟學爭論焦點之一。

(三)絕對所得理論 (absolute income hypothesis)

A. Smithes (1945) 的絕對所得理論指出影響長期消費的因素除所得外，經濟發展改變人們偏好享受、人口向都市集中改變消費習性、老年人口比例提高改變社會消費支出、新產品出現誘使人們消費增加等，這些因素促使短期消費函數移動，造成長期消費量隨之提高，形成長期消費傾向固定的現象。消費函數可表為下列型態：(t 是時間)

$$C(y, t) = a + by + \delta t$$
$$= (a + \delta t) + by$$

(四)相對所得理論 (relative income hypothesis)

J. S. Dusenberry (1949) 提出相對所得理論，觀察橫斷面資料獲得人們的消費決策將受左鄰右舍消費活動影響，此即示範效果 (demonstration effect) 或「打腫臉充胖子」的現象。消費函數採取相對所得概念，從平均儲蓄傾向 (APS) 出發，將其設定為相對於自己過去高峰所得 (peak income) 或相對於某一社區平均所得水準 y^* 的函數：

$$APS = \frac{S}{y} = a + b(\frac{y}{y^*})$$

由上述儲蓄函數可以間接求出平均消費傾向函數，橫斷面相對於所得理論的消費函數亦可同時獲得：

$$APC = \frac{C}{y} = (1 - a) - b(\frac{y}{y^*})$$
$$C = (1 - a)y - b(\frac{y^2}{y^*})$$

另外，T. M. Brown (1952) 提出習性所得理論 (habit income hypothesis)，從時間數列資料發現，隨著所得增加，消費支出隨之增加，但在所得遞減時，人們拘泥於往昔消費習性而不致大幅降低消費支出，此即堅持習性效果 (habit-persistence effect) 或「由儉入奢易、由奢入儉難」的現象。消費函數取決於本期所得與前期消費支出：

$$C_t = a + by + cC_{t-1}$$

$0 \leq c \leq 1$，係反映人們消費習慣的係數。換言之，在景氣衰退之際，體系將會出現平均消費傾向高於邊際消費傾向的現象，促使消費支出軌跡在時間歷程中呈現齒輪效果 (ratchet effect) 現象。

(五)恆常所得理論 (permanent income hypothesis)

　　絕對所得或相對所得理論屬於回顧型 (backward-looking) 的消費理論，無法解釋「無所得卻能消費的行為」、「財富變動如何影響消費」等現象。是以經濟學採取 I. Fisher (1930) 的跨期分析，探討消費者追求終身效用最大時，如何將一生中預期擁有的資源分配於各期消費，由此推演出的消費理論屬於前瞻型 (forward-looking)。1976 年諾貝爾經濟學獎得主 M. Friedman (1957) 認為當期消費包括恆常消費 (permanent consumption) 與臨時消費 (transitory consumption)、當期所得包括恆常所得 (permanent income) 與臨時所得 (transitory income) 兩部分。值得注意者：臨時所得與臨時消費均屬於隨機值，彼此間並無相關性。短期消費函數探討當期（短期概念）所得與當期消費支出間並非呈現固定比例關係，長期消費函數則是關心恆常（長期概念）所得與恆常消費間如何呈現固定比例關係。在此，恆常所得係指人們擁有的財富在未來能夠產生的一連串收益值，衡量方式如下：

$$y_t^P = \theta y_t + (1 - \theta) y_{t-1}$$

y_t^P 是當期恆常所得，y_t 是當期所得，y_{t-1} 是上期所得，θ 為加權數。針對恆常所得無法衡量的問題，P. Taubman (1965) 提出正常所得理論 (normal income hypothesis)，採取平均所得或所得趨勢值取代恆常所得概念。另外，T. Mayer (1966) 提出標準所得理論 (standard income hypothesis)，認為臨時所得與消費仍存在相關性，只是效果低於恆常所得的影響。同時，恆常所得係決定消費

的重要變數，但不足以與消費呈現穩定比例關係。

㈥生命循環理論 (life cycle hypothesis)

　　1985 年諾貝爾經濟學獎得主 F. Modigliani (1954)，以及 R. Brumberg、A. Ando 等人運用跨期分析，探討人生各階段的預期所得、消費與資產累積間的關係，進而推演出生命循環的消費理論。該理論認為人們的消費將取決於不同生命週期的所得與資產數量，消費函數可表為：

$$C = aA_{-1} + by_l$$

A_{-1} 是前期的資產數量，a 為資產的消費傾向，y_l 是個人在不同生命週期或不同年齡的勞動所得 (labor income)，b 是勞動所得的邊際消費傾向。依據該理論，短期資產數量固定，促使短期消費函數呈現消費與勞動所得間的非固定比例關係，而資產價格或收益的當期波動都會直接影響消費變化。反觀在長期時，資產與所得間將維持穩定關係，勞動所得占所得的比例亦是穩定值，促使人們的長期消費與所得間將呈現穩定的比例關係，亦即長期平均消費傾向可表為：

$$APC = \frac{C}{y} = a\left(\frac{A_{-1}}{y}\right) + b\left(\frac{y_l}{y}\right) = k$$

28

儲蓄理論
saving theory

儲蓄是當期所得中未被消費的剩餘部分。傳統儲蓄理論係從總體觀點著眼，認為儲蓄與消費是一體之兩面，一旦消費函數決定後，視為殘差項目的儲蓄函數自然也就塵埃落定。尤其是當體系達成均衡時，往往需要儲蓄等於投資的均衡條件，造成儲蓄的目的即是為追求投資的刻板印象。從個別成員的決策動機來看，儲蓄與投資係屬兩種性質迥異的決策，前者係以固定所得換取未來的固定所得，追求確定安全的經濟環境；後者係以固定所得換取未來不確定的收益，追求承擔不確定風險換取較高預期報酬率的機會。

傳統儲蓄理論附著於消費理論，J. Tobin (1951) 將資產效果 (asset effect) 引進絕對所得理論，探討長短期儲蓄函數的型態：

$$S(y, A) = -a + (1 - b)y - cA$$

a 是自發性消費，b 是邊際消費傾向，c 是資產的邊際消費傾向。經濟學利用跨期分析，探討家計部門從事跨期選擇的過程中，透過所得效果與替代效果運作，當期儲蓄與利率間將呈現不確定關係。不過蔣碩傑 (1973) 引進利率誘發的財富效果 (interest-induced wealth effect) 或意外所得效果 (windfall income effect)，指出在利率變動過程中，人們期初稟賦的價值將會發生變動，從而強化替代效果，促使儲蓄與利率將呈現反向關係。另一方面，A. D. Roy (1952) 基於人們從事儲蓄活動係在追求確定的經濟環境或安全性，遂從個體角度探討人們追求消費勞務（消費支出）與安全勞務（儲蓄支出）衍生的效用最大過程中，如何決定最適儲蓄行為，此即安全理論的儲蓄函數。

29
投資理論
investment theory

㈠投資類型

貨幣學派 (monetarist school) 所稱的資產替代概念屬於廣義投資活動，亦即人們的投資型態包括三種：

1.人力投資 (human investment)

人們將資源投入培養本身能力形成一技在身，預期未來能夠大展鴻圖。該項投資的預期收益將是獲取一連串的預期薪資與獎金，但也需面對可能生不逢時（景氣不佳）、有志未伸，千里馬無法獲得伯樂賞識，從而一無所獲的風險。

2.實體投資 (physical investment)

人們將資金投入實體資產，購買機器設備投入生產，獲取預期的生產利潤；或是購買不動產或貴金屬（黃金或寶石）獲取預期資本利得。

3.金融投資 (financial investment)

人們將資金投入金融資產，獲取預期利息報酬與資本利得。

㈡投資支出

民間投資支出係指對機器設備、廠房建築與存貨變動等的實體投資。家庭住宅建築若是出租，和廠房倉庫一樣屬於生息資產，應視為資本財而非消費財。至於存貨增加可視為尚未消費的產出，符合投資概念，應該包括在 GNP

內。如果廠商在期末持有存貨大於期初存貨，顯示當期生產超過消費，此種存貨增加應該計入 GNP，否則將會低估當期總產出。反之，存貨減少表示廠商出售的商品超過當期生產，體系部分消費支出係用於購買過去的產出（存貨），故須從 GNP 扣除。民間投資毛額包括機器設備、建築物的汰舊更新與資本存量累積，民間投資淨額僅包括當年新增的投資。投資毛額與投資淨額的差距，即是固定資本消耗準備或折舊。

㈢投資需求函數

投資需求主要決定於資本設備在未來產生的預期收益與資本的邊際生產力。依據邊際生產力理論，因素價格取決於因素的邊際生產力，投資的邊際生產力可視為投資邊際效率 (marginal efficiency of investment, MEI)，相當於投資報酬率，此係屬於貼現率 (discount rate) 的概念，用於將未來預期收益折算為現值。

在投資邊際生產力遞減下，廠商的投資與投資邊際效率呈現反向關係。一般而言，投資邊際效率高於利率或資本成本時，廠商有利可圖將增加投資；邊際投資效率低於利率時，廠商將會降低投資。是以當邊際投資效率等於利率時，遂為投資的均衡條件。

㈣廠商的資金來源

廠商評估投資計畫引發的資金需求金額、性質與資金成本等因素後，再決定選擇募集資金策略。廠商尋求資金來源時，首先考慮內部融資 (internal finance)，此係同一成員在不同時點相互融通，以累積的折舊、公積金與保留盈餘等內部資金 (internal fund) 融通目前資金需求。該類資金不僅安全而且資金成本最低廉（以安全性資產報酬率衡量資金成本），缺點卻是無法滿足重大投資計畫的資金需求。是以廠商必須採取外部融資策略，向其他盈餘單位

(surplus spending unit) 募集資金，此係不同成員在同一時點相互融通資金。在向外募集資金過程中，廠商與盈餘單位採取直接融通，或透過中間人（如：錢莊）撮合而達成資金交流，若是未受金融法律規範或監督管理，將屬於非正式金融市場 (informal market) 或地下金融的範疇。另外，廠商向正式金融體系尋求融資，可採下列三種方式：

1.直接金融

廠商在貨幣市場發行商業本票 (commercial paper)、銀行承兌匯票 (bank acceptance) 或在資本市場發行公司債 (corporate bond)、股票等初級證券 (primary security)，向盈餘單位直接募集資金。

2.準直接金融 (semidirect finance)

廠商發行初級證券，透過證券經紀商、交易商與投資銀行 (investment bank) 等造市者 (market maker) 協助代為包銷或承銷，直接向盈餘單位募集資金。另外，投資人前往綜合證券公司或投資銀行的營業據點申購證券，直接將資金借給廠商。資金供需雙方透過綜合證券公司或投資銀行撮合而互通資金，即稱為準直接金融。

3.間接金融

盈餘單位透過金融機構（尤其是銀行）將資金間接轉貸給廠商，取得中間借款者發行的次級證券 (secondary security)，如：存款、信託基金 (trust fund) 與壽險保單 (life insurance policy) 等。金融機構發行次級證券向盈餘單位募集資金，經過徵信調查對廠商授信，以換取放款契約、股票、債券與票券等初級證券。

廠商從事外部融通可選擇股權融資 (equity finance) 或債務融資 (debt finance) 策略募集資金。前者係指廠商在股票市場發行股票募集長期資金，成為自有資金的一環；後者則是廠商在債券市場發行債券募集中長期資金，或在貨幣市場發行票券募集短期資金。至於廠商向銀行尋求間接金融，簽訂放

款契約取得融資，係屬於債務融資的一環。

(五)淨現值法 (net present value approach)

淨現值 (NPV) 係指廠商將投資計劃在未來產生的現金淨流量，依據某一貼現率折算成現值予以加總，再扣除期初投資額或各期投資額現值之間的差額：

$$NPV = \sum_{i=1}^{n} \frac{Y_t}{(1+i)^t} - I_0$$

$$= -I_0 + \frac{Y_1}{(1+i)} + \frac{Y_2}{(1+i)^2} + \cdots + \frac{Y_n}{(1+i)^n}$$

Y_t 是 t 期的現金流量，i 是貼現率，係廠商運用資金的機會成本或必要收益率（假設在計劃持續期間維持不變），n 是投資計劃的生命循環期限。廠商採取淨現值法評估投資計劃時，決策原則是：(1)單一獨立計劃的淨現值為正數可以付諸執行；反之，則放棄。(2)面對互斥性的投資計劃時，需視利率水準比較投資計劃淨現值大小而定。

在淨現值法中，未來現金流量屬於預期值，採用的貼現率亦是無風險資產報酬率，這些狀況均不符合投資過程不確定性的特質，是以淨現值法採取兩種修正方式：

1.風險調整貼現率準則

廠商從事廠房與機器設備投資，將面對商品市場需求不確定性，導致投資案具有風險性，故須評估風險因素的影響後，調整選用的貼現率。k 是風險性投資的貼現率，$\delta = k-i$ 為風險溢酬 (risk premium)，預期現值 PV 等於未來預期盈餘 $E(X_t)$ 的貼現值。

$$PV = \sum_{t=1}^{n} \frac{E(X_t)}{(1+k)^t}$$

2.確定等值 (certainty equivalent) 準則

對風險趨避廠商而言，風險與預期盈餘不僅同向變動，而且預期盈餘增量一定要高於風險增量，方能吸引廠商考慮投資。未來預期現金流量的確定等值可表為：

$$確定等值 = \alpha_x E(X)$$

$0 \leq \alpha_x \leq 1$，是調整係數，隨著投資風險增加而降低。$\alpha_x=1$ 表示無風險投資，$\alpha_x=0$ 表示風險過大不值得投資。經過上述調整，風險性資產的預期報酬變成確定情況下相等價值的報酬或確定等值。估算投資計劃的預期現值 PV 將可變為：

$$PV = \sum_{t=1}^{n} \frac{\alpha_t E(X_t)}{(1+i)^t}$$

i 代表競爭市場的利率水準，$E(X_t)$ 表示投資計劃在未來各期的預期現金流入。確定等值準則將風險因素引進現值的計算公式，僅須調整現值公式的盈餘部分，改以預期盈餘乘上適當的調整係數，就可得到確定等值風險性投資的現值公式。

由淨現值法將可引申出回收期間法 (payback period method)，係指廠商預期自投資計劃的淨現金流入中，回收期初投資金額所需期間，決策法則為選取還本期間最短的計畫。廠商計算回收期間，需要先評估投資計畫在未來每年產生的現金流量，假設每年現金流量相同，公式為：

$$投資回收期間 = \frac{期初投資金額}{每年現金淨流入量}$$

對回收期間法未考慮貨幣的時間價值，廠商將投資計畫在未來各期產生的現金流入量，以資金成本為貼現率折算為現值後，再估算原有投資金額全數回收時所需的期間，此即現值型回收期間法 (discounted payback approach)。另外，Weingartner (1963) 提出獲利指數 (profitability index, θ_P)，係預期未來現金流量現值 (PV) 對期初投資額 (I_0) 的比值，用於衡量投資計畫獲利性：

$$\theta_P = \frac{PV}{I_0}$$

㈥內部報酬率法 (internal rate of return approach)

廠商為避免任意選取貼現率，轉而尋找能使投資計劃的淨現金流量現值為零的利率，促使現金流入現值等於現金流出現值。依據淨現值法，單一投資計劃的 $NPV(i)>0$，就值得付諸執行，在此情況下，現金流入現值理應超過現金流出現值。既然 $NPV(i)$ 是利率的函數，則利率的最大值將是何種水準？答案是：當利率大到令 $NPV(i)=0$ 的水準，在該利率水準的淨現值為零，此即邊際採納點，大於該水準，$NPV(i)>0$，投資計畫應該放棄，是以 $NPV(i)=0$ 的利率水準將定義為內部報酬率。當投資計劃產生的現金流量現值等於期初投資，或下式成立時，求出之貼現率即為內部報酬率。

$$NPV = \sum_{t=1}^{n} \frac{Y_t}{(1+i)^t} - I_0$$

$$= -I_0 + \frac{Y_1}{(1+i)} + \frac{Y_2}{(1+i)^2} + \cdots + \frac{Y_n}{(1+i)^n}$$

$NPV(i)$ 是利率的 n 次多項式方程式，解出該方程式的根若是實數，即是內部報酬率。廠商的評估標準是：若內部報酬率大於資金成本，則可執行該計劃；否則就應放棄。不過在數學求解過程中，多項式的根不唯一且可能為

無解、虛數解或多數解，而且在面對互斥案件時，並非在所有狀況下皆符合
追求價值最大化原則。

(七)廠商價值的評價

　　廠商屬於永續經營的組織，股票價值相當於未來產生收益的現值，亦即
價值來自於目前與未來創造的收益，再以反映廠商營運風險的必要資金成本
或必要報酬率進行貼現所獲的價值。是以 William (1931) 提出股票價值係投
資人預期未來各期現金股利的貼現值，當投資期限固定時，股利貼現法可表
示如下：

$$PV = \sum_{t=1}^{n} \frac{D_t}{(1+i)^t} + \frac{P_n^e}{(1+i)^n}$$

D_t 是每期的預期股利，i 是投資人要求的必要報酬率，P_n^e 是投資人在 n 期預
擬出售的股票價格。隨著投資期限趨近於無窮大後，貼現因子 $(1+i)^t$ 將趨近
於零，假設公司未來每年發放現金股息完全相同，股票現值可表為：

$$PV = \sum_{t=i}^{n} \frac{D_t}{(1+i)^t} = \frac{D_t}{i}$$

　　假設股票市場屬於效率市場，當股票價格超過股票現值時，投資人將賣
出股票而導致股價下跌；反之，當股票價格低於股票現值時，投資人將買進
股票而推動股價上漲。是以經過套利活動後，股價將會等於股票的現值。重
新整理上式，可得本益比 (cost-benefit ratio) 概念，此為投資人針對每元股利
所願意支付的股價。

$$\frac{P}{D_t} = \frac{1}{i}$$

M. J. Gordon (1956) 接續提出固定股利成長模型 (constant dividend growth model)，指出公司每年發放現金股利係以 g 比例成長，股票評價公式修正如下：

$$P = \sum_{t=1}^{\infty} \frac{D_t}{(1+i)^t} = \frac{D_0(1+g)}{1+i} + \frac{D_0(1+g)^2}{(1+i)^2} + \frac{D_0(1+g)^3}{(1+i)^3} + \cdots$$

$$= \sum_{t=1}^{\infty} \frac{D_0(1+g)^t}{(1+i)^t} = \frac{D_0(1+g)}{i-g} = \frac{D_1}{i-g}$$

上式成立的前提是股利成長率 g 必須小於必要的報酬率 i，再將上式重新整理：

$$\frac{P}{D_1} = \frac{1}{i-g}$$

㈧存續期間 (duration)

存續期間係利率變動引起債券價格變動的比例，反映投資人持有債券之平均到期年限，或回收本息之實際平均年限，可用於衡量債券價格風險指標，比較不同到期日與票面利率債券間的利率風險。當債券到期年限相同，票面利率愈低將促使存續期間愈長，此係因現金回收速度較慢之故。另如票面利率相同，到期年限較短促使存續期間亦較短。債券價格波動性與債券價格對殖利率變動敏感度有關，債券價格可表為：

$$P = \frac{R}{(1+i)} + \frac{R}{(1+i)^2} + \cdots + \frac{R}{(1+i)^n} + \frac{F}{(1+i)^n}$$

R 是債券在每期發放的利息，F 是債券的面值。上式顯示：債券價格與債券的票面利率、債券殖利率 (市場要求的報酬率)、到期期間均有關係，B. G. Malkiel 將債券價格的特性歸納成五大定理：⑴債券價格與殖利率呈反向的非

直線關係。(2)到期期間愈長，債券價格對殖利率之敏感性愈大。長券利率風險較高，短券較低。(3)債券價格對殖利率敏感性之增加程度隨到期時間延長而遞減。(4)殖利率下降導致債券價格上漲幅度，高於利率上升促使價格下跌幅度。(5)低票面利率債券之利率敏感性高於高票面利率債券。

再就債券價格對殖利率進行一階微分：

$$\frac{dP}{di} = \frac{-R}{(1+i)^2} + \frac{-2R}{(1+i)^3} + \cdots + \frac{-nR}{(1+i)^{n+1}} + \frac{-nF}{(1+i)^{n+1}}$$

$$= \left[\frac{-1}{(1+i)}\right]\left[\frac{R}{(1+i)} + \frac{2R}{(1+i)^2} + \cdots + \frac{nR}{(1+i)^n} + \frac{nF}{(1+i)^n}\right]$$

上式後半部是債券產生現金流量（債息與本金）的加權平均到期期限，權數即是現金流量現值，涵義是：殖利率些微變化肇致債券價格的變化。將上述兩邊除以債券價格：

$$\frac{dP}{di}\frac{1}{P} = \left[\frac{-1}{(1+i)}\right]\left[\frac{R}{(1+i)} + \frac{2R}{(1+i)^2} + \cdots + \frac{nR}{(1+i)^n} + \frac{nF}{(1+i)^n}\right]\frac{1}{P}$$

F. Macaulay (1938) 將上式的中間部分除以債券價格，並將債券存續期間定義如下：

$$D = \frac{\sum_{t=1}^{n}\frac{tR}{(1+i)^t} + \frac{nF}{(1+i)^n}}{\sum_{t=1}^{n}\frac{R}{(1+i)^t} + \frac{F}{(1+i)^n}} = \left(\frac{1}{P}\right)\left[\sum_{t=1}^{n}\frac{tR}{(1+i)^t} + \frac{nF}{(1+i)^n}\right]$$

再將 Macaulay 存續期間代入前式：

$$\frac{dP}{di}\frac{1}{P} = \left[\frac{-1}{(1+i)}\right]D$$

$$D = \frac{-dP}{di} \frac{(1+i)}{P}$$

舉例來說，遠東紡織發行 6 年期公司債、票面利率為 8%，而市場殖利率為 8%，存續期間為 D=4.993 年。假設央行採取緊縮政策，促使債券殖利率上升 1 個基本點（由 8% 上升至 8.01%），則可利用存續期間公式計算出債券價格的波動幅度：

$$\frac{dP}{P} = \left[\frac{-di}{(1+i)} \right] D = \left[\frac{-0.01\%}{(1+8\%)} \right] (4.993) = -0.0462\%$$

當利率小幅變動時，投資人可利用債券存續期間衡量債券上漲或下跌幅度。當利率呈現大幅波動時，以存續期間衡量債券價格變動與債券價格實際變動將產生相當大之差異，主要係因未加入債券凸性 (convexity)，如要精確衡量應加入債券之凸性因素。凸性觀念係採二次微分方式計算：

$$V = \frac{\partial^2 P / \partial i^2}{P} = (\frac{1}{P}) \left[\sum_{t=1}^{n} \frac{t(t+1)R}{(1+i)^{t+2}} + \frac{n(n+1)F}{(1+i)^{n+2}} \right]$$

若要精確探討債券價格 $P = f(i)$ 對殖利率變動的反應，可對債券價格進行二階 Taylor 展開式：

$$dP = \frac{\partial P}{\partial i} di + \frac{1}{2} \frac{\partial^2 P}{\partial i^2} di^2$$

將上式兩邊除以債券價格，可得：

$$\frac{dP}{P} = (\frac{1}{P})(\frac{\partial P}{\partial i}) di + (\frac{1}{P})(\frac{1}{2})(\frac{\partial^2 P}{\partial i^2}) di^2$$

將存續期間與凸性定義代入上式，可得債券價格變動比例的構成內容：

$$\frac{dP}{P} = \frac{-D}{(1+i)}di + \frac{1}{2}Vdi^2$$

㈨ Tobin 的 q 比例理論 (q-ratio theory)

J. Tobin 提出 q 比例理論，用於解釋公司願意進行新投資活動的情境。q 比例係指廠商價值與廠商重置成本 (replacement cost) 的比例，後者應等於在營運期間預期產生收益流入的現值。當重置成本大於市場價值時，廠商從事實體資產或廠房設備投資較為有利。假設廠商屬於上市或上櫃公司，q 比例可表為股票價格 P_E 除以每股發行成本 P_K，q>1 代表股價大於發行成本，廠商辦理現金增資活動，用於設廠或購買機器設備的意願提高。若將該觀點引申到股票投資活動時，當股價上漲促使 q 比例上升，提升廠商投資意願，趁此時機增資發行新股籌集資金活動將更形活絡。

㈩ 加速原理 (acceleration principle)

從淨現值法觀察利率變動的影響，發現利率在廠商從事長期投資過程中扮演決定性角色，從而具有高度利率彈性。反觀廠商從事短期投資活動時，景氣循環（以所得為替代變數）將是主要決定因素，短期投資對利率變動的反應不敏感，B. Felderler 與 S. Homburg (1987) 稱此現象為投資陷阱 (invest-ment trap)。

當投資係所得的遞增函數時，投資隨所得增加而提高，此即稱為誘發性投資。J. M. Clark (1917) 假設廠商使用的資本與產出具有固定比例關係 ($K_t = \alpha y_t$)，則廠商淨投資將與產出間呈固定比例關係，此種現象稱為加速原理，而所得增量與投資的倍數關係 α 稱為加速係數 (accelerator)。加速原理的投資函數可表示如下：

$$I_t^N = K_{t+1} - K_t$$

$$= \alpha y_t - \alpha y_{t-1}$$
$$= \alpha (y_t - y_{t-1})$$

㈩成本效益分析 (cost-benefit analysis)

廠商採取成本效益分析資本預算 (capital budgeting) 時，主要工作為估計現金流量增量 (incremental cash flow) 與選擇貼現率。在進行資本預算的現金流量估計時，廠商評估重點包括⒜僅需考慮執行計畫而產生的現金流量增量部分。⒝沉沒成本不列入考慮。⒞現金流量為財務觀念而非會計的現金流量觀念。以下針對兩種類型計畫說明現金流量的估計：

1.成本節省型投資計劃 (cost-saving investment project)

該類計畫的決策在於決定是否以新設備取代舊設備，廠商考慮的現金流量包括：⒜期初購買新設備的資本支出及費用、⒝處分舊資產的現金流入，包括出售舊資產價款及發生帳面損失產生的稅盾效果、⒞每期稅後現金流量、⒟設備使用年限期滿後的剩餘價值。

2.收益擴充型投資計劃 (revenue-expanding investment project)

該類計畫的決策在於決定購買新設備擴充生產是否值得採行，廠商考慮的現金流量包括：⒜期初購買設備的資本支出、安裝訓練費用及營運資本支出，⒝廠商使用新設備每期可以產生的現金增量流入，⒞投資計畫結束時，廠商收回的資金。

財政學 (public finance) 評估公共建設投資計畫時，採取的貼現率類型包括：⒜社會機會成本率 (social opportunity cost rate) 係指資金若不用於該項公共投資，而用於其他生產途徑所能創造的最大社會價值；⒝政府部門借款利率反映取得資金成本；⒞在完全資本市場下，資金的邊際生產力是評估公共投資計劃的最佳貼現率，但在不完全資本市場下，將無法表示實際的資本邊際生產力；⒟社會時間偏好率即表示體系未來消費對目前消費的邊際替代率。

在評估公共投資計畫採取的貼現率中，理論上係以社會時間偏好率較佳，不過實務上無法取得該項數值，是以大多數公共投資採取的貼現率都是以政府借款利率（發行公債利率）衡量。

30 資金成本與資本結構
fund cost & capital structure

(一)資金成本的重要性

廠商擬定募集資金決策，首先需評估資金成本與選擇不同融通策略衍生的財務風險 (financial risk)。資金成本係指廠商使用資金支付的代價，包括籌資成本和使用成本兩部分，前者是指支付金融機構的服務費，後者包括股息、紅利、利息、租賃費用等。廠商採取舉債策略將需面臨財務風險，從而反映在廠商稅後盈餘變動、每股盈餘變動與破產機率提升等三個層面。只有當投資計畫的報酬率高於資金成本時，廠商募集資金和運用資金才有利於提升廠商價值，否則將擴大財務風險甚至導致破產。至於廠商精確掌握資金成本的重要性在於：(1)廠商須使投入的因素成本包括生產成本、銷售成本、資金成本等降到最低，廠商價值才可能達到最大。(2)廠商正確估算資金成本後，才能擬定適當的資本預算決策，進而制定其他類型決策。

(二)資本結構無關論 (capital structure irrelevance theory)

假設無所得稅且資本市場處於均衡狀態下，F. Modigliani 和 1990 年諾貝爾經濟學獎得主 M. Miller (1958) 提出資本結構無關論，推論廠商價值與資金成本不受使用資本結構的影響。

(1)命題 1：不論廠商是否舉債營運，廠商價值等於預期息前稅前盈餘 (earning before interest and taxes, EBIT) 除以適用其風險等級的報酬率。該命

題的涵義包括：⒜廠商價值不受資本結構影響、⒝舉債廠商和無負債廠商若屬相同風險等級，前者的加權平均資金成本將等於後者的權益成本 (equity cost)、⒞兩類廠商的報酬率將視各自的營運風險而定。

　　⑵命題 2：舉債廠商的權益成本等於無負債廠商的權益成本加上風險溢酬，風險溢酬將視舉債融資程度而定。換言之，廠商價值不會因擴大使用負債資金而上升，理由是：資金成本便宜的舉債利益將被上漲的權益成本抵銷。

㈢租稅影響效果

　　債務槓桿 (debt leverage) 係指廠商採取舉債經營以提高投資報酬率，通常以負債比率衡量。一般而言，債權人偏愛低負債比率，因其在廠商清算時對債權人的保障程度愈大；但對股東而言，較偏好高債務槓桿而不喜歡發行新股，因為債務槓桿增加盈餘，發行新股則會降低部分控制權。類似概念還有財務槓桿 (financial leverage)，係指在特定資本結構下，若營業利益變動造成每股盈餘變動，每股盈餘變動率將是營業利益變動率之倍數，可用於衡量財務風險。財務槓桿愈高代表財務彈性越大，意味著固定財務成本愈高，促使息前稅前淨利變動對每股盈餘變動影響效果越大。反之，其影響效果愈小。財務槓桿計算方式如下：

$$財務槓桿 = \frac{息前稅前盈餘}{(息前稅前淨利 - 固定利息支出)}$$

　　廠商採取債務槓桿營運，利息支出屬於費用而可發揮節稅效果，是以考慮公司所得稅的影響後，廠商價值會隨負債擴大而增加。

　　⑴命題 1：舉債廠商價值等於相同風險等級的無負債廠商價值，加上舉債營運產生的節稅利益，而負債節稅利益等於所得稅稅率乘上負債總值。

　　⑵命題 2：舉債廠商的權益成本等於無負債廠商的權益成本加上風險溢

酬，而溢酬多寡將視舉債融資程度與廠商適用的營利事業所得稅稅率而定，亦即舉債廠商價值等於無負債廠商價值加上舉債的節稅利益。

　　依據資本結構無關論說法，廠商追求營運資金成本最小時，採取的最適資本結構應為完全舉債。此種推論不符事實，理由是：F. Modigliani 和 M. Miller 忽略破產成本 (bankruptcy cost) 存在的緣故。M. Miller (1977) 接續考慮公司所得稅和個人所得稅同時存在對廠商價值的影響，認為廠商支付債息的租稅優惠將被個人所得稅擴大抵銷，在均衡情況下，資本結構不會影響廠商價值。

㈣財務危機 (financial distress) 與代理成本的影響

　　廠商採取負債槓桿程度愈高，債權人為降低或避免代理問題發生，將會採取監督廠商營運活動方式，從而支付負債代理成本。隨著負債比例擴大，廠商無法清償負債或發生財務狀況惡化的可能性變大，此種財務危機產生的槓桿關連成本 (leverage related cost) 包括(1)直接成本：廠商破產清算時支付律師或會計師的費用，管理人員處理破產事務所耗費的時間。(2)間接成本：由於客戶與供應商對公司產生信任危機，導致營業額下降的損失。此外，廠商為籌足資金度過財務危機，緊急拋售資產形成的損失。廠商使用負債資金雖能發揮節稅利益，這些利益卻會被槓桿關連成本抵銷部分，舉債廠商價值可表為：

$$舉債廠商價值 = 無負債廠商價值 + 舉債節稅利益 - 槓桿關連成本現值$$

31 政府預算
government budget

㈠財政學與公共經濟學 (public economics)

　　財政學係探討政府部門追求社會福利最大，如何從私部門生產成果中取得資源，用於實現國家功能的需求，包括預算資金來源與運用、預算管理，進而影響經濟活動運作的學門。基本上，財政學包括公共支出 (public expenditure)（支出面）與公共收入 (public revenue)（收入面）兩部分，前者包括公共財、外部性、公共選擇及成本效益分析等主題，後者以租稅理論 (taxation theory) 為核心，針對政府部門面臨預算赤字如何融通進行探討，包括租稅制度、租稅效果及租稅歸宿 (tax incidence) 等。此外，財政學還包括福利經濟學、地方財政及政策面等範疇，是以財政學屬於經濟學中政府部門的延伸。

　　財政學在 1980 年代後逐漸為公共經濟學取代，後者係以探討公共部門從事經濟決策的學門。隨著經濟發展層級攀升，如何提升人民生活品質遂成為政府部門施政重點，社會保險與社會福利等公共支出日益受到重視。廣義來說，公共經濟學屬於探討公共政策的學門，涉及範圍非常廣泛，包括針對外部效果導致市場失靈採取對策，以及選擇最適社會保險決策等政策，此一特質反映公共經濟學從早期財政學強調政府收入來源與分配，擴展到關注政府部門干預經濟活動的各個影響層面。

　　公共經濟學探討的背景是混合經濟體系，個人決策受到尊重，但是政府部門干預活動將會影響個人選擇行為。是以政府部門規劃政策，可視為透過

選擇政策參數管理個人決策，追求達到某種較佳的均衡狀態。是以公共經濟學基本上分成探討政策效果與選擇最適政策兩部分，此即反映實證經濟學與規範經濟學的差異性，亦即前者衡量政策造成均衡狀態的變化，後者評價政策對社會福利的影響。

(二)政府預算內容

政府預算係指政府部門為維持營運而編列的支出內容與資金來源，主要包括公共支出與政府收入兩部分，對經濟活動發揮的衝擊效果如下圖所示：

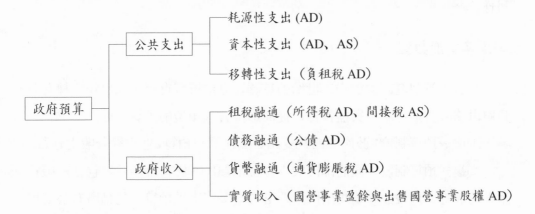

(三)公庫制度 (government treasury system)

公庫係政府部門管理現金、票據、證券與其他財務的機構，在中央政府層級稱為國庫，以財政部為主管機關；在市政府層級稱為市庫，在縣政府層級稱為縣庫，以財政局為主管機關。公庫扮演處理政府部門收付的角色，具有集中財務管理、監控必要支出與維護國家權益等功能。一般而言，公庫制度依據經營方式可分成三種：

(1)獨立公庫制度 (independent treasury system)：政府部門自設公庫，各級機構收付活動均由公庫統籌辦理。

(2)委託公庫制度 (custody treasury system)：政府部門委託銀行經管各級機構收付活動，僅須對委託銀行加以監督，又稱為監督公庫制度。

(3)存款公庫制度 (depositing treasury system)：政府部門將收入公款存入指定代理銀行，再以提取存款方式支應各級機構支出。

公庫管理係指在符合公共利益原則下，政府部門從事公共資金收付、以及收付間的效率運用，用於融通推動政務之資金需求，且應從事投資活動或追求存款計息以獲取最大收益。至於政府部門從事公庫管理策略包括確保公共資源安全性、維持必要流動性、增加可投資資金以及尋求公共資金最高獲利性。

(四)預算制度類型

政府預算制度起源於十二世紀的英國，立法機關直至十九世紀才擁有對政府財務收支的控制權與監督權，從而形成各種類型的預算制度。

(1)單一預算制度：政府部門收支綜合編在單一預算，並未區分收支性質。

(2)複式預算制度：政府部門收支分成兩類：(a)經常性預算：包括一般行政上的收支，以稅收作為支出的主要財源。(b)資本性預算：包括所有公營事業的營業收支及公共投資，以發行公債作為主要經費來源。

(3)平衡預算制度：強調政府部門收支宜採「量入為出」，只有面臨重大工程建設或突發性戰爭、天災時，政府部門才能發行公債 (government bond) 融通，此即古典學派所稱的健全財政 (sound finance)。

(4)功能性預算制度：政府部門追求經濟發展或維持經濟穩定目標，可視狀況調整財政收支，無須刻意維持預算平衡，此即 Keynesian 學派所稱之功能性財政 (functional finance)。

(5)績效預算制度：政府預算支出應該配合施政計畫，運用成本會計方法，依政府部門施政計畫成本考核效率，進而評估政府預算的執行績效。

(6)零基預算制度 (zero-based budget system)：政府部門各單位系統化評估施政計畫項目，強調管理決策的重要性，包括設定施政目標、評估施政計畫、分析決策及編訂預算數字。

(7)企業化預算制度 (entrepreneneurial budgeting system)：1990 年代興起的企業化預算制度，授權政府部門擁有更多自主空間，以應付外在環境變化反映人們需求。T. D. Lynch 與 C. E. Lynch (1997) 假設更大自由度能刺激政府部門創新以提升生產力，更多責任促使其節約資源使用發揮最高效率，是以將傳統追求預算最大化，改變為追求有限資源下的績效最大化，讓政府部門支出決策目標與人們利益或社區價值一致，有效降低代理問題。

(8)設計規劃預算制度 (planning programming budget system, PPBS)：結合政府部門施政目標設計、制定施政計畫及編製預算三者的預算制度，考慮體系可運用資源數量，評估每項施政措施（公共計畫）所需耗費成本及能收回的效益，以合理分配國家資源。

(五)公共支出

政府歲出預算或公共支出係政府部門推動公共事務所需耗費的資源，依事務性質劃分為一般政務、國防、教科文、經濟發展、社福、環保等類型。從經濟學觀點，公共支出分成購買當期實質商品與勞務、以及移轉支出（以福利支出為主），前者包括消費性或耗源性支出 (exhaustive expenditure) 與資本性支出，消費性支出直接影響當期總需求，資本性支出係指從事經建支出與交通支出等公共建設支出，除直接影響當期總需求外，將會加速資本累積影響未來的總供給。

政府部門的耗源性支出可視為公用事業與公共財提供的勞務。公用事業（如：電力、交通事業）提供的商品或勞務，不僅與民生息息相關且具有自然獨占性質。尤其是公用事業商品多數不具儲存性，經常出現尖峰時間

(peakperiod) 消費現象，如：高速公路平時交通流量不大，但是每逢年節時候，大車小車齊上高速公路造成擁擠的尖峰時段，平時或離峰時間 (off-peak period) 的未使用運量無法留存給尖峰時間使用。

至於政府部門的移轉支出屬於單方面的贈與，包括養老金、失業救濟、支付公債利息與補貼等，一般視為負租稅 (negative tax)，將可發揮財富或所得重分配效果，透過影響可支配所得改變消費支出水準，進而影響總需求。政府部門推動社會福利政策，除採取定額支付現金外，還可採取下列策略：(1)負所得稅 (negative income tax, NIT)：政府部門針對低於 B 所得水準者給予邊際負所得稅率 r 補貼，當低收入者所得為 g 時，補貼額為 $r(B-g)$，$(B-g)$ 稱為貧窮缺口 (poverty gap)，反映低收入者所得與救濟標準所得的差額，rB 係政府部門保障最低所得水準的保證所得 (income guarantee)。(2)工資補貼 (wage subsidy) 或負工資稅 (negative wage tax)：針對低收入者給予單位工資補貼。(3)實物補貼 (in-kind transfer)：政府部門直接以實物補助低收入者，取代傳統的現金補貼方式。(4)購物補貼 (subsidy with purchase requirement)：政府部門提供同質商品以低於市價賣給低收入者，如：國民住宅出售等。

㈥公共支出理論

公共支出理論依據實質理性 (substantive rationality) 或程序理性 (procedural rationality) 分為兩類。實質理性選擇模型係指個人偏好可清楚界定，政府部門追求效用最大化，採取成本效益方法評估進行最適選擇，福利經濟學與公共選擇理論屬於該類範疇。福利經濟學考量公共利益，假設體系係單一總合實體，政府部門追求社會福利最大，選擇公共支出決策建立在規範性觀點。公共選擇理論追求個人效用最大，認為體系存在不同利益與目標，有關公共支出決策的研究包括官僚預算行為、利益團體、選舉週期等。

面對訊息不全與評估能力限制等因素，H. A. Simon (1976) 指出縱使決策

者進行理性選擇，亦無法達成最大化目標（即實質理性），遂改採追求滿意結果，是以程序理性強調理性選擇過程而非結果。在決策者認知過程中，經常用作決策依據者包括累積的資訊、過去經驗、選擇性直覺判斷、及其他簡單的解決問題方法，可能達到的選擇方案只要符合某些條件後，即停止搜尋或分析，亦即決策者追求尋找滿意而非最佳結果。在集體選擇方面，程序理性決定於總合機構 (aggregating institutions)，如所使用的協約、規範或規則等也受到組織內權力分配方式的影響。該類分析承襲傳統政治學的研究方式，假設參與預算決策者追求公共利益，較少觸及參與者個人利益。另外，針對公共支出呈現長期擴張趨勢，經濟學出現三種說法：

⑴ R. A. Musgrave 與 W. W. Rostow 認為公共支出成長反映政府部門扮演提供基礎設施資本及社會投資供給者的角色，進而解決市場失靈問題。在經濟發展過程中，體系內投資支出占 GNP 比例上升，不過公共部門的投資占 GNP 比例卻呈下跌現象。在成熟期，政府部門將基礎設施支出轉移至教育、健康等支出；直至大眾消費期，維持所得分配及福利支出相對其他公共支出項目（國防治安）占 GNP 比例將上升。

⑵ Wagner 法則：A. Wagner 觀察歐洲國家、美、日等國經驗得知：隨著各國工業化程度加深，市場規模成長與經濟成員間的關係日益複雜化，必須倚賴訂定商業法規與契約規範，促使建立司法制度需求增加。另外，都市化程度遞增促使生活空間日益狹小，造成外部性及擁擠現象，需要政府部門干預與管制。是以政府部門必須提供教育、娛樂、文化及健康、福利、銀行、治安等服務，Wagner 估計的公共事務需求的所得彈性大於一。

⑶ Peacock 與 Wiseman 基於政治理論探討公共支出時徑 (time path) 時，提出臆說：「政府部門願意擴大支出，人民卻不願意多繳稅，施政須注意國民意願。」假設人們透過可忍受的租稅水準限制政府部門擴張，當經濟成長促使稅收提高時，公共支出隨之增加。在平常期間，公共支出呈現緩慢遞增趨勢；

但在戰爭、天災等特殊期間，政府部門勢必採取增加課稅策略，用於融通公共支出劇增現象。兩人提出位移效果 (displacement effect) 與檢查效果 (inspection effect) 說明公共支出擴大原因，前者係指體系面臨危機時，將會出現公共支出取代私部門支出的現象，隨著危機解除，公共支出降低幅度卻相當有限；後者係指政府部門增加公共建設以解決經濟問題，增加課稅將是選民可以接受的範圍，從而擴大公共支出成長。

㈦公共收入

公共收入是政府部門基於推行公共事務而向人民收取財務收入，亦是政府部門採取融通支出的方式，包括租稅收入、商業收入 (commercial revenue) 或使用者付費 (user charge)、行政收入 (administrative revenue) 與公債發行收入等四種類型。前三者屬於政府部門的實質收入，第四種則是財務收入。政府預算赤字 (budget deficit) 的融通方式如下：

1.租稅融通

政府部門依據稅法向人民課稅，係公共收入來源的核心。租稅收入分成專款專用指定用途稅 (earmarked tax)，以及統籌統支的一般租稅。行政收入係政府部門授予民間某種權利（利益）或處罰而獲取的收入，具有強迫性而類似指定用途稅，但具排他性又異於指定用途稅。行政收入係人們自政府部門得到利益或遭懲罰必須支付的代價，類似商業收入，但行政收入利益或處罰並非價值的等量關係，故異於商業收入。政府部門租稅收入基本上區分為：(a)對經濟成員及其擁有之生產工具課稅，無法轉嫁而具有直接稅 (direct tax) 性質，如：所得稅與地價稅等，影響層面侷限於總需求；(b)對商品或勞務課稅具有間接稅 (indirect tax) 性質的貨物稅、關稅等，影響層面包括總需求與總供給。

2.債務融通

政府部門發行公債向大眾募集資金，或採取賒借方式向銀行借貸，此係人們未來租稅負債的增加，影響層面侷限於總需求。

3.貨幣融通

政府部門發行公債出售給央行，或向央行賒借資金，透過貨幣供給增加造成物價上漲，形同向人們課徵通貨膨脹稅 (inflationary tax)，影響層面侷限於總需求。

4.實質收入

國營事業營運所獲盈餘繳庫，此即政府部門的商業收入。另外，政府部門推動國營事業民營化 (privatization)，出售國營事業股權的資本收入。當政府部門出售國營事業股權收益增加，將會造成盈餘繳庫下降，影響層面侷限於總需求。

㈧租稅歸宿

租稅歸宿係指租稅的最終承擔，納稅人透過經濟活動將租稅移轉給別人承擔，原先納稅人承受租稅壓力稱為衝擊 (impact)，而移轉稅負給承擔者的過程稱為轉嫁 (shifting)，最後真正分配到的租稅負擔稱為歸宿。

分析轉嫁與歸宿的方法包括部分均衡與一般均衡分析。前者分析重點在於商品絕對價格的變動，後者強調因素相對價格的變動。租稅歸宿理論分成三大類：

⑴特定租稅歸宿 (specific tax incidence)：探討課徵特定租稅對私部門造成的效果。

⑵差異歸宿 (differential incidence) 分析：針對維持相同稅收下，政府部門以某種租稅取代另一租稅後，對私部門產生的衝擊效果。

⑶平衡預算歸宿 (balanced budget incidence)：探討政府部門採取平衡預算制度，以某一租稅提供特定公共財對私部門發揮的效果。

租稅轉嫁類型包括：

(1)前轉 (forward shifting)：納稅廠商透過商品交易活動，將稅負移轉給消費者負擔。

(2)後轉 (backward shifting)：納稅廠商透過因素購買行為，移轉稅負由因素供給者負擔。

(3)旁轉 (deviation)：納稅廠商將稅負移轉給相關產業的其他廠商負擔。

(4)轉化 (transformation)：納稅廠商從事提升生產效率或降低成本的方法，以消除稅負增加的壓力。

(5)租稅資本化 (tax capitalization)：納稅人透過財產交易，以提高或降低財產售價而將財產稅負移轉給交易對方承擔。至於租稅轉嫁能力取決於市場結構、價格彈性、產業的成本條件等經濟因素，以及政治管轄權 (political jurisdiction) 與租稅型態等非經濟因素。

(九)租稅制度 (tax system)

租稅制度係指政府部門對民間課稅的整套體系。依租稅來源劃分，租稅分成所得稅、消費稅與財產稅。所得稅係依所得課徵的租稅，包括綜合所得稅、營利事業所得稅與依土地買賣所得而單獨課徵的土地增值稅。消費稅係以消費金額課徵的租稅，又可因稅基 (tax base) 不同而分成國內消費稅與國境稅，前者主要是指貨物稅與營業稅，菸酒專賣利益亦被視為國內消費稅；後者是指關稅及其附加的商港建設費。財產稅則係以財產價值課徵的租稅，包括地價稅、房屋稅、遺產稅與贈與稅。

傳統上，租稅可劃分為直接稅與間接稅，後者透過市場價格機能轉由別人承擔，前者無法轉由別人承擔。但自 1970 年代以後，經濟學逐漸放棄此種分類方式，就理論或實證研究均證實幾乎所有租稅都可以轉嫁，是以現代的說法是：納稅人依自己名義內的財產或所得繳交的租稅為直接稅，以代繳身

分協助政府部門向社會徵收的租稅為間接稅，是以直接稅事實上包括所得稅與財產稅，間接稅就是指消費稅。

從租稅收入角度來看，租稅制度分成四大類：

⑴獨立稅制：各級政府都有其各自稅目收入，中央政府有中央稅，地方政府有地方稅，如：省稅、縣、市稅。

⑵分成制：各稅目收入依行政轄區所在，各級政府分配這些稅收。

⑶補助款制：由上級政府補助下級政府。

⑷混合制：上述三種方法混合使用。

事實上，大多數國家採取混合制，只是在混合制中較強調獨立稅、分成稅或補助款制而已。

㈩稅率結構 (structure of tax rate)

稅率係指單位稅基所應繳納的稅負，針對特定稅目在各稅基上所通用的稅率表，稱為稅率結構。課稅時的稅率計算基礎稱為稅基，稅率結構顯示稅率與稅基的對應關係。稅基乘上稅率就是租稅收入 (tax yield)，而稅收占國內生產淨額的比例稱為租稅負擔 (tax burden)。單一稅率 (uniform tax rate) 係針對特定稅目僅用某一稅率課稅，通常不會影響市場價格機能運作，對市場效率的傷害最低，又稱為中立性租稅 (neutral tax)。複式稅率 (multiple tax rate) 係針對特定稅目採取兩種以上的稅率課徵。就兩種商品而言，為使租稅課徵對市場效率造成的損失最小，最適租稅 (optimal tax) 應該是稅率與需求彈性呈反比，經濟學稱為反需求彈性原則。

在稅率結構中，稅率往往隨稅基變動而不同。經濟學通常以所得作為衡量稅基的標準，隨著所得增加而適用稅率遞增者稱為累進稅 (progressive tax)，隨著所得增加而適用稅率遞減者稱為累退稅 (regressive tax)。倘若稅率並不隨稅基改變而變動時，稱為比例稅 (proportional tax)。

　　消費稅的稅率訂定可採價格或數量為稅基，稅額隨著價格課徵者稱為從價稅 (ad valorem tax)，稅額依據數量課徵者稱為從量稅 (specific tax)。至於政府部門課徵固定數額稅收，不隨經濟變數而變動者稱為定額稅。

32

財政政策
fiscal policy

(一)財政政策類型

財政政策是政府部門運用公共收入與公共支出工具，達成追求效率、公平與穩定等政策目標。就穩定政策目標而言，財政政策類型包括權衡性財政政策 (discretionary fiscal policy) 與自動穩定措施 (automatic stabilizer) 或內在穩定因子 (built-in stabilizer)。

1.自動穩定措施或內在穩定因子

自動或內在穩定因子係指體系內可以緩和景氣波動的因素，在景氣衰退時，可以避免家計部門與廠商的所得降低很多；相反地，在景氣繁榮時，亦可抑制所得過度膨脹現象。自動穩定因子的設計包含個人所得稅與營利事業所得稅、失業保險制度、社會福利計劃與個人及廠商儲蓄。

依據消費函數內容，在景氣衰退之際，人們的消費支出將大受影響，若無適當的社會安全保險制度補救，將使景氣循環更加衰退與蕭條。在市場經濟中，隨著貧富差距擴大，資本累積雖然帶動經濟起飛，但也促使財富更集中於少數人，若無適當的所得重分配機制，貧富兩極化現象將日益明顯。體系實施失業保險制度，除可充當自動穩定因子外，亦可促使所得重分配，社會財富較能為大眾共享。

一般而言，政府部門採取的課稅方式有二：(1)定額稅：針對每個人課徵固定數額租稅，即人頭稅；(2)比率稅：根據所得課徵某一比例租稅。政府稅

收除用於政府支出外，並針對窮人、殘障老弱人士、受災居民等給予失業救濟金、社會保險、食物券、醫療補助等福利計劃的移轉性支出，此即自動或內在穩定因子，對經濟活動將產生所得重分配效果 (income redistribution effect)。當政府部門提高稅率時，將影響私部門消費與投資意願，促使總需求下降，同時勞動工作意願降低，總供給將減少，實質產出水準下降。

綜合以上說法，政府部門每年編列預算時，需事先評估未來經濟活動的變化，將必須採取的穩定措施完全反映在預算內容，透過預算制度執行，將可自動達到穩定經濟活動變化的效果。換言之，政府編列的預算制度若未考慮景氣活動變化，亦即政府收支與景氣循環（所得）無關，將無內在穩定因子效果。

2.權衡性財政政策

政府部門評估經濟環境，主動調整財政工具影響經濟活動運行，此即權衡性財政政策。在古典理論中，政府部門採取課稅融通政府支出，維持預算平衡的健全財政，將不會發揮任何效果。不過 Keynesian 學派主張平衡預算政策仍將發揮效果，理由是：⑴邊際消費傾向小於 1，導致租稅乘數小於政府支出乘數；⑵人們的邊際消費傾向各不相同，政府部門對高所得者課稅（邊際消費傾向較低），然後移轉給低所得者（邊際消費傾向較高），將會造成總需求增加，帶動國民所得擴張。

一般而言，純粹財政政策包括財政支出與稅收，以及採取公債融通預算赤字。至於採取貨幣融通預算赤字，Keynesian 學派認為係由政府部門發動擴張性支出政策，故屬於財政政策。貨幣學派認為政府支出屬於流量效果 (flow effect)，而融通政府支出的貨幣數量增加屬於存量效果 (stock effect)，故稱為貨幣政策。接著，擴張性財政政策可採取減稅與增加政府支出策略，不過兩者存在下列差異：⒜政府支出增加直接對商品產生需求，進而增加產出與所得；減稅係對商品產生間接需求，減稅增加可支配所得，卻未必會增加消費

支出(可能轉變成儲蓄)，商品需求變化不確定，導致產出與所得變化不確定。
(b)依據國民所得的支出結構，政府支出增加係以公共財替代私有財，減稅則
是增加私有財的比例。

(二)結構性與循環性預算赤字或盈餘

政府預算赤字意指政府支出 (G) 大於稅收 (T)，反之則有預算盈餘。實際
預算赤字取決於權衡性財政政策與景氣循環兩大因素。政府稅收決定於國民
所得，在景氣繁榮時，國民所得增加，按稅率 (t) 課徵的所得稅就多，景氣衰
退之際，國民所得下降，課徵的所得稅減少，此即政府預算的自動穩定機能
(automatic stabilization)。

$$BS = T - G = tY - G$$

政府預算盈餘或赤字變化型態有二：(1)結構性赤字 (structural deficit)：在
自然產出的盈餘或赤字，又稱為充分就業預算盈餘或赤字 (full employment
surplus or deficit)。當結構性赤字擴增或盈餘減緩時，表示財政政策更具擴張
效果，反之則為緊縮效果。(2)循環性赤字 (cyclical deficit)：景氣循環造成政
府預算赤字，意指實際預算赤字超過結構性赤字的部分。在景氣蕭條之際，
政府稅收萎縮，預算赤字自然擴大；當景氣擴張或繁榮時，政府稅收成長，
循環性赤字自然收縮。換言之，當充分就業盈餘或赤字不變時，景氣循環造
成政府預算盈餘或赤字，此係內在穩定措施運作的結果。

內在穩定措施具有主動穩定經濟活動的功能，它的存在若是促使財政收
入成長率超過財政支出成長率，造成政府預算出現盈餘，顯示政府部門未能
效率使用資源，勢必妨礙經濟成長。這種因內在穩定措施所引起的財政盈餘，
並非政府編訂預算的本意，故稱為財政拖累 (fiscal drag)。為削減財政拖累對
經濟成長的不利影響，政府部門宜以擴張性財政支出因應，這種結果稱為財

政紅利 (fiscal dividend)。

政府預算赤字是政府部門選擇發行公債融通收支失衡所致，而流通在外的公債餘額將是需要付息，預算赤字存在意謂著公債餘額逐期累積。政府部門債務是否成為社會負擔，將視擴張支出係用於資本財或消費財而定。政府部門預算赤字若用於具有生產力的投資計畫，將類似廠商發行公司債取得資金，再用於購買機器設備，將不會成為社會負擔。反之，政府部門支出若用於消費財，僅能在當期產生相當於出售消費財收入的價值而已，未來並不會產生任何好處。政府部門面對預算赤字存在，首要任務在於控制 d 比率（= 負債/GDP）的成長率為零之預算赤字規模：（P 是物價、y 是實質產出）

$$\frac{Debt}{GDP} = \frac{D}{GDP} = \frac{D}{Py}$$

為追求 d 比率的穩定性，該比率成長率為零：

$$\dot{d} = \pi + \dot{y}$$

π 是通貨膨脹率。就上式乘上負債規模 (D)：

$$\dot{d}D = (\pi + \dot{y})D$$

政府部門追求維持 d 比率穩定性，預算赤字規模將等於發行在外負債與名目 GDP 成長率的乘積，至於最適 d 比率為何？政府部門債務規模將有其限制，亦即必須支付發行在外負債利息，而最適 d 比率係指政府部門採取舉債策略融通利息支出，而無需對未來世代採取增稅方式來支付利息的策略。換言之，政府部門債務清償條件 (solvency condition) 是：只要實質產出成長率大於實質利率，增加發行公債支應公債利息，將不會提高 d 比率。反之，實質產出成長率小於實質利率，增加發行公債支應公債利息，勢必造成 d 比率持

續擴大，將屬於不可行策略。

(三)排擠效果 (crowding-out effect) 與拉入效果 (pull-in effect)

J. M. Keynes 與 Henderson (1929) 率先提出排擠效果，質疑當時英國首相 L. George 執行財政政策效果，遂成為爾後討論財政政策效果的重點。W. H. Buiter (1977) 將該效果定義為公私部門經濟活動的更替，不過經濟學卻出現頗不一致的詮釋：⑴ W. Branson (1979) 及 B. M. Friedman (1978) 認定排擠效果是「政府部門支出直接取代私部門支出，或是間接誘使具利率敏感性的私部門支出呈反向變動。」相對的，私部門支出若與政府支出攜手並進，則稱為拉入效果或擠入效果 (crowding-in effect)。⑵ R. Spencer 與 Yohe (1970) 採用「所得變動」作為判斷標準，當政府支出遞增而所得水準持平甚至減少時，意味著存在排擠效果。政府支出乘數為零將具有完全排擠效果，一旦反轉為負乘數則屬於過度排擠，介於零與 1 間則屬於部分排擠。就此三種案例而言，只有完全排擠與過度排擠方是符合 Spencer 與 Yohe 心目中的排擠效果，部分排擠並非定義範圍。

W. H. Buiter (1977) 將排擠效果劃分成直接排擠與間接排擠兩類：

1.直接排擠效果 (direct crowding-out effect)

P. A. David 與 J. L. Scadding (1974) 提出絕對理性臆說 (ultra-rationality hypothesis)，指出人們將政府部門的經濟活動視為己身的延伸，政府預算直接影響人們效用函數或預算限制。一旦財政政策均被私部門以相對應反向操作中立化時，政府經濟活動僅是覆蓋於私經濟活動上的另一層面紗，此種直接排擠效果與體系內結構式行為關係設定息息相關，故稱為結構式或事前排擠效果。

2.間接排擠效果 (indirect crowding-out effect)

財政活動經由總體模型運作後，引發政府部門經濟活動取代私部門經濟

活動的現象，此種現象與個別成員決策是否具有絕對理性無關。換言之，財政工具調整透過利率與物價變動，間接波及私部門消費與投資支出，此種排擠效果又稱事後或縮減式排擠效果。該類排擠效果的類型如下：

(1)交易性排擠效果 (transaction crowding-out effect)：在貨幣供給不變下，擴張性財政政策透過乘數效果引起所得增加，再引發交易性貨幣需求增加，推動利率上漲，導致民間投資與消費支出下降。政府支出增加雖然發揮乘數效果，但因利率上升排擠私人支出，促使所得擴張遭到縮減，此即交易性排擠效果或稱 Hicks 排擠效果。

(2)金融排擠效果 (financial crowding-out effect)：政府部門採取擴張性支出前，必須先在金融市場發行公債募集資金，將引發融資動機貨幣需求增加，促使利率上升削減私部門支出，政府支出增加引起的所得擴張效果遭到縮減，此即稱為金融排擠效果。

(3)名目與實際排擠效果 (nominal and real crowding-out effect)：政府部門採取課稅融通擴張性支出政策，造成衝擊來自兩方面：(a)總需求：政府支出增加提升總需求；(b)總供給：政府支出若屬於公共建設性質，將會加速資本累積擴大未來生產力，總供給將會成長。不過政府部門若採取租稅融通，高稅率將會降低工作意願與投資意願，總供給反而可能減少。經濟學通常運用總供給與總需求模型，配合引進等名目所得曲線 (iso-nominal income curve) $Y = P \times y$，用於判斷財政政策是否會引起名目所得或實質所得遭到排擠的效果。

(4)物價誘發的排擠效果 (price-induced crowding-out effect)：總供給曲線通常呈現正斜率，擴張性財政政策引起總需求增加，將會帶動物價上漲，進而排擠部分的消費支出與出口，降低政府支出乘數效果，此即物價誘發的排擠效果。

(四) Barro-Ricardo 等值理論

R. Barro (1974) 認為理性成員若考慮未來應付稅額，以及評估留下遺產給後代的決策時，政府部門發行公債，並不會使私部門感到更趨富裕，理由是：政府部門採取減稅措施，並以發行公債融通預算赤字，將意謂著未來需以增稅來清償，故理性成員採取增加儲蓄作為因應，名目利率不會上升。在考慮貨幣的時間價值後，政府部門採取課稅或發行公債融通既定政府支出的效果係屬相同，未來較高租稅負擔的現值將等於目前發行的公債價值，從而對實質利率、投資和消費均不會發生影響，此即 Barro-Ricardo 等值定理。

Barro-Ricardo 等值定理假設無限生命期 (infinite horizon)、政府部門課徵定額稅與完全借貸市場等、政府部門與私部門之借貸利率完全相同。若是考慮累進所得稅制、有限生命期及不完全借貸市場等因素後，政府部門移轉性支付將產生所得重分配及跨代效果，Barro-Ricardo 等值定理將無法成立，理由是：無限生命期表示人的生命無限，政府部門增加支出造成赤字，必須在未來由「同樣」的人以增稅方式償還。有限生命表示人的生命有限，政府部門增加支出造成赤字，提供這代人享受（假設未留遺產給下一代）正的財富效果，下一代卻須面臨增加稅負的痛苦。跨代理論表示這一代會為下一代著想，即效用函數包括兩代的效用在內，在面對預算限制下，某些人因邊際稅率不同，以及每個人在借貸市場的信用差異，借貸條件（利率）隨之改變，進而產生財富效果。此外，政府部門與私部門之借貸利率未必相同，也會導致該等值定理不成立。

另外，Barro-Ricardo 等值定理認為採取發行公債取代課稅，產生的經濟效果相同。不過發行公債卻顯示政府部門處於入不敷出而需寅吃卯糧的窘境，基於羊毛出在羊身上的道理，公債本息終歸要由當代或後代子孫繳稅來清償，難保不落入以債養債 (No Ponzi game) 或借債還債的困境，從而促使債臺更加

高築。在該定理成立下，公債無法視為民間財富，對國民所得（產出）亦無助益，尤其是政府部門對未來到期公債，若是採取發行貨幣清償，將導致預算赤字貨幣化，促使公債餘額轉換為貨幣形式而流通在外，可能引發通貨膨脹危機。

　　針對 Barro 的推理方式，相關的批評如下：⑴人們是否留下遺產或關心後代值得懷疑。⑵許多人支付高利率借款消費（如：使用信用卡透支消費，利率為 18%），支付利率遠超過政府部門支付公債的利率，反映人們係以更高利率來貼現未來必須增加繳稅的金額。尤其是典型的成年消費者預期有超過 35 年的持續生命，政府部門發行公債融通減稅措施，大多數租稅負擔或政府債務均在 35 年清償殆盡，僅有小部分租稅負擔才會移轉給後代承擔，此種現象將促使 Barro 的推論完全失效。

33 財富效果
wealth effect

(一)財富變動的傳遞機能 (transmission mechanism)

B. Pesek 與 T. Saving (1967) 認為 J. M. Keynes (1936) 曾經提及「財富擁有者的消費行為深受資本價值意外變動與財富貨幣價值未可預見變動等兩項因素影響」，故為財富效果的鼻祖。尤其是央行執行擴張性貨幣政策，改變體系內財富數量後，如何影響經濟活動，有下列兩種看法：

1.財富論者 (wealth theorist)

廣義的財富類型包括實體資產、人力資產和金融資產。貨幣數量增加促使淨財富增加，能否影響總支出水準須考察財富與總支出間的關係而定。以古典學派為首的財富論者，提出直接調整機能 (direct adjustment mechanism) 或現金餘額調整機能 (cash balance adjustment mechanism) 的概念，此即貨幣數量變動改變財富存量，直接影響總合支出的傳遞機制。

2.資產組合論者 (portfolio theorist)

以新 Keynesian 學派為首的資產組合論者，提出間接調整機能 (indirect adjustment mechanism) 或利率調整機能 (interest rate adjustment mechanism)，此即貨幣數量變動破壞資產組合平衡性，透過資產組合調整而改變資產的相對報酬率，從而引起總合支出變化的傳遞機制。

(二)財富效果類型

Pesek 與 Saving 依據 M. Friedman (1956) 對財富的定義：「資產的預期報酬以適當資本化利率 (capitalization rate) 貼現的價值」，採取貨幣學派的廣義財富定義如下：

$$a = \frac{A}{P} = \frac{M}{P} + \frac{(Y_n - \theta_n)}{r_n P} + \frac{(Y_h - \theta_h)}{r_h P} + \frac{B_g}{r_g P}$$

Y_n 與 Y_h 分別是勞動所得與資產所得，θ_n 與 θ_h 是政府部門對資產所得與勞動所得課徵的租稅，B_g 是公債的固定息票利率 (coupon rate)，r_n、r_h 與 r_g 係用於資產所得、勞動所得與公債利息收益的資本化利率。由於資產價格變異性較大，經濟學討論財富效果時，採取以金融資產為限的狹義財富概念，定義如下：

$$a = \frac{A}{P} = \frac{M}{P} + \frac{B_g}{rP} + \frac{E(y)}{rP}$$

$E(y)$ 是股票發放的股利。依據上述定義，財富效果類型包括：

1.直接財富效果

在物價、利率與所得等經濟變數固定下，貨幣數量、債券與股票數量 (以每單位債券與股票發放的收益為代表) 增加，造成實質財富增加。有關公債是否屬於淨財富，在經濟學裡是眾說紛紜。新古典學派的 Barro-Ricardo 等值理論強調公債並非體系內淨財富，但新 Keynesian 學派的 Tobin 卻認為人們未能充分預期公債帶來的租稅負擔，未預期部分將視為淨財富。

2.間接財富效果

在貨幣數量、債券與股票數量固定下，物價、利率與所得等經濟變數發生變動後，造成實質財富變動。

⑴物價誘發財富效果 (price-induced wealth effect)：在名目財富固定下，

物價水準變動引起實質財富變化，促成經濟成員改變決策。該效果又分成下列類型：(a) Keynes 效果：物價水準下降增加實質貨幣供給，利率下降引起消費與投資支出增加，促使國民所得增加。(b) Harberler-Pigou 效果與 D. Patinkin (1965) 實質餘額效果 (real balance effect)：物價下跌促使實質財富上升，刺激家計部門增加消費支出，促使國民所得增加。(c) Fisher 效果：只有外在資產才會產生財富效果，至於同時存在債權人與債務人的內在資產，物價水準下降造成債權人受益、債務人受損，前者增加消費支出、後者減少消費支出，將會出現三種可能：兩者的邊際消費傾向相同將僅有 Keynes 效果出現、債權人的邊際消費傾向大於債務人將會出現 Harberler-Pigou 效果、債權人的邊際消費傾向小於債務人將會出現 Fisher 財富效果或逆 Harberler-Pigou 效果。

(2)利率誘發的財富效果：當市場利率變動時，固定息票利率的公債價值與固定股利的股票價值發生變動，實質財富變動刺激消費支出增加，Keynes (1936) 稱此為意外所得效果。

(3)所得誘發的財富效果 (income-induced wealth effect)：廠商預期發放股利的來源是當年盈餘，而盈餘大小將與景氣循環（以所得作為替代變數）息息相關。廠商採取的股利政策 (dividend policy) 若以當年盈餘為標準，則股利將與所得水準相關。是以所得變動將會影響股利變動與股票價值，從而形成所得誘發的財富效果。

34 股利政策
dividend policy

㈠股利政策類型

在營運過程中，廠商募集股權資金與債務資金，將需支付資金成本。不論公司營運是否獲利，均需支付債權人（債務資金）利息，惟有出現盈餘後，才能考慮支付股東（股權資金）股利。廠商採取的股利政策類型包括：

⑴固定股利支付率：廠商盈餘依一定比率發放股利，成熟期公司較適合採取該類股利政策。

⑵穩定或持續遞增股利：廠商長期維持特定股利水準，直到盈餘增加足以維持更高股利水準時，才會改變發放水準，股利成長率係綜合參考定期存款利率、通貨膨脹率及公司收益成長率訂定。

⑶低現金股利加額外股利：廠商每年支付一定的低現金股利，盈餘較高年度再視情況加發股利。

⑷剩餘股利 (residual dividend)：廠商依據資本預算規劃評估資金需求，採取保留盈餘融通，若有剩餘才分配現金股利。

㈡股利政策理論

在 1960 年代初期，經濟學出現股利無關論和股利相關論兩種看法，針對股利政策對股價的影響展開激烈爭論。前者認為股利政策對公司價值將無影響，後者認為股利分配將會發揮影響效果。

1.股利無關論

在完全資本市場，F. Modigliani 與 M. Miller (1961) 主張股利政策無法影響公司股價及資金成本，公司價值取決於基本獲利與營運風險 (business risk)，完全視投資政策而定，與股利政策無關。換言之，提高公司價值的唯一途徑是提升投資收益率，同時維持最適財務槓桿比例。至於最適股利政策是：先根據投資需求確定保留比例後，剩餘部分再分配給股東。

2.一鳥在手理論 (bird-in-the-hand theory)

傳統股利政策理論認為，投資人偏好現金股利，而不大喜歡將盈餘留給公司。對投資人而言，現金股利是抓在手中的鳥，保留盈餘則是躲在林中的鳥，隨時可能飛走，廠商保留盈餘未必轉化為未來的股利，目前分配股利越多，公司價值就越大。是以投資人偏好目前數額確定的收益，而不喜歡不確定的未來報酬，亦即在穩定股利和不確定的資本利得間往往偏好選擇前者。由於廠商盈餘不確定，投資人放棄股利未必能由資本利得獲得彌補，而股價與公司價值相關性很低,廠商保留盈餘可創造的價值未必會反映於股價上漲。

3.代理理論

股利政策實際上係反映公司內部人與外部股東間的代理問題，經營階層若將多數盈餘分配給股東，降低可以支配的閒置現金流量，抑制過度投資或特權消費，有助於保護外部股東利益。尤其是公司發放現金股利，將需在資本市場尋求新融資，促使公司受到市場參與者監督，而且發行股票不僅提供外部投資人透過股權結構變化對內部人進行控制的可能性，每股稅後盈餘遭到稀釋後，若要維持高股利支付率，必須付出更大努力，從而有助於緩和代理問題與降低代理成本。

4.所得稅差異論

在無租稅因素下，公司選擇何種支付股利方式並無差異。一旦政府部門對股利和資本利得課徵不同稅率,股利分配方式不僅將對公司價值發揮影響,

也將促使公司（及個人）租稅負擔出現差異。一般而言，資本利得稅率（臺灣停徵證券交易所得稅）普遍低於股利所得稅率（綜合所得稅率）。投資人對股利分配屬於被動，何時取得股利就於何時繳稅。反觀資本利得則具有彈性，投資人透過資本利得變現時間來調整納稅時間。其次，股利支付時間通常先於資本利得（該資本利得是指公司保留盈餘再投資創造的價差），採用後者有利於取得延遲納稅的時間價值。尤其是高所得投資人面對累進稅率時，偏好公司採取保留盈餘政策。相反的，若要投資人選擇未來資本利得而放棄目前股利，則需有更高的資本報酬率來彌補追求資本利得的高風險性。

35

勞動市場
labor market

㈠勞動經濟學 (labor economics)

隨著產業關係中的勞資雇傭關係擴展到社會生活的各個領域，勞工運動發展促使勞工問題日益突出，從而導引勞動經濟學迅速發展成為獨立學門的社會背景。在十九世紀中葉，經濟學開始討論勞工政策 (labor policy)，政府部門將勞工政策視為經濟政策的重要一環，試圖緩和勞資矛盾以促進經濟發展和經濟活動穩定。勞工政策內容通常包括工資標準及最低工資率 (minimum wage rate) 制度、勞動時間規定、社會保險和社會救濟、就業指導、職業技術教育、勞動條件監督、勞資糾紛調解等。

勞動經濟學探討主題包括：⑴勞動供需：包括勞動力 (labor force) 的人口基礎、移民、勞動力結構、勞動供需短期和長期平衡；⑵就業：包括勞動生產效率、就業與工資的關係、失業類型與期間、就業前培訓和就業後培訓；⑶勞動市場管理：包括勞動流動性、勞動市場管理、勞動管理體制；⑷工資決定：包括影響工資的因素、貨幣工資率與實質工資率 (real wage rate)、工資差異 (wage differential)、性別歧視、種族歧視等；⑸包括職業選擇、生育選擇、疾病、工作傷害、老年退休等勞工保險的經濟問題。

㈡人口經濟學 (population economics)

針對經濟發展過程中，經濟活動對人口自然變動、遷移變動和社會變動

產生制約效果，以及人口對經濟活動的影響等問題，人口經濟學係結合經濟學和人口學探討人口與經濟活動相互關係及其運動規律性的學門，研究主題包括人口與生產、交換、分配、消費及其變化規律，人口與總體經濟活動的平衡，人口與資源、人口與生態平衡、人口投資與經濟投資、兒童成本收益分析等。

㈢教育經濟學 (education economics)

教育經濟學係研究教育和經濟發展關係的學門。在經濟發展過程中，教育對累積人力資本、提升生產技術、促進經濟發展所發揮的經濟效果愈趨明顯，並於 1960 年代發展成為獨立學門。1979 年諾貝爾經濟學獎得主 S. Shultz、1992 年得主 G. Becker 認為，人力資本與實體資本均是資本的型態，前者體現在人的身上，未來將可產生預期收益，教育則是累積人力資本的最重要途徑，將對經濟成長發揮持續性效果。

教育經濟學探討的主題包括評估教育在經濟成長中的作用、個人的教育投資和收益率、教育在所得分配與重分配間存在的關係、教育與勞動市場變動的關係、以及如何預測未來勞動供需、效率分配和運用教育經費以提高人力投資的經濟效果等。

㈣勞動需求與供給函數

勞工提供勞務獲取的單位報酬稱為貨幣工資率。若將貨幣工資率以物價平減，可得以實物表示的實質工資率。廠商追求利潤最大，對勞動的需求將取決於勞動邊際生產力，後者係隨勞動雇用量增加而遞減。當勞動邊際生產力與實質工資率相等時，將決定勞動雇用量，勞動需求可表為實質工資率的遞減函數。

在日常經濟活動中，人們追求享受休閒生活和消費商品衍生的效用最大，

為求購買商品將須工作賺取所得，亦即要放棄休閒時間。實質工資率上漲將會引起替代效果與所得效果，前者係指單位休閒價格趨於昂貴，人們將減少休閒轉而增加商品消費，並以更多的工作取代休閒。後者係指休閒若是正常財，人們更加富裕將增加休閒需求，勞動供給趨於減少。綜合兩種效果，當休閒屬於正常財時，實質工資率變動對個別勞動供給的影響不確定。尤其是休閒屬於高級商品時，所得效果（休閒遞增、勞動遞減）將大於替代效果（勞動增加），先進國家經常可見勞動供給曲線呈現後彎 (backward bending) 現象。只有當休閒屬於劣等財時，個別勞動供給曲線才確定為正斜率。

人們為了生存必須工作，提供勞務除考慮實質工資外，工作條件與環境亦是重要考慮因素。是以人們組織工會 (labor union) 以集體力量爭取利益，透過與廠商協議訂立勞動契約 (labor contract)，規範勞資雙方活動。爭取提高貨幣工資的策略包括：要求廠商增加聘雇較多勞工、限制新勞工加入減少勞動供給，非工會成員難以受到雇主聘用、直接設定貨幣工資率下限。

勞動供需相等將決定均衡貨幣工資率，而發生工資差異性的原因包括勞動質量不同、職業不同導致補償性工資差別與市場不完全競爭。勞基法明文規定基本工資不得低於最低工資率，後者低於均衡水準時，將失去提高就業者工資率的意義；反之，高於均衡水準時，廠商寧可減少雇用勞動，造成現行工資水準下找不到工作的現象，此即稱為失業。

㈤勞動參與率 (labor force participation rate)

勞動力 (LF) 係指凡是有能力參與生產活動，且積極尋找工作者，通常與人口 (POP) 呈同向變動：

$$LF = \beta \times POP$$

決定勞動參與率 β 的因素包羅萬象，呈現持續性與循環性變動，但與景氣循

環有關的臆說卻有兩種迥異說法:

1.附加勞動臆說 (the additional labor hypothesis)

家庭中的勞工包括初級勞動 (primary labor) 與次級勞動 (secondary labor)，在景氣邁向繁榮之際，次級勞動或附加勞動因全家生活改善，將放棄尋覓工作退出勞動力。反之，當景氣陷入蕭條時，家庭需要次級勞動出面尋找工作以補足初級勞動縮減的所得，勞動力反而擴大。

失業率 (unemployment rate) 的定義係指失業人口占勞動力的比率:

$$失業率 = \left[\frac{失業人口}{勞動力} \right] \times 100\% = \left[1 - \frac{就業人口}{勞動力} \right] \times 100\%$$

上述理論揭露政府部門往往高估失業率，擴大達成充分就業所需之就業量。在景氣擴張期間，一旦初級勞動謀職成功（就業人口增加），次級勞動自然退場（勞動力下降），失業率將會下降。

2.沮喪勞動臆說 (the discouraged labor hypothesis)

次級勞動唯有在確信具有較高機會尋得合適工作時，才會加入勞動力。在景氣蕭條之際，次級勞動尋獲合適工作機率相對減少，在長期找不到工作下將退出勞動力。

該項理論揭露政府部門經常低估失業率，減少回復充分就業所需之就業量。在景氣擴張期間，就業人口與勞動力同向變動，前者增幅大於後者，每一新進人員勢將降低就業人數。

一般而言，在溫和蕭條期間，沮喪勞動效果 (discouraged labor effect) 明顯超越附加勞動效果 (additional labor effect)，就業人口與勞動力在景氣衰退期間將逐步下降，一旦景氣轉趨復甦，兩者則隨之轉而攀升。

㈥失業類型

實際失業率包括自然失業率 (natural unemployment rate) 與循環性失業率 (cyclical unemployment rate)，當實際失業率低於自然失業率時，循環性失業率可能為負值。失業類型主要分為兩部分：

1.自然失業

(1)摩擦性失業 (frictional unemployment)：社會上同時存在「事求人與人求事」，職位空缺 (vacancies) 可能足以配合求職者需求，求職者資格也能符合廠商要求。然而勞動市場訊息不全或存在交易成本等摩擦性 (friction)，廠商總想雇用最合適的人，很少雇用第一個應徵者；同樣地，求職者也不大願意立刻接受第一個應徵到手的職位，而是在機會中選擇最合適的工作，所有求才與求職的行動都要花費時間，消除該類型失業的對策需從提供求才求職的資訊與服務著手。

(2)結構性失業 (structural unemployment)：產業結構轉變（技術差異）或區域發展導致某些類型工作消失，人們對新創工作機會無法勝任，從而產生結構性失業現象，技術性失業 (technological unemployment) 屬於其中的一環。結構性失業尚包括商品喪失市場造成的失業，範圍較廣；技術性失業係商品市場依然存在，只是改變生產方式迫使不諳新技術者失業，或因採取自動化生產，僅須雇用較少勞工就能達成生產目標，從而大量裁員導致失業。

2.循環性失業

在景氣蕭條時，廠商營運不佳而削減雇用勞工，造成循環性失業增加；當景氣復甦時，廠商增加雇用勞工造成循環性失業減少。此種失業係有效需求不足造成勞動需求下降，勞工找到工作機會渺茫，實際失業期間較預期為長，又稱為需求不足失業或非意願性失業 (involuntary unemployment)。季節性失業 (seasonal unemployment) 係指有些商品產銷受不同季節或消費者購買習性影響，以致有旺季和淡季之分，勞工在淡季即可能出現失業現象。

㈦ Okun 法則

A. Okun 提出衡量體系經濟成長與失業率間的比例關係，此即 Okun 法則。假設實際產出 (y) 和自然產出 (y^N) 的差距愈大時，實際失業率 (U) 會愈高：

$$U = \bar{U} - h\left[100(\frac{y}{y^N}) - 100 \right]$$

上式的涵義為：體系內的實際失業率將等於平均失業率 ($\bar{U}$) 減去技術係數 h 乘上產出比例 $100(y/y^N)$ 與 100 的 GNP 缺口 (GNP gap)。

㈧隱藏式勞動契約 (implicit labor contract)

新興 Keynesian 學派 (New Keynesian school) 將勞動市場訂定勞動契約行為引進總體模型，取代傳統 Keynesian 學派直接設定物價或工資僵化 (wage rigidity) 的方式，認為物價與工資調整的緩慢性 (sluggishness) 係造成景氣循環的主因，而工資調整的緩慢性與勞資雙方的隱藏式勞動契約行為存在密切關係，此種契約型態包括有形的書面契約及無形的心理契約。S. Fisher (1977) 提出長期契約 (long-term contracts) 理論、J. B. Taylor (1979、1980) 提出互疊契約 (staggered or overlapping contracts) 理論討論景氣循環問題，前者強調勞資雙方以實質工資為契約談判標的，後者則是以相對工資為談判焦點。

長期契約認為勞資雙方為避免經常協商名目工資的龐大成本，在理性預期 (rational expectation) 下，存在維持契約有效期間實質工資不變的共識。互疊契約係指勞資雙方訂定契約協商時間有前後重合現象，名目工資將視契約簽訂時點的不同物價指數而計算。隱藏式契約則屬看不見的手，勞工必須承擔實質工資波動風險，在彼此默契下，工資將隨長期經濟趨勢變化調整，實質工資在短期經濟衝擊下並不改變。

36 金融機構
financial institution

㈠銀行產出 (banking output)

基本上，銀行產出分為兩類：

⑴技術性產品 (technical output)：原料與因素經由生產過程而轉變為其他商品，銀行提供活存客戶的支付勞務、存放款間的資金中介勞務與信託勞務均屬於該類型。

⑵經濟性產品 (economic output)：商品或勞務在生產過程中創造的附加價值，銀行授信活動係以存款為基礎而創造更高價值，故屬於經濟性產品。

至於衡量銀行產出的方法包括：

1.單一產品方法

銀行生產各類型單一產品，衡量方式包括：

⑴個體或信用觀點：銀行在授信過程中重新分配金融資源，提升資金運用效率，故採取銀行信用 (bank credit) 衡量銀行產出，此係屬於經濟性產品。不過資產負債表上的銀行信用屬於存量概念，銀行產出係流量概念，兩者在理論上並不一致。另外，銀行信用包括各類型放款 (loan) 與投資，兩者型態迥異肇致發揮之融資效果不同，是以經濟學改採銀行每年的新授信作為衡量方式，同時選擇相異權數進行加權。

⑵中介方法 (intermediation approach)：銀行營運以提供金融勞務為主，此係屬於技術性產品。

(3)總體或貨幣學派觀點：貨幣學派強調銀行與非銀行金融中介 (non-banking financial intermediary) 的差異，前者發行支票（活存）充當交易媒介，提供的貨幣性 (moneyness) 或流動性勞務屬於技術性產品。不過活存屬於存量概念，不符合銀行產出的流量概念，故改採固定期間的平均活期存款餘額乘上平均流通速度 (velocity) 而轉換成流量概念，此即銀行在固定期間提供的流動性數量。

2.產品加權指數

銀行產出包括銀行信用的貸放產出 (lending output)，以及金融勞務的非貸放產出 (non-lending output)。在完全競爭市場，消費者依據獲取效用支付價格，故可用銀行勞務的社會價值（銀行收入毛額）衡量銀行產品價值。

3.生產方法 (production approach)

銀行使用資本和行員開辦存款及放款帳戶，並以每一期間內的帳戶數或交易次數衡量產品，銀行產出包括活期存款、定期存款和儲蓄存款、不動產貸款、企業貸款及分期付款的帳戶數等五類。

4.國民所得方法

銀行創造的附加價值可用銀行利潤衡量。不過當銀行大量處理不良放款 (non-performance loan) 導致巨額虧損時，是否意味著銀行存在是屬於負面效果？該方法將銀行存款視為金融投入，將利息支付作為負面因素予以扣除，忽略其無償提供流動性勞務（支存）或保值（儲蓄存款）勞務給經濟成員使用，該部分須設算價值加入銀行利潤才是銀行對體系當期的貢獻。

(二)金融機構類型

金融機構營運係以提供資產轉換 (asset transformation) 與經紀勞務為主。金融機構發行金融負債向盈餘單位吸收資金，經過徵信調查後，再以不同型態授信給赤字單位，資金性質（流動性、風險、期限）經過授信過程將完全

改觀。在從事資產轉換過程中，金融機構再依是否創造貨幣（發行支票）區分為存款貨幣機構與非銀行金融中介，前者以銀行為核心，後者包括信託投資、保險、票券、證券金融及租賃等公司。反觀以信託（基金）、資產管理、投資或財務顧問、外匯經紀及期貨、電子交易資訊傳遞等公司為主的金融機構，係以提供經紀勞務為主，並無創造信用功能。

金融業屬於處理金融資訊產業，金融當局為促進金融電子化、提升金融交易效率，成立與電子資金移轉制度有關的財金資訊公司與認證公司等。另外，金融當局成立資產管理公司 (asset management company, AMC)、金融資產服務公司 (financial asset service company, FASC)、重建基金或金融資產再生公司 (resolution trust cooperation, RTC) 等金融機構，協助金融業解決逾放問題、健全金融業營運與紓解營運困境等問題。

㈢銀行業 (banking industry)

銀行業係由中央銀行 (central bank)（通貨發行機構）、本國商銀、專業銀行與外國商銀等創造存款貨幣機構，以及基層金融中屬於存款貨幣機構的信用合作社、農會與漁會信用部等所構成。在基層金融中，儲蓄互助社屬於內政部管轄，不具創造存款貨幣能力；郵匯局受交通部管轄，屬於無法創造存款貨幣與直接放款的準銀行。銀行業依不同標準劃分如下：

⑴銀行組織型態：包括單一銀行 (unit banking)、分支銀行 (branch banking)、連鎖銀行 (chain banking) 與銀行控股公司 (bank holding company) 或集團銀行制等類型。

⑵銀行營運策略：包括從事企業金融與聯合放款 (syndicated loan) 為主的批發銀行 (wholesale banking)、從事消費金融零售業務的零售銀行 (retail banking)、兼顧批發與零售型態的銀行。

⑶銀行的營業執照：包括全國性商銀、區域性商銀與中小企銀。

㈣信託業 (trust industry)

信託 (trust) 係指經濟成員基於本人或第三人利益，委託他人依特定目的代為管理、運用或處分自己財產之行為。信託基金係指金融機構以受託人地位收受信託款項，依照信託契約約定條件為信託人指定之受益人利益而經營的資金，類型有三：

⑴共同信託基金：以發行受益憑證方式募集具有共同信託性質，並由公司代為從事確定用途的資金，如：放款證券化與土地證券化。

⑵證券投資信託基金：基於投資證券為目的而發行的基金，如：股票型與債券型基金。

⑶指定用途信託基金：人們基於特定目的委託公司代為管理及運用的資金，此即屬於純粹的信託業務。

㈤保險業 (insurance industry)

在訊息不全下，當事人約定一方交付保險費於他方，他方因未預期或無法抗力事故所致之損害，負擔賠償財物之行為即是保險。要保人（或被保險人）可直接向保險公司購買保險單，或透過保險經紀人間接向保險公司投保。保險公司接受投保後，將評估保單風險程度與本身承擔風險能力，採取自行承保、與其他保險公司共保、或轉由再保險 (reinsurance) 公司承保等三種營運策略。前兩者係由保險公司承擔風險，獲取較高的承保利潤。後者則是將其全部或部分保單轉由再保險公司承保，本身收取部分佣金或不承擔任何風險。

保險商品基本上分為三種類型：

⑴存款保險 (deposit insurance)：中央存款保險公司基於保障金融機構存款人利益、促進金融業務健全發展與維護金融市場秩序，提供存款保險業務。

(2)人壽保險 (life insurance)：以人身為對象的保險，提供兼具保障與儲蓄功能的保險商品，如：儲蓄性質較高的生死合險、年金險、意外保險、定期保險、健康醫療保險等。

(3)產物保險 (commodity insurance)：經濟成員為規避環境風險，可透過產物保險進行風險管理活動，該類商品包括火災保險、海上保險、陸空保險、責任保險及其他財產保險等類型。

㈥租賃業 (leasing industry)

租賃基於「以融物代替融資」的概念，強調機器設備的價值在於使用權而非所有權，在固定期間內將資產使用權轉讓他人，收取租金的借貸活動，此係屬於資產負債表外的交易活動 (off balance sheet activity)。租賃商品類型包括融資性或資本租賃 (finance or capital lease)、營業性租賃 (operating lease)或服務性租賃 (service lease)、售後租回 (sales and leaseback)、分期付款業務 (installment sales) 與應收帳款受讓業務 (factoring)。

㈦資產管理業 (asset management industry)

隨著銀行逾期放款餘額持續增加，逾放比率節節升高，資產品質惡化嚴重影響健全營運。為解決潛在金融危機，金融當局處理銀行不良資產的策略如下：(1)設立中央處理機構，集中處理不良資產、(2)在特定銀行設立專責單位處理不良資產、(3)設立金融資產管理公司、(4)不經重整逕行拍賣不良資產。資產管理公司 (AMC) 與金融資產服務公司 (FASC) 係處理銀行不良資產的兩類公司，前者收購處理銀行不良債權，促使銀行加速打銷呆帳、降低逾放比率，健全資產結構。後者接受資產管理公司與銀行委託處理、重組及拍賣不良債權，建立法院以外的拍賣機制，提升銀行拍賣抵押權速度，減少法院拍賣案件之積壓。另外，金融當局設立金融重建基金 (RTC)，處理對象包括

調整後淨值為負數、無能力支付債務、財務狀況顯著惡化經金融當局認為無法繼續經營之問題銀行。

㈧資本適足性 (capital adequacy)

瑞士 Basle 委員會在 1988 年基於安全性、適法性、成長性及報酬率考慮而提出銀行資本適足性的構想，要求銀行必須維持適當資本數額，發揮銀行資本扮演的功能。爾後，凡是涉及資金融通的金融業包括銀行業、保險業、證券業、票券業、租賃業等，均開始實施資本適足性要求：

⑴衡量銀行資本適足性的方式如下：

$$\frac{自有資本}{風險性資產} = \frac{核心資本+輔助資本}{風險性資產} \geq 8\%$$

至於風險性資產的衡量方式如下：

$$風險性資產 = （帳內 + 帳外）風險性資產$$
$$= （帳內資產 + 帳外資產 \times 轉換係數）\times 風險係數$$

⑵金融當局對證券業採取風險管理措施，包括最低資本額、負債比率、違約損失準備、買賣損失準備、受託或自行買賣證券上限、包銷證券額度上限、資金用途上限等。衡量證券業資本適足性的方式如下：

$$\frac{自有資本}{風險性資產} = \frac{核心資本+輔助資本}{風險性資產} \geq 150\%$$

⑶票券金融業係撮合短期直接金融的核心，資本適足性衡量方式如下：

$$\frac{合格自有資本淨額}{風險性資產} = \frac{（第一類+第二類+第三類）資本}{風險性資產} \geq 8\%$$

⑷金融控股公司之子公司必須符合各業別資本適足性之相關規範，而本身的資本適足性衡量方式如下：

$$\frac{金融控股公司合格資本淨額}{集團法定資本需求} > 100\%$$

⑸基於金融監理要求，金融當局認許保險業之資本總額包括經認許之業主權益與依規定調整項目，風險資本係指依保險業實際營運所需承擔風險程度計算之資本，資本適足性要求為：

$$\frac{保險公司認許資本}{風險資本需求} > 200\%$$

37

可貸資金市場
loanable fund market

(一)銀行信用

間接金融業（銀行業與壽險業）吸收資金，經過徵信調查後，以放款與投資型態進行授信，換取未來清償本息請求權的憑證，即稱為銀行信用。銀行信用相當於可貸資金供給，分成三種類型：

1.一般金融

金融機構授信活動基本上取決於經濟與金融因素，信用類型包括：

(1)短期信用：授信期限在一年以內者，如：商業放款 (commercial loan)，商業銀行、票券與證券金融公司屬於短期信用提供者。

(2)中期信用：授信期限超過一年而在七年以內者，如：房地產抵押放款，商業銀行儲蓄部與儲蓄銀行屬於中期信用提供者。

(3)長期信用：授信期限超過七年以上者，如：資本放款 (capital loan)，儲蓄銀行、專業銀行與壽險公司屬於長期信用提供者。

(4)專業信用：針對特殊部門或產業授信，包括工業信用、農業信用、輸出入信用、中小企業信用、不動產信用與地方性信用等，各類型專業銀行屬於專業信用（中長期信用）提供者。

2.專業金融

金融機構為融通特別的信用需求及給予特殊金融服務，遂成立專業機構提供特定型態的信用，包括票券、證券、消費、企業、租賃與不動產等專業

金融，屬於一般金融的一環。

3.政策金融

基於政策目的與矯正金融市場失靈 (financial market failure)，政府部門將本身掌控資金，透過銀行對特定部門或產業授信。政策金融的資金來源有二：

(1)以郵匯局吸收的資金為主，勞工保險基金、退休撫恤基金與勞工退休基金為輔所成立之中長期資金運用制度；

(2)政府部門編列法定預算：行政院開發基金、中美社會發展基金與交通建設基金等營業性循環基金、金融重建基金以及信用保證基金（中小企業信用保證基金、農業信用保證基金、華僑貸款信用保證基金等）均屬之。

(二)銀行放款類型

銀行授信以放款（間接金融）與證券投資（直接金融）兩種型態為主，前者的收益係為營運收入的核心。一般而言，銀行放款資產可分類如下：

1.放款型態

銀行放款型態劃分方式有二：(1)放款、貼現與透支：放款係指銀行依面值買入放款契約，並於固定期間收取本息。貼現是銀行依面值預扣利息買入票據，到期收回票據面值。透支是銀行與顧客簽訂契約，允許客戶就其存款帳戶在額度內超額使用，歸還日期雖由客戶自定，但仍有最終期限，通常屬於消費金融的一環。(2)特定交易的放款與放款承諾 (loan commitment)：前者係指銀行針對廠商從事實質交易活動產生的票據，授予短期周轉性商業放款。後者係銀行針對廠商的長期資本性資金需求，授予資本放款額度，廠商在信用額度內隨時使用，如：票券發行融資 (notes issuance facilities, NIF) 及循環性信用融資。

2.放款期限

包括訂有固定清償期限的定期放款 (time loan)、還款期限由借款者自行

決定，但每一固定期限仍需進行換約的活期放款 (demand loan)、以及放款期限由銀行決定的通知放款 (call loan)。

3.放款條件

銀行信用屬於使用權（租賃）交易而非所有權買賣，價格與非價格條件在交易過程中具有同等重要性，後者有時更重於前者。銀行信用的非價格條件包括抵押品、保證人、放款期限與還款條件，而依抵押品與保證人有無可分為信用放款與抵押放款 (mortgage loan) 兩種。

4.放款用途

包括商業放款、資本放款、消費放款、證券放款、不動產放款與國外放款等類型。

5.放款對象

銀行授信對象包括自然人（消費者）與法人（廠商與政府部門），是以放款分成兩種：(a)企業金融：廠商申貸的放款屬於批發業務性質，如：聯合放款、商業放款、資本放款與國外放款均屬企業金融的一環，而證券放款與不動產放款則需視借款者身分而定。(b)消費金融：消費者申貸的放款屬於零售業務性質，如：信用卡融資、消費性貸款等。

(三)銀行放款理論

1.商業放款理論 (commercial loan theory) 或實質票據學說 (real bills doctrine)

最早出現的銀行放款理論，銀行營運必須維持資產與負債期限結構類似，方能避免流動性匱乏問題。商業銀行的負債結構係以吸收活期及短期存款為核心，從事授信活動應以具有實質商業交易行為之短期自償性票券（包括交易性商業本票與銀行承兌匯票）作擔保之商業放款（期限在一年以內）為主。銀行從事自償性放款是基於維護資產安全性，融通廠商從事商品及勞務生產

所需資金，此類放款具有自償性且符合實質票據學說要求。

2. 資產可移轉理論 (asset shiftability theory)

Suviranta (1963) 認為只要赤字單位發行的借款憑證具有高度流動性，銀行可將部分資金投資該類資產，理由是：當銀行面臨緊急資金需求時，可透過公開市場出售資產，迅速取得所需的流動性。爾後，資產證券化活動自 1980 年代興起，銀行將各類放款包裝而發行放款憑證出售，紓緩資產與負債期限不一致的流動性匱乏問題。隨著銀行出售放款資產後，顯然已非傳統的間接金融角色，而是轉型扮演撮合資金供需的金融中介角色，提供直接金融服務。

3. 預期所得理論 (anticipated income theory)

銀行授信應評估借款者未來清償能力及還款來源，只要在放款期間擁有穩定的預期所得來源可供清償，銀行授信將具有保障。尤其是計劃性融資 (project finance) 或契約融資係指借款者僅需提供投資計劃的資產及收益作為抵押品即可，償債來源為投資計劃未來產生的收益，銀行對借款者不具債務追索權 (non-recourse)。是以銀行必須借重會計師、律師或專家提供意見或評估，著名的英法海底隧道即是由高達 200 多家銀行組成的銀行團提供專案融資，而國內民營電廠、公共建設 BOT（興建、營運、移轉）等投資案需要大額融資，經建會在 1997 年 12 月通過長生電力公司投資海湖發電廠投資計畫，可視為由交通銀行負責的融資首例。

㈣利率類型

利率是使用資金的成本或運用資金的報酬。利息產生原因眾說紛紜，常被提及的是時間偏好說 (theory of time preference)，亦即人們偏好目前擁有的資源，若將資源貸放他人使用，需俟一段期間方能收回，目前手中資金相較未來資金更具吸引力。明確地說，貨幣的時間價值產生利息，屬於忍慾 (abstinence) 的報酬，犧牲目前享受借貸他人忍受痛苦的代價；或是等待的報酬，

資金貸放出去須等待一段期間方能收回，等待期間的報酬就是利息。實務上，金融市場經常使用的利率定義如下：

⑴息票利率：證券發行機構支付的既定利率，訂定票面利率考慮的因素包括發行者信用等級、發行時點的市場利率以及債券流通性。

⑵實際收益率：證券的每年收益除以市場價格 $r_B = \dfrac{C}{P_B}$，P_B 是債券價格，C 是證券的票面利息。

⑶到期收益率或殖利率 (terms to maturity yield rate)：人們買進債券持有至到期日的年投資報酬率，或使購買債券的價格（成本）等於未來各期現金流量（債息 R 及清償面額 F）貼現值總和的貼現率。

$$V = \sum_{i=1}^{n} \frac{R_i}{(1+r)^i} + \frac{F}{(1+r)^n}$$

$$r = \frac{R + (F-V)/n}{V}$$

⑷投資報酬率：人們持有證券期間的收益包括預期利息收益 R 與套利出售獲取資本利得兩部分：（V_{t+1} 是出售價格，V_t 是買進價格）

$$r_s = \frac{R + V_{t+1} - V_t}{V_t}$$

⑸保單利率：壽險公司發行儲蓄險保單預定支付的利率。

㈤可貸資金理論 (loanable fund theory)

新古典學派的可貸資金理論認為實質利率決定於跨期消費決策過程，係由人們的時間偏好（儲蓄）與資本的邊際生產力（投資）共同決定，兩者俱屬流量概念，決定的利率屬於流量理論。廠商發行公司債募集資金，債券交

易屬於資金借貸的一環，是以債券市場可視為可貸資金市場。債券需求相當於放款資金供給，債券供給等於是資金需求。影響債券需求（可貸資金供給）因素包括財富、相對其他資產預期報酬率、預期通貨膨脹率、債券風險與債券流動性。影響債券供給（可貸資金需求）因素則是包括投資機會、政府預算赤字與預期通貨膨脹率等。

㈥流動性偏好理論 (liquidity preference theory)

J. M. Keynes (1936) 提出流動性偏好理論，認為「利率係人們在特定期間內放棄流動性而能獲取的報酬」，故由流動性偏好（資產需求）與貨幣供給（資產供給）共同決定金融市場利率，此即屬於利率決定的存量理論。人們持有貨幣是希望持有流動性，是以流動性偏好函數可表為利率與所得或預擬支出的函數：

$$L = L(i, y)$$
$$或 L = L(i, C^P + I^P)$$

C^P、I^P 分別是預擬消費支出與投資支出。貨幣供給係為利率的函數：

$$M^S = M(i)$$

當貨幣供給等於流動性偏好時，將可決定均衡貨幣利率 (money rate) 水準。流動性偏好理論指出，當央行擴大貨幣供給時，金融市場的短期利率將會下跌。從實際現象來看，央行持續增加貨幣供給或提高貨幣成長率時，金融市場的長期利率將呈現看漲趨勢，此種長短期不一致的現象稱為 Gibson 矛盾。為解開該項矛盾，M. Friedman 認為貨幣供給增加促使利率下降，此係屬於流動性效果 (liquidity effect)；利率下降刺激消費與投資支出增加，促進所得成長而擴大貨幣需求，從而推動利率上漲，此係屬於所得效果；一旦央行

持續增加貨幣供給而釀成通貨膨脹，引起人們改變通貨膨脹預期，促成貨幣需求擴張而再次推動利率上漲，此即屬於預期膨脹效果 (inflationary expectation effect)。

　　值得注意者：當市場利率降低至某一水準時，人們為規避持有債券遭致的資本損失，將無限制持有貨幣，貨幣需求具有完全利率彈性，D. H. Robertson 稱此現象為流動性陷阱 (liquidity trap)。

㈦貨幣利率與實質利率間的關係

　　實質利率係指以實物衡量的報酬率，貨幣利率或名目利率係指在金融市場交易的利率，或廠商募集資金支付的成本，組成因素包括：

$$i = r + \pi^e + d + l + m + t$$

r 是實質利率，π^e 是預期通貨膨脹溢酬，d 是違約風險溢酬，l 是流動性溢酬，m 是到期風險溢酬，t 是租稅或交易成本。各種因素影響如下：

1.實質利率 (real rate, r)

　　實質利率係指廠商購買資本財生產所獲的報酬率，相當於資本的邊際生產力。金融業常用銀行一年期定存利率扣除消費者物價指數 (consumer's price index, CPI) 年增率而得實質利率，不過前者屬於未來報酬率的預期，後者卻反映過去物價水準變化，兩者相減無法反映廠商對未來實質報酬率的預期。

2.預期通貨膨脹溢酬 (expected inflation premium, π^e)

　　在通貨膨脹過程中，廠商借款一元到期必須清償名目本息 $(1+i)$，均衡時必然等於到期時的實質本息 $(1+r)$，與預期通貨膨脹帶來增值利益 $(1+\pi^e)$ 的乘積：

$$(1 + i) = (1 + r)(1 + \pi^e)$$

$$= 1 + r + r\pi^e + \pi^e$$

當 $r\pi^e$ 值趨於微小時，上式將演變成 Fisher 方程式 (Fisher equation)，亦即貨幣利率等於實質利率加上預期通貨膨脹率：

$$i = r + \pi^e$$

在通貨膨脹過程中，貨幣利率、實質利率與預期通貨膨脹率三者關係的變化為：

⑴ Fisher 效果：古典學派認為實質利率基本上維持不變，貨幣利率充分反映預期通貨膨脹率變化而呈現等幅度上升。

⑵ Harrod 效果：Keynesian 學派認為金融市場利率呈現僵化現象，實質利率充分反映預期通貨膨脹率變化而呈現等幅度下降。

⑶ Mundell-Tobin 效果：資金供給者將承擔的通貨膨脹稅，透過金融市場交易部分轉嫁給資金需求者，實質利率與貨幣利率將各自部分反映預期通貨膨脹率變化，亦即貨幣利率上升、實質利率下降。

3. 違約風險溢酬 (default premium, d)

當債券發行機構無法如期清償本息時，人們面臨違約風險而要求溢酬補償。

4. 流動性溢酬 (liquidity premium, l)

證券若是缺乏交易活絡的次級市場，則因流動性欠佳，投資人將要求較高的流動性溢酬補償。

5. 到期風險溢酬 (maturity risk premium, m)

債券期限愈長將會讓持有者面臨利率波動或其他因素變化釀成的資本損失，針對「夜長夢多」所給予的補償就是到期風險溢酬。

6. 租稅或交易成本 (t)

人們從事金融操作須負擔交易稅與交易成本，當稅率已知時，稅後利率是 $i_t = (1-t)i$，稅後實質利率 r_t 將是稅後名目利率減去預期通貨膨脹率，$r_t = (1-t)i - \pi^e = (1-t)r - t\pi^e$，亦即稅後實質報酬率將隨通貨膨脹率遞減。

㈧利率期限結構理論 (terms structure of interest theory)

金融市場存在多元化利率的原因有二：⑴不同金融資產基於風險與流動性差異，報酬率自然不同；⑵同類金融資產的期限不同，報酬率亦可能不同。利率期限結構係指證券到期收益率與期限間的關係，可用收益或殖利率 (yield curve) 曲線表示，包括短期利率高於長期利率的下降型態、長短期利率處於波動中的水平型態、短期利率低於長期利率的上升型態、短期利率呈現先漲後跌的駝峰型態等四種形狀。

1.無偏性預期理論 (unbiased expectation theory)

該理論是利率期限結構理論的核心，主張人們對期限並無偏好，不同天期的債券是完全替代品，透過在長期與短期資金市場套利的結果，將可得到下列均衡條件：

$$(1 + tR_n)^n = (1 + tR_1)(1 + t_1 r_1^e) \cdots (1 + t_{n-1} r_1^e)$$

tR_n 是 t 期的 n 年的債券報酬率，tR_1 是 t 期的 1 年的債券報酬率，$t_i r_1^e$ 是 t_i 期的 1 年預期債券報酬率。上述關係可簡化為長期利率是目前短期利率與未來預期短期利率的平均值：

$$tR_n = \frac{tR_1 + \sum_{n=1}^{n-1} {}_{t+n} r_1^e}{n}$$

無偏性預期理論認為收益曲線形狀取決於人們對未來短期利率的無偏性預期，而市場用來預測利率的指標包括通貨膨脹率與貨幣成長率等變數。假

設人們預期證券未來每年短期利率一樣，長期利率將等於短期利率，收益曲線將是水平線。若是預期未來短期利率趨於上升，長期利率將大於短期利率，收益曲線呈現正斜率。當人們預期未來短期利率趨於下降，目前的長期利率將小於短期利率，收益曲線則是呈現負斜率。

2.流動性貼水理論 (liquidity premium theory)

預期理論並未考慮人們的風險偏好，僅以報酬率作為投資決策（隱含是風險中立者）參考，忽視趨避風險態度形成的影響。流動性貼水理論結合趨避風險因素與對未來利率的預期，用於完整解釋收益曲線的型態。

面對不同期限的債券，人們偏好短期債券，若要其改為投資長期債券，勢必要給予相當的流動性貼水補償。換言之，長期債券變現性通常較短期債券差，在其他情況不變下，人們投資長期債券，通常要求流動性貼水，期限愈長要求的流動性貼水愈高。長期債券殖利率將包含流動性貼水，不再僅是短期債券殖利率預期值。是以影響收益曲線形狀的因素包括短期利率預期與流動性貼水，正斜率收益曲線未必表示預期利率將走高，甚至預期利率反而會走低，只因流動性貼水很大，促使長期殖利率仍高於短期殖利率。

3.偏好棲息理論 (preferred habitat theory)

該理論認為長期利率為預期短期利率再加上風險貼水，不過風險貼水未必隨著到期日延長而遞增，理由是：人們基於某種原因而設定投資期間，傾向選擇與其投資期間相同的債券，避免承擔再投資風險 (reinvestment risk) 或利率風險 (interest rate risk)。另外，資金需求者同樣也有資金需求期間偏好，除非有滿意的貼水補償，資金供需雙方皆不會輕易改變偏好。流動性貼水理論與偏好棲息理論又稱偏態預期理論 (biased expectation theory)，理由是：兩種理論不僅包含對未來利率的預期，還考慮流動性風險貼水與改變偏好的風險補償，致使收益曲線並無確定形狀。

4.市場區隔理論 (market segmentation theory)

　　屬於偏好棲息理論的極端型態。從資金需求角度來看，短期資金需求者發行短期證券，長期資金需求者發行長期證券，資金需求性質迥異造成兩種市場彼此分隔獨立。從資金供給角度來看，金融機構的資金來源性質不同，運用資金需考慮避險壓力，故僅能選擇特定期限，導致短期利率由短期資金市場決定，長期利率由長期資金市場決定。如果市場缺乏短期資金而長期資金充裕，短期利率將高於長期利率。反之，長期資金缺乏而短期資金充裕，長期利率將高於短期利率。

38

創新活動
innovation activity

㈠創新活動與利潤

　　J. A. Schumpeter (1942) 率先提出創新臆說 (innovation theory)，定義創新概念屬於經濟範疇，不僅是科學技術的發明創造，更是將新技術引入廠商形成新的生產力。具體來說，創新活動包括引入新產品或提供產品的新品質（產品創新）、採用新技術（工藝創新）、開闢新市場（市場創新）、獲得新供給來源（資源開發利用創新）與實行新組織型態（體制和管理創新）等五個層面。在此，技術變動過程分為發明 (invention)、創新與擴散 (diffusion) 三個階段，前兩者偏重在技術層面，主要是工程部門與研發部門的活動，不過發明純粹屬於實驗室內的新穎實驗成果或突破，未必能直接付諸商品化或市場化，創新則係就現存觀念、商品或技術進行修正或改良，明顯代表某些商業行為與執行動作。至於擴散則是新技術確實用於生產活動的速度，層面包括產業間擴散 (inter-industry diffusion)、廠商間擴散 (inter-firm diffusion)、廠商內擴散 (intra-firm diffusion)，而國際間的技術引進也是技術擴散的一種。

　　創新活動起源有二：⑴自發性創新 (autonomous innovation) 係由非經濟因素引發的創新活動；⑵誘發性創新 (induced innovation) 則由經濟因素引發的創新活動，可再區分成市場因素與管制因素引發的創新活動，前者係因市場供需變化而提供刺激創新活動的誘因，後者則係金融機構為突破管制而從事創新活動。

技術創新 (technological innovation) 是學習、引進、開發和應用新技術並發揮經濟效益的擴散過程，係圍繞某種商品或工藝創新開展之研發活動，包括漸進式與持續創新、根本性的突破創新、技術系統變革、以及技術與經濟模式改變等四種類型。技術創新強調生產技術和生產方式在經濟發展中的重要性，廠商是生產活動與經濟發展的核心，係技術創新得以發生與實現的主體。另外，廠商追求成長、維持市場競爭力，必須依靠包括技術創新、制度創新、政策創新、組織創新、市場創新等持續不斷的創新活動。另外，技術創新與技術創新系統屬於不同概念，後者屬於廣泛的概念，涉及技術創新活動的內部環境、外部環境、以及技術創新的源泉和擴散。從技術創新系統角度來研究技術創新，將涉及從新觀念的提出，直到研究開發、試製、商品化、產業化與銷售的全部過程。

經濟學提及的利潤是指超過正常利潤的經濟利潤 (economic profit)，其異於會計學的商業利潤 (business profit) 在於：後者係指收益扣除顯現成本及費用後的剩餘值。經濟學強調機會成本概念，除計算顯現成本外，還包括看不見的隱含成本，如：廠商應付給自己而未付的成本就是隱含成本。隨著市場經濟發展，廠商經營權與所有權逐漸分離，專業經理人存在愈能體現企業精神的重要性。廠商進行創新和承擔風險的活動就是企業精神的應用，為此所獲的收入稱為正常利潤。

有關利潤性質的說法，各家學說是眾說紛紜。F. H. Knight 認為廠商營運將面臨各種不確定性，為降低不確定性的衝擊，可採取保險方式來移轉風險。

然而廠商營運無法預知風險何時出現，是以熬過風險所獲的報償就是利潤。
在完全競爭市場中，個別廠商長期僅能取得正常利潤，利潤出現乃是廠商對
訂定商品價格擁有影響力，甚至以獨占力量維持長期利潤。最後，K. Marx 認
為利潤是勞動的剩餘價值，資本家剝削勞工應得的報酬而形成利潤。基本上，
勞資雙方是對立的，勞工取得較多工資，資本家所獲利潤就少；勞工取得較
少工資，資本家分得利潤就多。在資本主義經濟，廠商控制產出價值的分配
權，利潤乃為廠商剝削勞工報酬的產物。

㈡金融創新

　　金融創新活動是金融機構基於內在和外在誘因，從事研究發展活動的體
現。從內在誘因來看，金融機構基於盈餘壓力而衍生獲利性創新、追求利潤
驅使產生規避管制性創新、營運高風險性誘發避險性創新。從外在誘因來看，
面對經濟環境與市場變化衝擊，金融業競爭日益激烈，從而誘發市場性創新。
是以金融創新將隱含原創性思想、重新整合與運用既有觀念與組合性創新等
三層涵義。

　　1970 年代的兩次石油危機造成各國的國際收支紛紛陷入順差或逆差失
衡，以美元為主的關鍵性貨幣 (key currency) 匯率波動劇烈，連帶發生國際流
動性不足現象，美國 Nixon 總統在 1971 年宣佈終止美元與黃金的兌換關係，
放任美元匯率隨外匯市場供需浮動，國際金融市場利率與匯率呈現大幅震盪，
金融資產價格變異性擴大，導致國際經濟活動風險遽增，從而衍生金融創新
需求。J. F. Sinkey (1992) 針對金融創新活動的供給面因素，提出金融創新模
型如下：

　　　　金融創新 = TRICK + 理性的私利

TRICK 係決定金融創新活動供給的五個因素，T 是技術進步、R 是管制、I 是

利率風險、C是顧客、K是資本適足性。金融機構在金融創新過程中扮演核心角色，而決定創新速度的因素主要來自技術進步與政府部門附加的管制。經濟學解釋影響創新供給的臆說類型包括交易成本臆說 (transaction cost hypothesis)、迴避管制或管制誘發臆說 (circumventive innovation or constraint-induced hypothesis) 與管制性辯證法臆說 (regulatory dialectic hypothesis)。

㈢金融創新與財務工程 (financial engineering)

財務工程利用經濟理論與數學工具研發攸關金融商品、交易技術與交易過程的變革，而金融創新活動係透過財務工程的研發基礎來落實。財務工程從 1980 年代開始迅速發展，發揮降低營運成本與風險的效果，為新金融商品、服務和市場提供成長前景，運用方向包括：⑴設計新金融產品；⑵開發新型金融交易方式，追求降低交易成本、提升運作效率和規避金融管制；⑶解決財務問題落實特定財務目標。

從狹義觀點來看，財務工程係指針對經濟成員需求，運用數學工具及電子網路，對資產進行組合或分解量身訂作金融商品。就廣義觀點而言，財務工程運用現有金融資產和金融交易方式，從事設計金融產品、金融商品訂價、交易策略設計、財務風險管理等金融技術開發問題。若將基本資產（如：股票、債券、票券、外匯）及衍生資產（如：遠期、期貨、交換、選擇權）比喻為建築房屋的基礎材料，則合成資產就是以基礎材料組建而成的大廈，不同結構組合將會形成造型不同的大廈。

財務工程針對公司財務、資本市場理論和實務差異衍生的問題，結合財務金融理論、資訊技術和工程方法，蒐集實際資料運用數學模型、數值計算和模擬類比分析等技術進行實證研究。同時，財務工程針對經濟成員從事融資和投資活動所需的金融工具與風險管理工具，量身設計新穎金融商品、開發和付諸交易，並對公司兼併、收購和重組等問題進行財務設計。

㈣金融創新類型

綜合 W. L. Silber (1983) 與 J. D. Finnerty (1988) 的說法，金融創新類型劃分為五種：

1.現金管理創新 (cash management innovation)

追求壓縮現金部位的創新活動，包含兩部分：⒜現金管理技術，包括現金集中服務、現金集中支付制 (cash disbursement system) 與投資管理服務。⒝現金管理創新商品，包括貨幣市場基金 (money market mutual fund, MMMF) 與現金管理帳戶 (cash management account, CMA) 兩種。

2.證券創新 (security innovation)

針對金融資產獲利性、流動性、安全性與期限等特質進行證券創新，設計具有正淨現值 (NPV) 的融資工具，提升赤字單位吸收資金的競爭力，從而達成下列目的：⒜重新分配風險或降低風險以降低資金成本。⒝協助發行機構或投資人獲取租稅利益 (tax advantage)。金融業從事證券創新類型包括債券創新、衍生性商品創新、特別股創新、可轉換負債創新與普通股創新。

3.金融處理技術創新 (financial process innovation)

銀行結合網路技術與經營管理，建立以底層業務為基礎的銀行管理資訊系統，透過資料庫即時抽取業務系統中的資料進行及時分析，提供經營階層相關資訊，協助擬定決策及控制營運風險。銀行運用金融電子化朝電子銀行或網路銀行發展，以科技創新促進管理創新和業務創新，從而實現經營管理資訊化、營運網路化、業務多元化和服務電子化。

4.財務管理創新 (financial management innovation)

經營階層追求廠商價值最大，除需評估投資計劃獲利性外，亦需調整資產負債表內容，改善資產流動性及財務結構，提升營運安全性或降低財務風險。針對廠商財務管理創新活動包括現金管理策略、提升資產運用效率、債

務消除、資產交換與負債交換、以債換股 (debt for equity) 或資產換股 (asset for equity)、資產證券化與降低融資成本等。

　　5.與資本市場相關的創新活動

　　透過證券安排重新設計公司資本結構，使其適合營運資產的報酬與風險特性，以滿足投資人偏好與降低潛在的代理成本，內容包括資產證券化、融資購併 (leverage buy out, LBO)，如：借殼上市、計畫性融資、公司重整 (corporate restructure) 等。

(五)資產證券化

　　赤字單位發行證券募集資金，屬於證券化活動或直接金融的一環，而證券化資產的特性包括：⑴將證券標準化以降低交易成本、⑵證券面額分割為較小單位，適合小投資人購買、⑶存在次級市場提升資產流動性。

　　廠商和金融機構將債權流動化（證券化資產），採取出售資產債權或以其作為擔保品發行證券（信託憑證），在金融市場募集資金，提升持有資產或債權之流動性。證券化活動類型包括企業金融證券化，如：股票（資本型證券化）、公司債（負債型證券化）、商業本票（負債型證券化）等現行證券化商品；不動產證券化 (real estate securitization) 包括不動產有限合夥與不動產投資信託；資產擔保證券化包括汽車放款、消費貸放款、信用卡應收帳款；抵押放款擔保證券包括住宅抵押放款、一般抵押放款。

39

不動產市場
estate market

(一)地　租

不動產或土地是自然秉賦，具有特質包括供給數量趨近於固定與缺乏價格彈性、位置固定且缺乏可分割性、具有非再生產性質。地租是廠商使用自然資源或土地勞務所支付的報酬，取決於土地的供給與需求。不過土地數量趨近於固定，土地需求決定於土地邊際生產力，是以影響地租的因素包括利用土地生產的商品價格與土地的邊際產量。商品價格上升是帶動地租上漲的主因，此即 D. Ricardo 強調穀價上漲係地租上升的原因，而非地租上漲帶動穀價上升。至於邊際產量增加則是推動地租上漲的另一原因，此即地租必然隨經濟發展而上漲的真正原因。

體系內大多數商品供給並非固定，短期供給彈性不大，造成需求者支付的報酬往往高於供給者的最低要求，超過部分無疑是供給量有限所引起，此即稱為經濟租 (economic rent) 或準租 (quasi rent)。經濟租是供給者要求的最低收益與實際收益的差額，而最低收益亦可視為該因素投入其他用途所獲收益 (機會成本)，是以經濟租又可視為實際商品收益與機會成本的差額。在完全競爭市場中，透過資源自由移動，任何商品的機會成本將趨於相同，經濟租事實上就是生產者剩餘。由廠商角度來看，生產者剩餘就是廠商的利潤。

(二)不動產金融 (estate finance)

　　廣義的不動產金融泛指與不動產交易、融資、保險、信託與證券化有關的金融活動。就狹義的角度來看，銀行對不動產授信屬於不動產金融的核心，依申貸者與資金使用者的性質，分別歸屬於企業金融與消費金融範圍，放款類型有兩種：

　　⑴住宅抵押放款：消費者提供住宅向銀行抵押借款，包括購屋貸款與投資理財型的房屋抵押貸款，屬於消費金融的一環。

　　⑵建築融資放款：建築業從事生產房屋活動，以土地向銀行申請建築融資與土地融資（購地貸款），屬於企業金融的一環。

　　銀行從事不動產授信，基於還款方式劃分為四類：

　　⑴到期還本型：借款者於放款期間僅繳納利息，到期一次清償放款金額。

　　⑵等額攤還型 (constant amortization mortgage, CAM)：借款者將貸款總額平均分攤至各個還款期攤還。

　　⑶定額付款型 (constant payment mortgage, CPM)：借款者分期攤還固定本息。

　　⑷漸增付款型 (gradual payment mortgage, GPM)：借款者與銀行協議於初期僅清償少數金額（甚至低於應付利息），稍後期間（3～5 年內）逐期按一定比例或金額增加還款金額，度過該段期間再改採等額攤還或定額付款方式清償貸款，該類型放款的初期可能產生負攤還 (negative amortization) 情形。

　　傳統的不動產放款採取分期攤還本息方式，借款者清償本金將無法再借出使用。隨著投資理財觀念盛行，銀行在 1997 年創新理財型、循環使用型或回復型不動產抵押放款，促使理財型房貸逐漸取代傳統房貸。在授信額度內，借款者隨時循環動用，尤其是透支額度在使用時才計息的特點，大幅提升資金周轉方便性。理財型房貸商品類型包括：

　　⑴周轉性房貸：消費者將房屋質押給銀行取得循環額度，透過金融卡隨時透支。

(2)綜合性房貸：銀行提供中長期購屋資金與周轉金。

(3)回復性房貸：銀行將房貸資金撥入放借款人帳戶，爾後清償房貸本金部分則轉為透支額度，一旦面臨緊急資金需求時，可直接用金融卡提領。

㈢不動產證券化

不動產證券化係結合不動產市場與資本市場，將不動產價值由固定資本型態轉化為流動性資本證券，促使投資不動產資金得以直接向資本市場籌措。換言之，不動產證券化商品將不動產商品分割為類似公司債或受益憑證的標準化單位，再透過證券化而於資本市場銷售，使其具有流動性。

美國不動產證券化採取不動產有限合夥 (LP) 與不動產投資信託 (REIT) 兩種策略。後者屬於金錢信託的一環，信託公司向投資人募集資金，用於投資不動產開發、商場經營、住宅商品或抵押放款等，未來收益將視投資獲利性而定。不動產信託類似實體信託，受託者接受委託經營管理不動產，亦可藉此不動產對外發行權益型證券，該類信託包括：

(1)直接所有型 (equity REIT)：直接擁有不動產或與其他公司共同出資擁有不動產。

(2)間接所有型 (mortgage REIT)：從事土地購買融資或投資開發、建設融資抵押放款，擴大增加對附轉換債權 (convertible loan) 的參與投資抵押放款 (participation loan)。

(3)混合型 (hybrid REIT)：綜合前述兩者特色，直接擁有不動產與從事抵押放款融資，同時享受不動產增值的資本利得及固定利息收入。

隨著資產證券化活動日益盛行，不動產信用證券化與不動產證券化迅速躍居資本市場的熱門工具。前者係指不動產金融機構將放款債權證券化，亦即廠商以不動產為擔保品借貸資金，而銀行將放款債權信託並發行憑證予以證券化，將不動產價值轉化為流動的金融資本，提升金融機構的資金流動性。

40

金融市場
financial market

(一)金融市場類型

金融市場係資金與資產交換的場所。隨著財務工程發展大幅改變投資理財與風險管理概念，新穎的金融資產頻頻問世。為提供金融資產交易場所，不同型態的金融市場紛紛成立，分類方式如下：

1.金融資產期限

包括資產到期日（融資期限）與資產交易後的交割日期兩種。

(1)融資期限：金融市場區分為一年內到期的短期資金市場，包括銀行周轉金放款市場、金融業拆款市場與票券市場組成的貨幣市場 (money market)；以及到期日在一年以上或未訂期限的中長期資金市場，包括銀行中長期放款市場、股票與債券市場組成的資本市場 (capital market)。

(2)交割期限：人們從事金融現貨資產交易後，將在即期或數日內完成清算交割，此即屬於現貨市場 (spot market) 範圍。另外，人們從事未來金融契約交易，約定在未來某一期限完成清算交割，則屬於遠期市場 (forward market) 範圍。

2.納入管理與否

金融市場受金融法規範，並受金融當局監督管理，則屬於有組織或納入管理的正式市場，如：金融資產的公開市場或店頭市場、銀行放款市場。金融市場若未受金融法規範或金融當局管理時，則屬於無組織或未納入管理的

非正式市場，一般稱為地下金融市場。該類市場係由供需雙方議價成交，又稱為商議市場 (negotiated market)，如：股票盤商市場。

3.資產新舊

在證券市場流通的金融資產存在新舊之分：(a)初級市場 (primary market)：赤字單位發行證券募集資金的市場，或證券首次交易的市場，又稱為發行市場 (issue market)。由於廠商募集資金龐大，通常透過證券或票券承銷商向盈餘單位募集，又稱為承銷商市場。(b)次級市場：證券發行後若存在後續交易場所，稱為次級市場、流通市場或公開市場。所有證券均存在初級市場，在符合上市或上櫃條件通過嚴格審查過程後，才能在公開市場轉讓交易。若未符合這些條件，人們僅能私下轉讓，盤商市場或興櫃市場提供股票交易場所，但未在次級市場定義範圍內。

4.資產性質

金融資產分為基礎資產與合成資產，前者由原始資產與衍生性資產兩類構成。依據資產性質，金融市場類型包括證券市場 (債務市場與股權市場)、通貨市場 (外匯市場)、保險市場、衍生性商品市場、實體資產市場 (黃金市場與不動產市場) 與資產證券化市場等。

(二)效率市場臆說 (efficient market hypothesis)

金融市場效率性將會影響資金供需意願，衡量競爭效率的指標有三種：

(1)廣度 (breadth)：金融市場存在各種資金來源的投資人參與交易，顯現資金供給來源多元化。

(2)深度 (depth)：在現行金融資產價格下存在大量交易值，顯現金融市場熱絡性與資產流動性。

(3)彈性 (resiliency)：金融資產價格稍有變動，將會招來套利活動而出現大量交易值，反映金融市場穩定性。

　　人們從事金融操作特別重視金融資產未來性，亦即「有夢最美、希望相隨」。人們必須蒐集金融資產的相關訊息，形成對金融資產價格的預期，據以作為交易決策依據。由於訊息瞬息萬變造成人們的預期隨時在變，是以醉步理論 (random walk theory) 指出金融資產價格的現時變動，既非昨日變動的結果，也無法預示明日漲跌，此種變動類似酒徒醉步搖擺不定，人們無法憑藉任何規律進行預測。醉步理論認為金融資產價格的歷史軌跡，無法作為預測未來價格變動的根據，但未否定利用其他歷史性資料作為預測未來價格變動的有效性。換言之，資產價格是圍繞在其理論價值上下波動，亦即資產價格醉步型軌跡正是向其內在價值調整的反映，當資產價格偏離內在價值過大時，投資人將可擬定買賣決策。一旦資產價格超越內在價值時，投資人可適時賣出，反之，則買入。

　　接著，M. Kendall (1953) 發表效率市場臆說，指出任何時刻的股價都是基於對股票內在價值的評估，係人們利用現有和預期公開的新訊息作出評估的結果。隨著新訊息持續出現，人們運用新訊息形成的預期未必相同，甚至因預期差異而出現相反決策，從而造成股價波動現象。換言之，反映所有訊息的市場價格為具有效率的價格，亦即在連續均衡狀態下，當金融資產的理論價值隨機變動時，市場價格總是能及時配合理論價值變動而調整。

　　E. Fama (1965) 指出股價波動屬於隨機性而無一定型態，未來股價漲跌無從準確估計，但非意味著股票市場出現失序現象。人們參與金融市場交易的動機各自不同，但面對資產價格隨機波動趨勢，均須依據掌握的訊息形成金融資產價格預期，再據以作為操作決策。金融資產價格預期 P_t^e 形成可表為：

$$P_t^e = E(P_t | I_t)$$

I_t 是人們在 t 期掌握的訊息，而在金融市場流通的訊息包括過去（已經公開）、

目前（正在公開）與未來（尚未公開）等三大類型。E. Fama (1969) 依據訊息類型，將效率市場分為三種類型，而股價隨機性是決定市場屬性的主要因素：

1.弱式型態 (weak form)

現在股價充分反映公司過去股價走勢及相關訊息，歷史價格將無任何用處，縱使利用技術分析 (technical analysis) 亦無法預測未來股價走勢。在這種效率市場中，一般買賣訊號已迅速反映於股價，單憑買賣訊號預測未來股價走勢，僅能取得與市場相同報酬。

2.半強式型態 (semi-strong form)

股價不僅充分反映市場價格變動訊息，連公司財務報表、業績及管理品質等公開訊息，亦已被人們消化並反映於市場價格。人們運用公司發佈的訊息謀取暴利的成功機率不高，理由是：這些資訊在市場廣泛流傳，股價早已根據訊息內容作出反應。

3.強式型態 (strong form)

股價充分反映公開訊息與內部訊息 (inside information)，人們利用內部訊息謀利將有困難，金融市場若屬於該類型態，所有理論均無用處，獲取暴利純屬意外。

效率市場理論強調效率金融市場應具備的條件是：人們具有理性、訊息迅速公開、市場具有完全性與人們無力操縱股價變動。同時，效率市場對人們從事金融操作的涵義是：⑴強調金融資產內在價值的分析和評估、⑵效率運用公開訊息與及時收集新訊息，進行準確及時的研判，據此作出金融操作決策。

在交易過程中，除運用廣度、深度與彈性三個指標衡量金融市場效率性外，並可從內部或外部效率市場 (internally or externally efficient market) 方向進行探討。前者又稱操作效率市場 (operationally efficient market)，係衡量人們從事金融操作的交易成本，包括交易手續費、交易稅、買賣價差。後者又

稱價格效率市場 (pricing efficient market)，探討資產價格能否迅速反映攸關資產評價的訊息。

41

貨幣市場
money market

　　貨幣市場係指一年以下短期資金交易場所，包括票券市場 (bill market) 與金融同業拆款市場 (interbank lending market)，兩者差異為：前者適合投資人參與交易的憑證標準化市場，包括國庫券 (treasury bill)、商業本票、銀行承兌匯票、可轉讓定存單與公債附買回 (repurchase agreement) 等市場；後者係金融機構彼此間（須為拆款中心會員）的借貸市場，包括新臺幣與外幣拆款市場。

(一)票券市場

1.國庫券市場

　　政府部門為調節季節性國庫收支缺口或穩定金融市場而發行的票券，類型有二：(a)甲種國庫券：財政部為調節國庫收支，依照面額發行國庫券或短期借款融通收支缺口，票載利率，到期依面額清償本息。財政部在 1985 年 11 月發行一次甲種國庫券後，遂改以發行乙種國庫券取代，理由是：甲種國庫券的票面利率固定，而發行利率決定日與發行日間常有落差，容易出現發行利率偏離市場情形。(b)乙種國庫券：央行採取貼現方式發行乙種國庫券、央行可轉讓定存單與央行儲蓄券，目的在於控制貨幣供給，由金融機構標購，以超過所訂最低售價依次得標，到期照面額清償。

2.商業本票市場

　　廠商發行商業本票募集短期資金，類型有二：(a)自償性或交易性商業本

票 (CP Ⅰ)：廠商基於實際交易活動，在取得銀行授予信用額度 (line of credit) 承諾，經票券公司保證而發行商業本票，取得營運周轉資金。(b)融資性商業本票 (CP Ⅱ)：廠商透過票券公司發行商業本票，須經金融機構保證，不過上市公司財務結構健全並取得銀行信用額度承諾、政府事業機構、證券金融業、財務結構健全的公開發行公司取得銀行信用額度承諾，發行面額低於 1,000 萬元本票等狀況無需保證。

金融市場的長期資金成本通常高於短期資金成本，誘使廠商採取以短支長的財務操作策略，以票券融資取代長期融資，導致短期負債占全部負債比例偏高。一旦負債與資產結構的存續期間不一致，容易釀成流動性缺口 (liquidity gap)，財務風險大幅上升。銀行為紓解直接金融的競爭壓力，創新以長支短的票券發行融資 (NIF)，該項工具屬於以短期利率計價的長期負債，性質類似發行商業本票，解決廠商偏好票券融資肇致財務風險高漲的問題。

在票券市場上，中心工廠票據係指衛星或協力廠商供應中心工廠原料而取得銷貨票據，係以實際交易為基礎，屬於交易性商業本票範圍。中小企業銷貨對象（即中心工廠）若為票券公司授信對象，訂有買入票據額度，可持中心工廠開立的本票、匯票或票據與交易憑證，票券公司可依交易性商業本票利率為報價基準給予全額貼現，此即買入中心工廠票據業務。

3.銀行承兌匯票市場

匯票係由發票人（商品或勞務買方）簽發委託付款人，於指定到期日支付確定金額與受款人（商品或勞務賣方）的票據，經買方或賣方承兌稱為商業承兌匯票，由銀行承兌則為銀行承兌匯票，期限通常在六個月內。銀行承兌匯票分為二種：(a)買方委託承兌：賣方簽發以受買方委託之銀行為付款人之匯票而經銀行承兌者。(b)賣方委託承兌：賣方將取得之遠期支票轉讓予銀行，並依支票金額簽發以銀行為付款人之匯票而經銀行承兌者。

銀行承兌匯票依性質分為兩類：(a)實質性：交易雙方基於實質性交易活

動產生的匯票，以銀行為承兌人承諾於指定日期無條件支付票款。匯票經過承兌後，持票人可在匯票到期前由票券公司或銀行以貼現方式買入，提前取得資金。(b)融資性：財政部於 1992 年開放銀行承作票券業務後，許多銀行接受公營事業以稅單（發票）代替交易單據，廠商可能以同一發票向不同銀行多次承兌，造成重複融資現象。

4.可轉讓定存單 (negotiable certificate of time deposit, NCD) 市場

銀行發行在固定期間按約定利率支付利息之存款憑證，期間為一個月至一年，投資人可持有定存單至到期日或於貨幣市場轉讓。另外，央行為調節金融市場資金，採取競標與非競標方式發行可轉讓定期存單，購買者僅限金融機構。可轉讓定存單與銀行定存的差異性包括存單期限以月為單位最長不得超過一年、發行銀行視資金情況訂定存單利率、存單採取分離課稅且可自由轉讓。

5.債券附條件交易 (repurchase agreement, RP) 市場

債券屬於資本市場的證券，當到期日剩下不足一年時，亦可轉入貨幣市場交易。債券交易方式基本上分為兩種：(1)買賣斷交易 (outright purchase or sell, OP/OS)：買方支付成交金額，享有固定收益與承擔利率波動風險，此係屬於資本市場交易。(2)附條件交易：交易雙方約定承作金額、天期與利率，到期再以約定利率計算的本息金額進行反向交易，包括附買回交易 (Repo, RP) 與附賣回交易 (Reverse Repo, RS) 兩種型態，此係屬於貨幣市場交易。

(二)金融同業拆款市場

1.新臺幣拆款市場

銀行為調整準備部位，由擁有超額準備部位銀行貸款給準備不足銀行，以補足當日差額之極短期信用借貸，此即金融業拆款交易。銀行公會於 1980 年設置同業拆款中心，係金融機構會員間從事短期融通的高度信用化卻未證

券化的金融市場。金融機構參與拆款市場，須加入拆款中心成為會員，包括銀行、信託公司、票券公司、郵匯局、大型信合社與外商銀行等。拆款期限包括「隔夜」、「2～10 日」、「11～30 日」、「31～60 日」、「61～90 日」、「90～180 日」等六種期別，並以隔夜拆款為主。拆款中心每天將所有拆款交易合併計算出「加權平均利率」作為拆款利率指標，隔夜拆款市場是銀行間市場的最短期融通，拆款利率 (interbank call loan rate) 類似美國聯邦資金利率 (Fed fund rate)，是短天期利率指標，與銀行業保有超額準備的變化有關，並成為票券市場利率變化的指標。

2.外幣拆款市場 (TIBOR)

由台北與元太兩家外匯經紀公司中介，外幣拆款供給是由央行提供包括 200 億美元、10 億馬克與 150 億日圓；而外幣拆款需求是來自外匯指定銀行為主，拆款期限以隔日或 10 天期為主。

㈢貨幣基金市場 (money fund market)

廠商採取發行大面額票券以降低發行成本，卻無形中為小投資人設下門檻，自行操作不符成本效益。貨幣基金募集小額資金及廠商短期閒置資金，由基金經理人投資貨幣市場工具，具有低風險、收益穩定、高流動性的性質。貨幣基金的特色是管理費極低，國外貨幣基金甚至給予投資人使用支票權，享有在各地消費付款的便利性，類似結合活存、支存、票券的投資工具。

貨幣基金規模龐大，投信公司享有較高的議價能力，投資績效高於多數定存（短於六個月）的報酬率，風險則與銀行定存相近。以破產風險來看，貨幣基金投資人的保障優於銀行存戶，理由是：一旦投信公司破產，投資人可全數取回所持單位價值，而銀行倒閉，存款者僅能取回被保險的存款金額。此外，投資人選擇海外貨幣基金需承擔匯率風險，必須考慮匯率變動因素。

42

資本市場
capital market

(一)資本市場類型

資本市場或證券市場係以債券或股票形式從事中長期資金（期限超過一年）融通的場所，屬於高風險融資市場。證券交易的市場類型如下：

1.初級市場

交易方式包括：

(1)承銷 (initial public offer, IPO)：發行公司委託證券承銷商銷售新股票的活動，通常分為代銷及包銷 (firm-commitment underwriting) 兩種。

(2)圈購 (book building)：發行公司透過探詢資本市場實際需求狀況，投資人向承銷商遞交圈購單表達認購意願，後者受理圈購僅係探求投資人意願，雙方並無購買或銷售義務。承銷商彙總圈購情況後，再與發行公司議定承銷價格。

(3)競價拍賣 (competitive bidding)：發行公司及承銷商以證期會承銷價格計算公式議定拍賣底價，當競價拍賣股數全部標售，以得標價格與數量之加權平均數作為公開申購承銷價，最高承銷價以超過底價 1.5 倍為限，得標總數未達提出競價拍賣股數，則以底價作為公開申購承銷價格。

2.次級市場

只有在官方的上市與上櫃市場交易的股票，才屬於具有次級市場或公開市場，證券私下轉讓並非公開市場的一環。國內股票交易場所包括：

⑴未上市（櫃）股票透過黑市盤商組成的聯誼會中介交易的盤商市場，以及申請上市（櫃）核備函之公開發行公司經過兩家以上證券商推薦，在正式掛牌前經過櫃檯中心核准，在證券商營業處所議價買賣的興櫃股票 (emerging stock) 市場。

⑵上市與上櫃股票：投資人在證券商營業櫃檯以議價方式進行證券交易，此即櫃檯或店頭市場 (over-the-counter market, OTC)。投資人委託證券經紀商透過證券交易所撮合交易，此即集中市場。

㈡股票類型

公司發行普通股 (common stock) 與特別股 (preferred stock) 募集權益資金，前者代表擁有該公司固定比例的所有權，權利包括表決權、盈餘分配權、剩餘財產分配權與優先認股權等。後者係指在分配公司盈餘與清算資產時的權益優於普通股，類型包括四種：

⑴累積 (cumulative) 與非累積特別股：前者係指公司若無足夠盈餘分配特別股息時，可逐年累積至有足夠盈餘分配為止，後者則無追索股息的權利。

⑵參加 (participating) 與非參加特別股：前者可再與普通股分享公司盈餘，後者無此權利。

⑶可轉換 (convertible) 與不可轉換特別股：前者發行一段期間後，投資人可依約要求以一定條件轉換成普通股，後者無此權利。

⑷可贖回 (callable or redeemable) 與不可贖回特別股：前者發行一段期間後，投資人可依約要求公司以一定價格贖回，後者無此權利。

㈢債券類型

債券是借款憑證的證券化，政府部門、金融機構或廠商募集中長期資金而發行的債務憑證。傳統上，發行機構須依發行條件定期支付利息，到期清

償本金。依發行機構類型，債券劃分如下：

⑴公債：政府發行債券融通預算赤字，包括中央政府及地方政府建設公債兩種，債票形式包含實體債券（無記名）及無實體債券或登錄公債。

⑵公司債：國內限制只有公開發行公司才能發行公司債。

⑶金融債券：銀行發行金融債券募集中長期資金，發行總額度不得超過發行銀行淨值的 20 倍。

⑷國外債券：亞洲開發銀行 (ADB)、美洲開發銀行 (IADB) 或歐洲復興開發銀行 (EBRD) 等跨國性金融組織發行以新臺幣計價之債券，來臺灣募集資金。

㈣債券創新

傳統債券採取借錢還錢與票面利率固定的型態發行。隨著股票市場規模擴大吸引投資人目光後，股票市場成為債券市場的強烈競爭者。為求擴大債券的附加價值，投資銀行或綜合證券公司積極從事債券創新，結合傳統債券與其他金融商品，以強化其吸收資金能力。債券創新方式集中在還本創新與債券利息創新兩方面。

1.債券還本創新

創新方式包括：

⑴結合選擇權概念：公司發行債券賦予投資人有權選擇以現金或其他資產清償。

⑵結合各種指數概念：公司發行債券清償本息將與相關指數結合。

就前者而言，在固定期間內，投資人有權以轉換價格 (exercise price)，將債券面值轉換成同一家公司股票即是轉換公司債 (convertible bond)，轉換成別家公司股票則是交換債券 (exchangeable bond)，轉換成黃金即是黃金債券 (gold bond)。投資人有權在債券到期時，選擇以國幣或外幣清償債券本金，此

即雙元通貨債券 (dual currency bond)。就後者而言，發行公司將債券還本金額與經濟指標 (經濟成長率)、商品價格、匯率或股價指數結合，若選擇與物價指數結合，則稱為指數化債券 (indexed 或 escalated bond) 或實質債券 (real bond)。另外，股價連結式債券 (equity-linked bond) 係為在債券持續期間，與債券連結的股價不超過先前設定條件時，發行機構將以面額償還本金。反之，投資人將以執行價格將投資金額轉換為股票，再伺機出售。

2.債券利息創新

傳統債券支付固定利率，創新型態係轉變為浮動利率債券 (floating-rate note, FRN)，採取釘住經濟指標、商品價格、匯率、物價指數或特定股票價格等變數的變動率支付利息。另外，公司採取貼現方式發行債券，到期依面額清償本金，面額與發行價格間的差額即為投資人持有期間之利息收入，此即零息債券 (zero-coupon bond)。

(五)共同基金

共同基金係投信公司發行受益憑證向投資人募集資金，交由基金經理人採取不同投資組合方式操作管理，損益歸投資人所有的間接投資 (indirect investing) 工具。基金可採開放型 (open end) 與封閉型 (close end) 方式發行，前者係指投資人可隨時向投信公司買入或贖回的基金；後者係指基金發行後直接在證券交易所掛牌，投資人在集中市場交易轉讓，無法向投信公司要求贖回。

依據追求目標來看，基金分成追求長期資本利得及穩定股利收益的成長收益型基金 (growth and income fund)、追求安全性和穩定報酬的收益型基金 (income fund)、兼顧股市與債市投資組合的平衡型基金 (balanced fund)、追求資本增值與兼具高風險高報酬特性的積極成長型基金 (aggressive growth fund)、投資價值低估或具有增值空間股票的價值型基金 (value fund)、結合固

定收益資產和衍生性商品組合的保本型基金 (principal guarantee fund)、以及針對經濟金融情勢變化，在不同金融市場配置資產比例的資產配置基金 (asset allocation fund)。

　　傳統基金操作策略強調投資績效優於市場指數的相對報酬概念，並不採取槓桿操作，結果僅能在多頭市場獲利，控制投資報酬下跌風險的能力相對薄弱。尤其是在空頭市場，股票型基金持有現金餘額不得低於規定，持有股票多頭部位更易釀成損失。反觀非傳統策略基金則強調獲取絕對報酬概念，不論在多頭或空頭市場，利用各種投資工具全面發揮操作技術和才能，包括運用財務槓桿、作空、相對價值投資、技術性買賣策略等。

　　在共同基金市場流通的資產屬於標準化產品，而全權委託投資業務或俗稱代客操作是由投資人（委任人）將資產（可包含現金、股票或債券）委託投顧或投信公司（受任人），由後者依雙方約定條件、投資方針、投資人忍受風險程度等進行金融操作。全權委託投資在資金運用與保管係採分離制，投顧或投信公司並不負責保管受託資產，投資人自行指定保管機構（如：銀行）負責保管並代為辦理證券投資之開戶、買賣交割或帳務處理等事宜，以確實保障投資人權益。

　　共同基金與全權委託投資業務均是投資人委託專家從事金融操作，但兩者仍有差異，前者是聚集投資人資金集體運用，依發行計劃所定方針與投資標的進行操作的標準化產品；後者則是依投資人特定需求量身訂作，在委託契約中個別約定符合委任人需要的投資範圍與標的進行操作。

43 經濟學革命
economics revolution

　　G. Myrdal 和 F. A. Hayek 認為社會科學與自然科學的差異性在於，前者永遠得不到固定和普遍適用的自然法則，亦即在社會領域中對事實、以及不同事實間關係的研究，相較自然界中事實之間的關係為複雜，而且變化多端充滿不確定性。社會科學研究對象屬於攸關人類行為的問題，而人類行為取決於生存環境和組織結構結合的複合體，進而表現為千變萬化的可變性與僵化東西的各種組合。縱使是在某一時點和特殊情況下，這些現象甚至難以作為事實而加以定義、觀察和衡量。

　　在經濟學發展過程中，充滿著眾說紛紜難以判斷的意見與觀點，紛紜理論產生的影響是：經濟學知識並非以嚴謹累積的型態發展，經濟學歷史中的革命與反革命 (counter-revolution) 現象持續循環上演，各種理論反覆以修正型態出現，某階段被證明錯誤或荒謬的理論，在另一適宜階段卻又重新復辟而被奉為真理。基於歷史條件、經濟型態、國家地域特徵和文化傳統途徑評估經濟理論，進而完全否定或肯定某種經濟理論的正確性，均屬於高風險的事情。

　　H. G. Johnson (1971) 討論總體經濟學發展時，指出 Keynesian 革命與貨幣學派反革命成功的原因包括：經濟理論與實際狀況配合、理論新穎卻與舊理論相關聯、必須發展新研究方法、新理論發展吸引學者研究興趣與發展空間。主流經濟學在二十世紀經歷三次革命性理論，為現代經濟學發展奠定基礎。

1.不完全競爭革命

自從 A. Smith 發表《國富論》後，古典經濟學將自由競爭作為普遍現象，壟斷視為例外來構造理論架構。直到 J. Robinson (1933) 與 E. Chamberlin (1933) 分別發表不完全競爭理論，以競爭市場為主的 Smith 經濟學才正式結束。不完全競爭革命的主要貢獻在於：兩人放棄傳統理論以完全競爭為普遍現象而將壟斷看作例外情況的假設，正式提出壟斷市場模式，運用邊際分析 (marginal analysis) 完成個體經濟學革命，促使市場結構符合實際經濟環境。

2. Keynes 革命 (keynesian revolution)

J. M. Keynes 從總體觀點歸納與整合總體概念，促使經濟學開始跳脫價格分析範圍，促成個體與總體經濟學正式分家，成為現代總體經濟學的開山鼻祖，1980 年諾貝爾經濟學獎得主 L. R. Klein (1947) 稱為 Keynesian 革命。該項經濟學革命屬於研究方法的革命，爾後的追隨者針對 Keynesian 體系存在的空隙和缺陷進行修正、彌補與健全化，使其在碰撞中交融、在裂變中整合。總體經濟學從 J. M. Keynes (1936) 開始，即充滿對舊謬誤理論的革命，並由此衍生新的謬誤。Keynesian 學派實現對古典學派根深蒂固信仰的革命，不過以 J. R. Hicks、A. Hansen、以及 P. A. Samuelson 為代表的新古典綜合 (neo-classical synthesis)，自 1950 年代以後，試圖調和日漸遭受抨擊的 Keynes 理論和古典理論間的分歧。

3.理性預期革命

新古典綜合盛行期間並未持續多久，Phillips 曲線對於停滯性膨脹 (stag-nation) 的解釋乏力，在 1960 年代逐漸引起 M. Friedman，和 E. Phelps 猛烈抨擊，從而形成貨幣學派的反革命。接著，R. Lucas、T. Sargent、N. Wallace 等人自 1970 年代引進理性預期概念，建立理性預期學派或新興古典學派 (New Classical School)。該學派認為 Keynes 雖曾反覆提及預期，但卻僅止於適應性預期 (adaptive expectation) 的概念，係屬回顧型的預期，並無理性的解釋。理

性預期革命帶動預期形成方式成為總體分析的重要成分，甚至 Keynesian 學派也在引進理性預期概念後，轉型成為新興 Keynesian 學派，而在股票、債券、外匯等金融市場操作分析中也得到廣泛運用。理性預期已經融入經濟學中，不過經濟學家指出以預期失誤或訊息不全來解釋景氣循環則是缺乏說服力，新興 Keynesian 學派對理性預期提出批判，重新表述對政府部門干預經濟活動的想法包括：市場清結 (market clearing) 或非市場清結、政府失靈或市場失靈、政策無效或政策有效，此係新興古典學派和新興 Keynesian 學派理論觀點和政策主張分歧的關鍵所在。

44 供給面經濟學
supply-side economics

總體經濟均衡係反映總合供需趨於一致的現象。在經濟學演進過程中，不同學派面對經濟環境迥異，對經濟結構的看法不同，分別從不同角度來分析總體經濟現象，提出不同政策主張，逐漸形成供給面與需求面經濟學 (demand-side economics)。

(一)古典學派

依據 Karl Marx 說法，古典學派起源於 A. Smith，歷經 T. Malthus、J. B. Say 與 D. Ricardo 的努力，而於 J. S. Mill 臻於完整。該學派基於自由放任原則，以價格機能調和眾人經濟活動。同時，古典學派主張「供給能為本身創造需求」的 Say 法則 (Say's Law)，將研究主題集中於探討資源分配與經濟成長問題，追求長期增進國家財富與資本累積，亦即強調體系供給面的決定與成長。

(二)供給面經濟學

供給面經濟學或供給學派興起於 1970 年代，針對體系發生停滯性膨脹的原因及政策主張提出共同看法，但未建立理論和政策體系。供給學派認為 1930 年代的大蕭條 (Great Repression) 並非有效需求不足造成的結果，而係當時各國政府實行一系列錯誤政策造成。A. B. Laffer 將供給面經濟學解釋為：「提供一套基於個人和廠商誘因的分析結構。人們將視誘因刺激而改變決策，

政府部門扮演改變誘因以影響經濟活動的重要角色」。

　　供給學派肯定 Say 法則後，確認經濟成長取決於勞動和資本等因素的供給與運用效率，尤其是資本至關重要。資本累積決定經濟成長速度，政府部門應當鼓勵儲蓄和投資。在市場經濟下，供給學派認為個人提供因素和廠商從事營運活動係基於追求報酬，是以提供誘因將會影響經濟成員決策。政府部門應當消除妨礙市場運作的因素，發揮市場機能促使因素供需達成均衡和效率運用。在此，政府部門政策是刺激經濟活動的重要因素，其中又以財政政策最為重要。供給面與需求面經濟學分析財政政策（減稅政策）對經濟活動影響時，對體系影響的流程如下：

供給學派著重分析稅制對因素供給和運用的衝擊效果。經濟成員追求稅後報酬最大，稅率調整透過改變相對價格而影響決策。就人們而言，工資稅率變動意味著休閒對消費的價格下降，傾向選擇休閒而不工作，勞動供給就會減少。就資本家而言，資本所得稅率變動意味著消費對儲蓄和投資的價格下降，傾向選擇消費而不儲蓄和投資，資本供給將會降低。尤其是人們為規避高稅率，將經濟活動從市場轉入地下經濟，均會促使因素供給減少，降低運用效率，促使自然產出下降。

　　A. B. Laffer (1974) 提出「總稅收＝稅基＋稅率×所得，$TR = T_0 + ty(t)$」係呈現橢圓形的曲線，顯示稅率為零或 100% 時，政府部門的稅收為零（或固定值）。理論上，政府部門可從 Laffer 曲線尋找促使稅收最大的最適稅率

(optimal tax rate)t^*。稅率若低於最適稅率時，政府部門提高稅率將會增加稅收，此時曲線呈現正斜率，稅收與稅率呈正相關。一旦稅率超過最適稅率，Laffer 曲線呈現負斜率，稅收與稅率呈負相關。就經濟學觀點，在高稅率環境下，政府部門採取減稅策略將會發揮效果，理由是：(a)降低稅率將可減少非正式市場經濟活動、(b)課稅引起的替代效果大於所得效果（高稅率降低誘因，稅後工資率的淨效果會使勞動供給下降）、(c)稅率降低幅度低於所得增加幅度，減稅會使稅收增加。

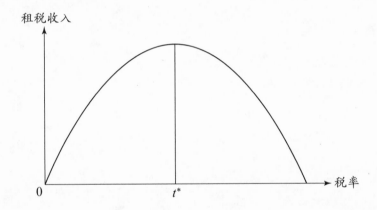

不論是公共支出或移轉性支付，供給學派認為或多或少會發揮妨礙生產的作用。部分公共支出雖然對經濟有些效益，但效率偏低，是以主張大量削減社會支出，停止非必須的社會保險和福利計劃、降低津貼和補助金額、嚴格限制領受條件。供給學派雖然同意貨幣學派的基本觀點，但在控制貨幣成長率的目的和措施上卻與貨幣學派大相逕庭，控制貨幣成長率不僅配合經濟成長，更是為了穩定貨幣價值，消除預期通貨膨脹心理。

最後，供給面經濟學強調提升勞動生產力的重要性，政府部門應該致力於加強人力資源的效率運用，特別強調人力資源政策加強人力的專業訓練、提升人力資源流動性以及消除性別、種族、宗教等的歧視。所得政策 (income policy) 是政府部門訂定工資與物價的管制措施，管制措施在於維持工資水準與生產力的正常關係，避免勞資任何一方以壟斷角色控制工資，避免因工資與物價互相衝擊引起的惡性通貨膨脹 (hyper-inflation)。政府部門在必要時甚至可以運用租稅工具，推動勞資雙方遵循政府部門的管制措施。

45

需求面經濟學
demand-side economics

(一)需求面經濟學類型

J. M. Keynes (1936) 針對 1930 年代大蕭條原因，認為體系內就業水準取決於總需求，包括投資支出和消費支出兩大因素，而失業緣由在於有效需求不足，從而開啟需求面經濟學的里程碑。該類理論強調有效需求在經濟活動中扮演的角色：就業增加帶動所得增加，消費支出隨之增加，後者增加幅度較前者為小，體系若要維持就業水準不變，投資必須等量增加，藉以彌補所得與消費變動間的缺口，此即有效需求原理之核心。Keynes 認為投資支出取決於廠商對投資之預期利潤率及融通投資之貨幣利率，前者係指資本邊際效率 (marginal efficiency of capital, MEC) 或內部報酬率，將取決於資本資產 (capital asset) 預期收益與供給價格或替換成本。後者取決於流動性偏好及貨幣數量兩項因素，央行透過調整貨幣供給改變利率，進而刺激經濟活動。

依據 Keynes 說法，總需求係由商品市場（實質部門）與貨幣市場（金融部門）組成，是以經濟學針對兩個市場運作對總體經濟活動的影響，分別提出不同看法，包括討論商品市場均衡的 Keynesian Cross 模型或稱 Hansen-Samuelson 模型，同時討論商品市場與貨幣市場均衡的 IS–LM 模型或稱 Hicks-Hansen 模型，以及僅是金融市場均衡的 Yale 模型。

(二) Walras 法則 (Walras' Law)

經濟學為確切掌握經濟活動變化，將複雜經濟現象簡化為高度累加的總體模型，基本架構包含商品、貨幣、債券（生息資產）與勞動等四個市場。人們追求效用最大時，將需面臨各自的預算限制。體系由家計部門、廠商與政府部門三者構成，各部門從事經濟活動時，同樣需要考慮資金來源限制。假設家計部門資金來源包括名目薪資所得 WN^s 與紅利收入 π，然後用於繳納名目租稅 PT_H、從事消費活動的名目支出 PC^d、增加持有名目貨幣 $(M_H^d - M_H)$ 與名目債券 $(1/r)(B^d - \bar{B})$ 等；廠商部門資金來源包括發行債券融通 $(1/r)(B^s - \bar{B})$ 與銷售商品收入 Py^s，然後用於繳納名目租稅 PT_F、支付雇用勞工的名目薪資 WN^d、從事投資活動的名目支出 PI^d、增加持有名目貨幣 $(M_F^d - M_F)$ 與分配紅利 π；政府部門的資金來源包括名目租稅收入 $P(T_H + T_F)$ 與發行貨幣收入 $(M^s - M_0)$，然後用於購買商品與勞務支出 PG。是以在固定期間內，三個部門從事決策活動面對的預算限制可表示如下：

(1)家計部門預算限制：

$$PC^d + \frac{1}{r}(B^d - \bar{B}) + (M_H^d - M_H) + (PT_H) = WN^s + \pi$$

(2)廠商部門預算限制：

$$WN^d + PI^d + (M_F^d - M_F) + (PT_F) + \pi = Py^s + \frac{1}{r}(B^s - \bar{B})$$

(3)政府部門預算限制：

$$PG = (M^s - M_0) + PT$$

將上述三式加總並依據市場供需歸類，可得體系的總合預算限制式，此即稱為 L. Walras 法則 (1900)：

$$\frac{W}{P}(N^d - N^s) + P(C^d + I^d + G - y^s) + \frac{1}{P}(M_H^d + M_F^d - M^s) + \frac{1}{rP}(B^d - B^s) = 0$$

Walras 法則衍生涵義包括：(1)經濟成員從事總體經濟活動，均須面對總合預算限制，與體系是否均衡無關。(2) Walras 法則隱含體系內所有市場超額需求或超額供給總合為零。(3)當體系內 (N–1) 個市場達成均衡時，第 N 個市場顯然也是達成均衡。該法則在討論總體經濟均衡時，將扮演重要角色，亦即不同經濟學派依據不同觀點，均可選擇放棄任一市場不予討論。

(三) Keynesian Cross 模型

不論模型如何複雜，由模型本身解釋的變數即是內生變數 (endogenous variable)，視為當然者即屬外生變數 (exogenous variable)。隨著模型完整性擴大，內生變數日益增多，外生變數隨之減少。A. Hansen (1941)、R. Bishop (1948) 與 P. A. Samuelson (1948) 建立 Keynesian Cross 模型，針對商品市場均衡進行探討，該模型係所有總體模型的基礎，符合建立總體模型最低要求條件的底限模型 (rock-bottom model)。

總體模型區分為由行為方程式 (behavior equation)、恆等式 (identity) 與均衡式構成的結構式模型 (structural model)，以及由經濟參數與外生變數構成的縮減式模型 (reduced form model) 兩類。Keynesian Cross 模型的基本假設包括勞動市場存在大量失業、產能過剩、貨幣市場存在過剩資金，是以只要討論商品市場供需均衡，即可達到總體經濟均衡。

在 Keynesian Cross 結構式模型中，當總供給（產出 Y）等於總需求（總支出 E 由消費支出 C 與投資支出 I 組成）時，$Y = E = C + I$，體系達成總體均衡。由於儲蓄等於產出扣除消費的剩餘部分，是以體系另一均衡條件是預擬儲蓄 (planned saving) 等於預擬投資 (planned investment)，$I = S$。

㈣乘數理論 (multiplier theory)

Kahn (1931) 率先提出乘數概念，J. M. Keynes (1936) 發揚光大，說明經濟變數變動造成國民所得呈現倍數反應的關係。體系內支出若不受經濟變數影響將屬於自發性支出 (autonomous expenditure)，包括自發性投資、自發性政府支出、自發性消費支出、自發性輸出等。相反地，支出行為若受所得影響時，稱為誘發性支出 (induced expenditure)，如：誘發性消費支出與誘發性投資支出等。

經濟學最常提及的簡單乘數可以推理如下：廠商在第一期恆常性增加投資 ΔA 將成為體系所得，促使第二期增加誘發性消費支出 $b\Delta A$，第三期將是 $b(b\Delta A)$，直到第 n 期的 $b^n\Delta A$，每次增加支出金額比例為邊際消費傾向 b，累加各期消費支出增加總額即是所得增加總額：

$$\Delta y = \Delta A + b\Delta A + b^2\Delta + b^3\Delta + \cdots + b^n\Delta A$$
$$= \Delta A(1 + b + b^2 + b^3 + \cdots + b^n)$$

針對上述等比級數求解，簡單乘數 k 將可表為：

$$k_A = \frac{\Delta y}{\Delta A} = \frac{1}{1 - b}$$

值得注意者：自發性支出變動必須具有恆常性質，暫時性支出變動將不會產生乘數效果 (multiplier effect)。當體系處於低度就業時，政府部門採取增加支出或鼓勵民間支出政策，增加自發性支出金額僅需比充分就業所得（自然產出）與實際所得（實際產出）的差距為小，就可解決蕭條問題。將實際產出與自然產出的差距除以乘數即是緊縮缺口 (deflationary gap)，自發性支出剛好彌補緊縮缺口時，充分就業產出目標就可達成。相反地，如果體系有效

需求超過自然產出，即是膨脹缺口 (inflationary gap)，政府部門僅須削減膨脹缺口金額的自發性支出，即可消除通貨膨脹壓力。

再考慮誘發性投資存在時，所得將隨自發性支出增加而提高，所得增加又再度誘發投資支出變動。邊際投資傾向 (marginal propensity to invest, i) 係指增加一單位國民所得引起投資的增量，簡單乘數將修正為：

$$k_I = \frac{1}{1-b-i}$$

上述乘數考慮誘發性投資因素存在，稱為複合乘數 (composite multiplier)。值得注意者：$(b+i) < 1$ 才有意義，否則體系將陷入無法達成穩定均衡的發散狀況。

政府部門支出性質與投資支出雷同，屬於自發性支出的一環，對國民所得變動具有乘數效果，乘數值與投資乘數完全一樣。至於政府部門的課稅活動同樣具有乘數效果，減稅措施將會增加民間的可支配所得，引起消費支出增加，透過乘數效果運作，所得增加數額將是減稅金額的某一倍數。假設體系內無所得重分配效果存在，租稅制度採取定額稅，則租稅乘數可表為：

$$k_T = \frac{-b}{1-b}$$

當政府部門採取平衡預算 (balanced budget) 策略，維持新增支出等於新增定額稅時，平衡預算乘數 (balanced budget multiplier) 為一，1989 年諾貝爾經濟學獎得主 T. Haavelmo (1945) 稱為單一乘數理論 (unit multiplier theorem) 或 Haavelmo 定理。不過現行租稅制度係以所得稅為核心，所得增加後勢必增加課稅，進而影響國民所得，租稅乘數將是：

$$k_T = \frac{-b}{1-b(1-t)}$$

t 是稅率。同樣的，考慮租稅是隨所得變動而調整時，支出乘數亦要作適度調整：

$$k_A = \frac{1}{1 - b(1 - t)}$$

小型開放經濟體系 (small open economy) 係指一國在國際市場屬於價格接受者，出口將是固定值，進口則是所得的遞增函數，所得變動引起輸入增量稱為邊際輸入傾向 (marginal propensity to import, z)，此時自發性支出對國民所得影響的倍數稱為貿易乘數 (trade multiplier)：

$$k_A = \frac{1}{1 - b(1 - t) + z}$$

(五)所得支出模型 (income-expenditure model)

針對大蕭條環境背景，J. R. Hicks (1937) 與 A. Hansen (1949) 認為經濟成員同時進行實質部門與金融部門決策活動，是以採取期末模型 (end of period model) 的設定方式，由商品市場與貨幣市場共同決定體系均衡，此即 Hicks-Hansen 模型或稱封閉體系的 IS–LM 模型，別稱所得支出模型。

就商品市場而言，事前儲蓄等於事前投資將決定均衡產出 (所得) 水準。然而投資是利率的遞減函數，利率變動誘使投資支出 (包括政府部門支出) 調整，促使投資等於儲蓄所達成的均衡所得水準也隨之改變。是以 IS 曲線顯示利率與所得的各種組合，將使商品市場達成均衡的軌跡。在正常情況下，IS 曲線呈現負斜率，顯示利率與所得呈反向變動，理由是：利率上漲導致投資支出減少，透過乘數效果，所得隨之降低。再就貨幣市場而言，實質貨幣供給與需求相等將決定均衡利率水準。然而交易性貨幣需求是所得的遞增函數，所得變動促使貨幣需求變動，將造成利率變動。是以 LM 曲線顯示所得

與利率的各種組合，促使貨幣市場達成均衡的軌跡。在正常情況下，LM 曲線呈現正斜率，理由是：所得提高促使貨幣需求增加，在貨幣供給不變下，將造成利率上漲。當貨幣市場與商品市場同時達成均衡時，體系將達成需求面均衡。

換言之，當物價水準發生浮動時，能使商品市場與貨幣市場同時達成均衡的物價與實質產出水準組合的軌跡，即是體系的總需求曲線 (aggregate demand curve)。該曲線呈現負斜率的因素包括實質餘額效果與利率效果，亦即物價下跌促使實質貨幣供給增加，導引利率下跌而引發支出增加，從而擴大需求面產出。

㈥小型開放經濟模型

R. A. Mundell (1963) 與 J. M. Flemming (1962) 將國際貿易活動與國際資金移動引進 Hicks-Hansen 模型，分析小型開放體系在蕭條環境下的總需求變化，此即 Mundell-Flemming 模型。在該模型中，商品市場均衡（IS 曲線）將考慮進口與出口函數，貨幣市場均衡（LM 曲線）則維持貨幣供需相等的型態。另外，再引進外匯市場均衡（BP 曲線），該市場均衡係反映國際收支平衡，包括進出口餘額與國際資金移動兩項。

Mundell 與 Flemming 探討小型開放經濟政府部門執行穩定政策的效果，將與國際資本移動性密切相關。尤其是該模型證明在國際資金完全移動 (perfect mobility) 下，匯率制度對權衡性政策效果扮演的極端重要性：在浮動匯率制度下，貨幣政策有效而財政政策無效；在固定匯率制度下，一國無法實行獨立的貨幣政策，單獨的貨幣政策基本是無效的。

在資本完全移動下，小型開放經濟的國內利率將與國外利率趨於一致。⑴在固定匯率制度下，央行須在外匯市場採取干預活動以滿足人們的外匯需求，造成貨幣數量浮動而無法控制，為維持利率與匯率不變，將喪失貨幣政

策自主性。不過政府部門執行財政政策，無須面臨利率上升削減私人支出的排擠效果，效果最為顯著。(2)在浮動匯率制度下，匯率由外匯市場供需決定，政府部門採取擴張性財政政策促使所得增加，推動貨幣需求增加，導致國內利率上升高於國外利率，吸引國際資金流入迫使匯率升值，造成淨出口減少抵消政府支出擴張效果，總需求仍然維持不變，財政政策完全失去效果。反觀央行採取寬鬆銀根政策降低國內利率，誘使國內總需求增加，引起資金外移而迫使匯率貶值，再次透過淨出口擴張而擴大總需求，政策效果極為顯著。

(七) Yale 學派總體模型

以 J. Tobin (1969) 為首的 Yale 學派，認為人們採取逐次決策 (sequential decision) 模式，依序先決定流量變數 (國民所得帳)，然後在既定流量變數下挑選存量變數 (國民財富帳)。人們選擇流量變數之際，同時將以既存的存量變數為決策參考訊息。換言之，人們對流量與存量變數的決策方式雖是依序執行且彼此相關，不過兩者的決策活動卻非聯立求解。

Yale 學派總體模型屬於期初模型 (beginning of period model)，分成實質部門 (所得帳) 與金融部門 (財富帳) 兩部分，由於勞動市場均衡在期初早已決定，人們從事經濟活動僅在處理金融資產配置問題，討論焦點集中在金融與實體資產供需的存量均衡。是以 J. Tobin 與 W. C. Brainard (1968) 設立包括商品、貨幣、債券與股權等四個市場，探討均衡資產報酬率的決定過程，同時決定當期淨投資與資本累積，下一期的實質部門決策流程將又重新啟動。換言之，總體模型中的生產與支出流量是否均衡，無須與金融部門均衡混為一談。此種處理總體經濟活動方式稱為 Tobin 二分法 (Tobin's dichotomy)，同時金融部門均衡模型另稱資產平衡模型 (portfolio balance model)。在國際金融市場決定均衡匯率水準時，經常採取該類方法進行分析。

㈧新古典綜合理論

新古典綜合理論係 1950 年代由 A. Hansen 創始，並由 P. A. Samuelson、R. Solow 與 J. Tobin 等人繼續發揚光大。新古典綜合理論係結合 A. Marshall 代表古典學派倡導以價格分析為中心的個體理論與 J. M. Keynes 代表以所得分析為核心的總體理論。新古典綜合理論特質如下：

⑴綜合性：新古典綜合理論將總體經濟學與個體經濟學融於一爐，結合政府干預與市場機能進行研究貨幣金融問題。

⑵現實性：新古典綜合理論針對西方經濟發展問題，以及金融體系層出不窮創新活動所衍生的新問題進行分析探討。

⑶實用性：新古典綜合理論的貨幣理論較 Keynesian 學派的貨幣理論更具體、更細緻、更精密，運用數學模型或幾何圖解（如：IS–LM 曲線），加強對技術性細節的研究，從而應用於詮釋實際現象。

⑷政策性：新古典綜合理論具有明顯的政策性色彩，從政府立場研究貨幣金融問題，針對每一問題提出相應的政策性建議，對政府部門擬定經濟政策發揮舉足輕重影響。

46

貨　幣
money

㈠物物交換經濟 (barter economy)

　　當體系採取分工與專業化生產後，人們立即面臨商品交換問題，必須將過剩商品與他人交換自己缺乏的商品，從而形成交換經濟體系。W. S. Jevons (1875) 認為唯有符合雙重慾望巧合 (coincidence of double wants)，物物交換活動才會成功，決定因素包括自願性交易、商品品質與交換比例的契合、交易成本與訊息蒐集成本等。

　　人們採取以物易物策略時，耗費資源可總括為交易成本與訊息成本，不確定性扮演關鍵角色，交易成本僅是耗損持有的稟賦而已。為提升直接交換效率，人們遂採取兩種策略降低交易成本：

　　⑴設置定點市場 (fixed-point market) 或交易站 (trading post)，讓有意參與交換者進場尋求交換機會，協助降低尋覓成本 (searching cost) 與等待成本 (waiting cost)。

　　⑵尋求眾人認可的記帳單位 (unit of account) 或價值衡量單位 (numeriae)，降低交易過程中必須承擔的記帳成本 (accounting cost)。

㈡交易媒介 (media of exchange)

　　在物物交換經濟中，人們選擇換取適當商品的策略，迂迴轉換成中意的商品，被選為間接交換的商品稱為媒介商品 (intermediary commodity)，係指

在特定時間或交易過程中為對手接受的商品，本質上存在區域性與時間性限制，反觀交易媒介屬於在各種交易過程中為大眾廣泛接受者。舉例來說：歐元 (Euro) 在歐洲屬於交易媒介，對全世界而言，卻僅是在特定區域（歐洲共同聯盟）被接受的媒介商品或區域性貨幣 (local currency)，反觀美元則是國際市場上廣泛使用的交易媒介或全球性貨幣。媒介商品升級為交易媒介的條件有二：⑴技術性（客觀性）：在訊息不全下，交換雙方將檢驗對手持有的商品品質，檢驗成本 (inspection cost) 愈低的媒介商品，愈容易升格為交易媒介。⑵經濟性（主觀性）：交換雙方交付對手媒介商品時，其被接受程度與交付者的信用評等息息相關。符合兩項條件而有資格升級為交易媒介者可能甚多，實務上適合作為交易媒介的商品尚須兼具接受性、標準化品質、耐久性與可分割性等特質。

㈢複式三分 (two triads)

古典學派與 Keynesian 學派針對人們持有貨幣部位的原因，分別演繹出兩組相輔相成的觀點，J. R. Hicks (1935) 稱為複式三分。前者從總體觀點或功能論 (functional view) 著眼，認為人們持有貨幣係因其提供交易媒介、記帳單位與價值儲藏三種功能。後者則由個體觀點或動機論 (motivation view) 著眼，認為人們基於交易 (transaction)、預防 (precaution) 與投機 (speculation) 三種動機而持有貨幣。

在日常生活中，人們經常面臨確定的收付分際 (nonsychronization) 現象，所得與支出發生時間未必緊密配合，Keynes (1936) 將人們持有貨幣彌補收付分際的資金缺口，稱為交易性貨幣需求。由於經濟成員屬性不同，消費者持有交易性貨幣稱為所得動機 (income motive)，特質是所得來源時間多數是領先支出發生時間，收支流量較為確定；廠商持有交易性貨幣則稱為營運動機 (business motive)，特質是成本支出時間領先營運收入進帳時間，營運收入流

量具有不確定性。稍後，Keynes (1937) 另外提出融資動機，強調人們擬定消費或投資計畫前，必須事先尋求融資來源，遂為貨幣需求的主要來源。

　　訊息不全造成人們偶而陷入隨機的收付分際狀況，意外收入與突發性支出交錯發生而出現臨時資金缺口，釀成支付困窘或喪失獲利機會。基於貨幣兼具短期保值與高流動性的特質，可提供暫時購買力的儲藏所 (temporary abode of purchasing power)，是以人們未雨綢繆規劃持有貨幣，形成預防性貨幣需求部位。人們持有交易與預防性貨幣部位，本質上屬於執行預擬支出計劃或備而不用（狀況發生即派上用場），是以合稱活動餘額 (active balance)。另外，人們出售資源而未支用者，轉而持有貨幣或資產，此時的貨幣扮演長期價值儲藏角色，Keynes 稱為投機性貨幣需求，稍後的 J. Tobin (1958) 稱為資產性或投資性貨幣需求。人們持有投機性貨幣部位，本質上係基於保值需求而窖藏不用，故屬於閒置餘額 (idle balance) 的一環。

　　不論從何種角度觀察，貨幣功能與持有貨幣動機彼此間存在對稱關係。古典學派認為交易媒介是貨幣的原始功能 (primary function)，提供流動性或貨幣性協助交易活動順利進行，當人們完成交易活動必須交付實物給對方，故屬於實體概念。隨著社會習慣以貨幣充當交易媒介，貨幣兼為記帳單位自然水到渠成。

(四)流動性

　　蔣碩傑 (1969) 擷取 J. M. Keynes (1930) 在〈貨幣論〉(A Treatise on Money) 中的比喻，從三方面衡量資產流動性或貨幣性：

　　(1)市場性：次級市場與資產交易活絡程度係決定流動性高低的因素，資產的市場性與流動性可用成交值評估。股票在公開市場掛牌交易將代表具有市場性，不過流動性仍需視交易活絡性而定，若屬於長年未見成交的冷門股，流動性將是顯著偏低。

⑵通告時間 (notice time)：資產以合理市價變現所需時間，時間愈長代表流動性愈低；反之，時間愈短顯示流動性愈高。另外，人們緊急拋售資產，成交價格與市價的差距愈小，顯示流動性愈高。在營業期間內，人們出售上市股票至取得現金約需二日，並能以當時市價出售，顯示股票流動性極高。人們出售票券當天即可取得現金，且是依據當時掛牌價格成交，流動性遠高於股票。反觀房地產缺乏健全次級市場，人們急於拋售將蒙受低於合理市價的重大損失，流動性顯然偏低。

⑶價格穩定性：在交易過程中，資產價格變異性可用於衡量流動性高低，人們若能隨時以穩定價格變現資產，意味著流動性相對較高。上市股票價格將因訊息傳遞而瞬息萬變，股價變異性極大顯現流動性較低。人們出售票券係依票券公司的牌告利率隨時變現，價格變異性低，流動性遠高於股票。反觀人們出售房地產，在訊息不全與缺乏次級市場下，價格變異性極大而甚難掌握確切成交價格，顯示流動性偏低。

㈤貨幣制度 (monetary system)

貨幣制度係指體系內各種貨幣依等價關係建立的價值兌換體系。政府部門規定某種材料、重量、成色及形式的商品作為交易活動時的記帳單位與支付工具 (means of payment)，並作為體系內他種貨幣價值的計算標準，此即本位貨幣 (standard money)。有關本位貨幣本位制度 (standard system) 係指包括重量、成色、形狀、鑄造、發行與其他貨幣的兌換比例、發行準備等全套規定。

體系首先出現商品貨幣 (commodity money) 制度，本位貨幣採取特定金屬的重量及成色充當幣材，又稱為金屬本位制度 (metallic standard system)。若以單一金屬為本位貨幣稱為單本位制度 (monometallic standard system)；若以兩種金屬充當本位貨幣，兩者在交易過程中並未產生特殊勞務，亦即屬於

完全替代品 (perfect substitute)，則稱為複本位制度 (bimetallic standard system)，政府部門必須訂定兩種貨幣交換的法定比率 (legal ratio)。假設某一金屬供需發生變化時，勢必影響該幣材價格的變化，導致法定比率與市場比價出現差異，誘使人們僅使用低市場價值貨幣流通交易，高價值貨幣將被窖藏，此種劣幣驅逐良幣現象稱為 Gresham 法則。在國際經濟活動中，人們同時使用兩種不同國家的貨幣交易，兩者各具特殊用途而成為不完全替代品，縱使匯率發生變動，其持有的貨幣組合仍將涵蓋兩種貨幣，此種現象稱為通貨替代 (currency substitution)。

在單本位貨幣制度中，以黃金為幣材者稱為金本位制度 (gold standard system)；以白銀為幣材者稱為銀本位制度 (silver standard system)。最早的金本位制度型態是金幣本位制度 (gold coin standard system)，是以鑄造的金幣充當交易媒介，另外黃金本身具有價值，金幣購買力與黃金重量、成色相當。由於黃金數量成長有限不足以滿足國際商務需求，從而轉型成金塊本位制度 (gold bullion standard system)，金幣不再流通，黃金變成國際收支的清算工具。此時政府部門改採發行紙幣流通，紙幣可向銀行兌換等價的金塊，雖有黃金兌換數量限制，但不限制兌換用途。黃金自此遂日益集中於政府部門手中，隨著國際貿易活動趨於頻繁後，大多數國家的貨幣遂與金本位國家的貨幣維持一定比率關係，金匯兌本位制度 (gold exchange standard system) 因而產生。金匯兌本位係以黃金、及實施金本位國家的貨幣為外匯資產，充當發行貨幣的準備資產，聯繫黃金、外匯與貨幣之間的關係。

紙幣本位制度 (paper money standard system) 係中央銀行掌握鑄幣權 (seignorage) 發行不兌換金屬的紙幣制度，紙幣本位依發行準備有無，分成黃金準備 (gold reserve) 紙幣本位制度與純粹紙幣本位制度。前者發行紙幣應具備某些限制條件的準備資產，用以控制貨幣發行數量，加強幣值穩定的信心。不過發行準備終究不是金本位制度，人們若對政府部門維護幣值穩定具有信

心，也不必然要有發行準備資產，從而出現純粹紙幣本位制度或稱管理貨幣制度 (managed money system)，紙幣發行數量完全控制在央行手中，最適貨幣餘額 (optimal money balance) 也就成為關注重點。

傳統上，人們利用現金從事資產交易，隨著金融市場規模成長，金融投資活動急遽增加，促使現金與資產交易衍生的搬運、點算、遺失、失竊風險大幅攀升，形成交易效率低落與交易成本偏高現象。為求提升金融交易活動能以經濟、安全、迅速方式進行，進而配合網路交易活動，金融當局創新支付系統發展出電子資金移轉制度 (electronic funds transfer system, EFTS) 因應，包括三大系統：

1.央行同業資金系統

該系統處理的交易項目包括轉撥資金調整準備部位、同業拆款資金交割、外匯買賣新臺幣交割與債票交易款項交割，將可提升金融業資金調撥效率及掌控金融業資金動態，包括兩部分：

(1)大額支付網路系統：金融機構與央行主機連線，在央行準備帳戶辦理轉帳。

(2)即時總額清算系統 (Real-Time Gross Settlement, RTGS)：央行採取即時總額清算機制，交易執行完成即行生效不得撤銷，無足額扣付之交易即予退回，該機制除可降低系統風險 (systematic risk) 外，兼具符合國際標準之支付系統。

另外，央行連接同業資金系統將與中央登錄公債 (book entry bond) 或無實體公債系統，採取款券同步交割機制 (Delivery Versus Payment, DVP)，集中清算公債交易金額，降低交割風險。

2.票據交換結算系統

該系統採取多邊淨額清算方式，處理支票、本票、匯票及其他支付憑證跨行收付結算，亦即金融機構提出與提回票據相抵後，結計應收應付淨額各

自透過其在央行的準備帳戶（臺北地區）或臺銀同業存款帳戶（臺北以外縣市）完成清算。

　　3.金資跨行支付結算系統

　　網際網路興起促使電子銀行 (electronic banking) 與網路銀行 (internate banking) 成為銀行業營運的主流。財政部在 1987 年以非循環基金組織型態設立金融資訊服務中心（金資中心），建構「金融資訊跨行網路服務」系統辦理金融業務自動化業務，並於 1998 年改制為財金資訊股份有限公司，成為國內第一家跨行金融資訊網路公司。金資跨行支付結算系統包括由關貿網路系統、跨行通匯與業務清算系統組成的全國性跨行通匯系統、以及多功能加值型網路系統兩部分。

　　電子商務興起帶動網路交易的支付工具紛紛出籠，該類支付工具係以信用卡 (credit card) 為主，電子錢包 (electronic wallet)、電子現金 (E-currency)、電子支票 (E-check) 及智慧卡 (smart card) 亦逐漸興起。電子付款系統包括透過銀行付款、電子資金移轉 (EFTS) 付款、電子貨幣付款三類。透過銀行付款係屬於傳統支付型態，而銀行帳戶係為現金交易、支票及信用卡交易之主要付款基礎。為解決電子交易之付款問題，體系發展出電子資金移轉及記錄式資金移轉兩種支付方式：

　　⑴電子資金移轉：當消費者透過網路發出購物訂單，個人私密付款資訊（如：信用卡或銀行帳號）將隨訂單一起傳送。EFTS 係透過銀行與主要公司間安全的私密網路，傳送信用卡號或電子支票（單純的支票影像）。

　　⑵記錄式資金移轉 (notational funds transfer, NFT)：消費者採取電子金融轉帳或電匯記錄帳戶進行結算交易活動。

㈥最適貨幣餘額

　　經濟學從社會成本與福利損失兩種觀點定義最適貨幣餘額：

1.社會成本觀點

P. A. Samuelson (1968, 1969) 認為貨幣能夠產生直接效用，將會出現在人們的效用函數中。不過人們具有時間偏好，持有貨幣的機會成本就是犧牲當期消費而遞延消費的時間偏好率。在自由放任競爭下，若不考慮貨幣的儲藏成本與其他貨幣替代資產，貨幣係無息且無生產成本的錢雨 (money rain) 時，實質貨幣邊際效用 MU_m 將會等於反映時間偏好率 θ 的邊際私人成本 (marginal private cost, MPC)：

$$MU_m = MPC = \theta > 0$$

假設政府部門採取通貨緊縮策略來增加實質貨幣餘額，此種價格犧牲屬於社會全體，背後並無成本負擔，造成實質貨幣餘額的邊際社會成本 (marginal social cost, MSC) 為零：

$$MPC = \theta > 0 = MSC$$

最適貨幣餘額可定義為：「在邊際私人成本等於邊際社會成本時的實質貨幣餘額」，不過依據上述說法，自由放任競爭將僅能達到次佳 (second best) 狀態，最適貨幣餘額將無法求得。有鑑於此，M. Friedman (1969) 給予貨幣相當於犧牲消費的時間偏好率的利率 r_m，亦即 $r_m = \theta$ 將可決定最適貨幣餘額，此即稱為 Chicago 法則 (Chicago rule)。

2.福利損失觀點

當經濟成長達到長期穩定狀態時，M. Bailey (1956)、M. Sidrauski (1967) 與 M. Friedman (1971) 考慮人們在追求福利損失極小化或社會效用極大下，將可求出最適成長途徑下之最適實質貨幣餘額。換言之，最適貨幣餘額可定義為：「滿足經濟成長達到長期穩定狀態下，福利損失極小或社會效用極大時的實質貨幣餘額。」

47

貨幣數量學說
quantity theory of money

(一)理論內容

歐洲在十六世紀中葉爆發物價革命 (price revolution)，J. Bodin (1596) 首先由個體觀點以銀幣供需變化間接解釋物價變動原因。稍後，D. Hume (1752) 改由總體觀點直接指出貨幣數量變動對物價變動將會產生正面影響。綜合貨幣數量學說發展，理論內涵可歸納為五項臆說：(1)物價與貨幣數量等比例變動的比例性 (proportionality) 臆說、(2)貨幣數量變動不影響實質經濟活動運行的中立性 (neutrality) 臆說、(3)通貨膨脹屬於需求拉動 (demand-pull) 型態、(4)貨幣數量增加推動物價上漲，兩者間的因果關係 (causality) 存在不可逆性、(5)貨幣流通速度為固定值。

(二)交易方程式 (equation of exchange)

Irving Fisher 由事後或交易觀點揭示在固定期間，貨幣數量與貨幣使用次數（資金周轉率）的乘積將等於名目交易總值，此即交易方程式：

$$MV = PT$$

預期貨幣交易流通速度 (V) 取決於人們的支付習慣，係決定於人口密度、商業習慣、交易方式以及其他技術因素，短期內將是常數。T 是實質交易量，包括所有商品與勞務、原料、舊貨與金融市場交易，取決於技術與自然資源

（包括原料與勞動）的使用情況。P 是物價指數涵蓋上述交易項目的物價加權值。

該理論認為商品（消費財）與貨幣的替代關係較為密切，並以通貨膨脹過程 (inflationary process) 解釋貨幣數量變動對體系形成的影響，此即現金餘額或直接調整機能。當實際貨幣供給超過人們願意保有的實質貨幣餘額時，多餘現金餘額將購買消費財，促使物價上漲而吸收過多的名目貨幣數量。

㈢所得學說 (income theory)

Kunt Wicksell 從總需求（以 MV 代表總支出）與總供給（以 y 代表實質總產出）的概念出發，將交易方程式轉變為所得學說：

$$MV = Py$$

上式意謂著體系達成均衡時，總支出與實質產出透過物價調整來維持兩者相等關係。V 係貨幣所得流通速度，亦即在固定期間內單位貨幣用於購買最終商品與勞務之平均周轉次數。

該理論認為商品（資本財）與貨幣的替代關係較為密切，改採累積過程 (cumulative process) 解釋貨幣數量變動對體系形成的影響，此即利率或間接調整機能。當體系內實際貨幣供給超過人們願意保有的實質貨幣餘額時，多餘現金餘額將購買金融資產（資本財），促使資產價格上漲（利率下跌）、投資增加（資本財需求增加），推動物價上漲而吸收過多的名目貨幣數量。

㈣現金餘額學說 (cash balance approach)

該學說認為人們持有貨幣，係因貨幣兼具交易媒介和價值儲藏角色，故由 A. Marshall 的現金餘額數量學說衍生出 Cambridge 方程式：

$$M = kPa$$
$$= k(r)Py$$

a 是人們擁有的實質資產數量，k 是實際資產中持有貨幣的比例。該理論強調貨幣是生息資產（價值儲藏）的一環，討論人們願意以貨幣形式保有資產的比例，遂成為 J. R. Hicks (1935) 探討資產選擇理論 (portfolio theory) 的先驅。由於資產可表為未來預期所得的現值，上述方程式將轉換為所得的函數。

㈤現代貨幣數量學說

M. Friedman (1956) 重新詮釋貨幣數量學說，認為貨幣是金融資產，人們持有貨幣係著眼於交易媒介與價值儲藏等金融勞務。在前述學說中，貨幣需求 (money demand) 取決於物價和支出水準，Friedman 再引進持有貨幣的機會成本概念。人們持有貨幣的機會成本來自兩方面：⑴將貨幣借貸出去取得名目利率的報酬、⑵物價上漲造成持有貨幣的購買力損失。兩種機會成本上升意味著持有貨幣成本增加，降低人們持有貨幣的意願。總結影響貨幣需求的因素包括物價水準、實際支出、名目利率及恆常所得 Y^P、預期通貨膨脹率 π^e 等，貨幣需求函數可表為：

$$\left(\frac{M}{P}\right)^d = f(r, Y^P, h, \pi^e)$$

r 是一組利率，h 是人力資本對非人力資本的比率。隨著物價水準變化，名目貨幣需求將呈等比例變化，恆常所得變化引起貨幣需求變化的彈性將大於 1。Friedman 認為只要貨幣需求函數穩定，貨幣供給變化將引起物價變化，而且長期將不會影響實質經濟變數。

48 貨幣需求
money demand

　　貨幣需求係指人們保有貨幣過夜的意願性，顯見時間因素在貨幣需求理論中扮演極為重要角色。

(一)存貨理論 (inventory theory)

　　W. J. Baumol (1952) 運用存貨理論概念，認為人們持有交易媒介正如廠商持有存貨，持有過多將需損失利息收益，持有過少則不利於交易活動進行，如何取得平衡，將可決定最適交易性貨幣數量。在所得期間 (income period)，人們以均勻速度消費預擬支出，而所得將會定期而來，此種規則性（確定）的所得消費支出型態將呈現鋸齒型 (sawtooth-type)。人們安排交易餘額 (transaction balance) 將由現金與儲蓄存款構成，進而將消費支出計劃付諸執行。

　　假設人們僅能使用現金交易，提領現金須支付固定手續費，此即交易成本（包括時間成本與金融成本），保有儲蓄存款可獲固定收益且無風險。人們預擬立即支出部分將以現金持有，短期即將支出部分則以儲蓄存款持有。在追求保有現金餘額成本最小下，將可決定每次提領最適現金餘額的平方根公式 (formula of square root)：

$$M^* = \sqrt{\frac{2HY}{iT}}$$

人們提領現金均勻使用後將趨近於零，所得期間內平均持有的交易現金部位

或交易性貨幣數量僅是提款金額的一半，是以 Baumol 貨幣需求將是：

$$M^d = \frac{M^*}{2}\sqrt{\frac{2HY}{iT}}$$

Baumol 貨幣需求曲線的特色包括物價彈性為 1、所得彈性為 (1/2)、利率彈性為 (−1/2)。隨著人們的支出規模成長，持有現金部位遞增幅度較小，呈現規模經濟係因每次提款必須支付固定成本的緣故。Baumol 貨幣需求包括固定利率彈性的負斜率曲線與垂直線兩部分，出現轉折點係因交易成本過高或利率偏低所致，該點稱為 Keynesian 轉折點，理由是：垂直線部分符合 Keynes 對交易性貨幣需求的看法。值得注意者：物價變化對 Baumol 貨幣需求影響的看法有二：⑴物價水準呈現一次即止的上漲現象，實質交易性貨幣需求不變，或物價水準與名目交易性貨幣需求呈等比例變化。⑵物價持續變動將改變人們的通貨膨脹預期，市場利率隨之上漲，實質交易性貨幣需求下降，名目交易性貨幣需求仍呈遞增現象。

在信用經濟體系下，人們使用金融卡提款，且依提款金額支付比例成本。另外，廠商安排交易餘額或營運資金餘額時，僅能選擇現金與票券（或債券型基金），而後者的兌現係採支付比例成本，是以 J. Tobin (1956) 將 Baumol 理論的固定成本改為比例成本，得到人們不再持有交易性貨幣需求的結論。

㈡廠商貨幣需求理論

在營運期間內，廠商通常將現金視為生產資源或存貨，而現金流量呈現醉步型態，波動幅度較生產循環變動為大。為決定持有最適現金部位，財務主管偏好採取雙倉式最適存貨策略 (two-bin optimal inventory policy)，亦即：⑴當現金部位波動至設定的上限 M_{max} 時，將採取購買票券降低現金餘額至 h；⑵當現金部位波動至設定的下限 M_{min} 時，則須出售票券提高現金餘額至

z。M. Miller 與 D. Orr (1966) 基於 (h, z) 的雙倉式存貨結構，將廠商持有交易性貨幣餘額的預期成本 $E(C)$ 表示如下：

$$E(C) = \frac{bE(n)}{T} + iE(M)$$

T 是廠商的營運期間，$E(n)$ 是預期貨幣與票券間的金融移轉次數，b 是每次交易須支付的固定成本，$E(M)$ 是平均現金餘額，i 是票券報酬率。假設現金流量係呈現對稱的 Bernouli 醉步過程，廠商的交易性貨幣需求將可表示如下：

$$M_f^d = \frac{4}{3} \left(\frac{3b\sigma^2}{4i} \right)^{\frac{1}{3}}$$

上述函數顯示：在固定的營運期間，廠商的交易性貨幣需求將與票券報酬率 i、交易成本 b、每日現金餘額波動幅度（變異數）σ^2 息息相關。

㈢預防性貨幣需求

M. Weinrobe (1972) 認為人們持有貨幣預防意外事件發生，雖可降低預期流動性匱乏成本 (illiquidity cost)，但卻增加持有貨幣的利息負擔；反之，持有較少貨幣雖然減少利息成本，卻擴大流動性匱乏成本。是以人們追求持有預防性貨幣餘額成本最小時，將會達到增加持有貨幣的利息負擔，等於緊急兌現非現金資產的預期流動性匱乏成本。另外，W. E. Whalen (1966) 認為當意外支出超過持有的預防性貨幣餘額，人們將須支付固定成本緊急兌現資產應急，若再引進意外淨支出的機率，將可求出預防性貨幣需求的立方根公式 (formula of cube root)：

$$M_p^d = \sqrt[3]{\frac{2H\sigma^2}{iT}}$$

σ^2 是機率分配的變異數，H 是缺乏流動性成本，i 是持有貨幣餘額的機會成本率。上述函數顯示：預防性貨幣需求的利率彈性為 $-1/3$，預防性貨幣需求對所得與支出（淨支出）的彈性為 $1/3$。

49

資產選擇理論
portfolio theory

㈠財務經濟學 (financial economics)

1990 年諾貝爾經濟學獎得主 H. Markowitz、M. Miller 與 W. Sharp 三人在財務經濟學扮演先驅者角色，1997 年得主 R. C. Merton 與 M. Scholes 則是在選擇權訂價發揮開創性貢獻。金融資產係指收取未來現金流量的財產權，金融市場運作模式與廠商對金融資產性質的掌握及正確運用，將是財務經濟學的討論核心。綜合財務經濟學研究內涵，將涵蓋四個層面：

(1)現金流量在未來才會進帳，將涉及時間經濟學。

(2)現金流量具有不確定性，故需運用不確定性經濟學評價。

(3)未來現金流量可能取決於人們是否付諸執行,故與選擇權經濟學有關。

(4)評估未來狀況須具備各種訊息，故需瞭解資訊經濟學。

財務經濟學涵蓋理論與實務兩個層面，前者強調理論係針對金融市場進行精確描述；後者則重視規範性，提供金融操作決策法則。在實證理論中須假設各種不同形式的規範性行為，而在規範性理論中也需要以實證理論為基礎。對實證財務經濟學而言，核心議題是如何評價未來現金流量的現值；就規範財務經濟學來說，則係以實證財務理論為基礎，探討如何適當使用金融資產。

財務經濟學通常包括三大類：

(1)投資學 (investment theory) 係探討人們如何從事金融操作、安排最適資

產組合以及金融資產的評價。

　　(2)公司理財 (corporate finance) 係探討公司如何安排最適財務結構、選擇發行金融資產募集資金策略、以及風險管理活動。

　　(3)金融機構管理理論 (financial institution management) 係探討金融機構的資產與負債管理決策。

(二)資產選擇理論

　　資產選擇理論探討在不確定狀況下，人們追求期末財富預期效用最大下的決策行為。J. R. Hicks (1935) 率先提出資產選擇概念，將風險溢酬引進預期報酬率，以此報酬率作為貼現率，對各種資產預期收益進行貼現，然後選擇投資標的，此種理論兼顧預期報酬與風險，不過卻無法解釋資產多元化的現象，亦即不論如何以風險因素修正個別資產報酬率，人們僅是選擇預期報酬率最高的金融資產，投資組合永遠僅有單一資產而已。H. Markowitz (1952) 引進投資人的風險偏好態度，並以資產組合為基礎分析資產選擇行為。J. Tobin (1958) 將此理論推廣至分析人們持有投機性貨幣需求的行為，成為現代金融理論的基礎。

(三)最適資產組合的決定

　　假設風險趨避者安排資產組合包括債券與股票兩種風險性資產：債券風險為 σ_a^2 和預期收益率 $E(\tilde{r}_a)$，持有比例為 x；股票風險為 σ_b^2 與預期報酬率為 $E(\tilde{r}_b)$，持有比例為 $(1-x)$。是以資產組合的預期報酬率將是兩種資產預期報酬率的加權平均值：

$$E(\tilde{R}_p) = xE(\tilde{r}_a) + (1-x)E(\tilde{r}_b)$$

資產組合的風險為：

$$\sigma^2(\tilde{R}_p) = x^2\sigma_a^2 + 2x(1-x)Cov(r_a, r_b) + (1-x)^2\sigma_b^2$$

Markowitz (1952) 定義效率投資前緣 (efficient investment frontier) 為：在可行的資產組合中，挑選在各種風險下，預期報酬率最大之資產組合；或在各種預期報酬率下，總風險最低的資產組合，從而形成最佳資產組合的軌跡。該軌跡的函數可表為：

$$\sigma^2(R_p) = \left\{ \frac{[E(R_P) - E(r_b)]}{[E(r_a) - E(r_b)]} \right\}^2 \sigma_a^2 + \left\{ \frac{[E(r_a) - E(R_P)]}{[E(r_a) - E(r_b)]} \right\}^2 \sigma_b^2 +$$

$$2 \left\{ \frac{[E(R_P) - E(r_b)]}{[E(r_a) - E(r_b)]} \right\} \left\{ \frac{[E(r_a) - E(R_P)]}{[E(r_a) - E(r_b)]} \right\} \rho \sigma_a \sigma_b$$

$$\rho = \frac{Cov(r_a, r_b)}{\sigma_a \sigma_b}$$

當風險趨避者追求預期效用最大，將在其 μ–σ 無異曲線與 Markowitz 效率投資前緣相切時，達成投資者均衡，從而決定最適資產組合的預期報酬率與風險。由資產組合的預期報酬率值，將可求出風險趨避者持有各種風險性資產的最適比例。

㈣資本資產訂價模型 (capital asset pricing model, CAPM)

J. Treynor (1961)、W. F. Sharpe (1964)、J. Lintner (1965)、J. Mossin (1966) 等人在 1960 年代發展資本資產訂價模型 (CAPM)，累加所有投資人決策，探討當資本市場達成均衡時，投資人要求證券報酬率將與證券市場風險（系統性風險）間呈現線性關係，市場風險係數可用 β 值衡量。

　　資本資產訂價理論接收資產選擇理論分析，並附加下列假設：(1)投資人對各資產預期報酬率及風險具有相同預期。(2)資本市場無交易成本、資產可無限制分割。(3)投資人可在無風險利率下進行借貸。一般而言，投資人透過多元化投資分散資產持有風險，投資組合僅剩下無法分散的風險。在資本市場上，只有不可分散的風險方能獲得風險溢酬補償，是以該理論即在評估風險性資產預期報酬率的訂定，如何將單一風險性資產報酬率定位於市場組合 (market portfolio) 報酬率。市場組合包括股票、債券、房地產等所有發行在外資產的組合。

　　資本資產訂價理論將單一證券報酬率 $E(\tilde{r}_j)$ 表示為證券市場線 (security market line, SML) 方程式：

$$E(\tilde{r}_j) = r_f + \left[E(\tilde{r}_m) - r_f \right] \cdot \left[\frac{Cov(r_j, \tilde{r}_m)}{\sigma_m^2} \right]$$

$$= r_f + \left[E(\tilde{r}_m) - r_f \right] \cdot \beta_j$$

$$E(\tilde{r}_j) = r_f + \beta_j \left[E(\tilde{r}_m) - r_f \right]$$

r_f 是無風險資產報酬率，$\tilde{r}_m$ 與 σ_m 分別是市場組合的預期報酬率與風險，β 值是市場風險指標，用於衡量個別資產相較市場的波動風險，顯示市場平均超額報酬率 $[E(\tilde{r}_m)-r_f]$ 對 j 證券的影響程度。資產的 β 值顯示的涵義如下：(1) $\beta = 0$ 代表安全性資產。(2) $\beta < 0$ 顯示該資產與市場組合呈負相關，投資人持有該類資產可降低資產組合風險。(3) $\beta = 1$ 代表安全性資產，該證券相當於市場組合（如：基金），報酬率與市場平均超額報酬率呈同比例變化。(4) $\beta > 1$ 代表攻擊性證券 (aggressive security)，該證券報酬率高於市場平均超額報酬率。(5) $\beta < 1$ 代表防禦性證券 (defensive security)，該證券報酬率低於市場平均超額報酬率。

SML 線代表證券均衡價格水準或其市場價格是否合理，個別證券價格若是脫離 SML 線時，將呈現不斷調整。如果個別證券的預期報酬率低於 SML 線，證券價格將屬偏高；反之，個別證券的預期報酬率低於 SML 線，證券價格將是偏低。再定義資產超額報酬率 $\alpha_i = r_i - E(\tilde{r}_i)$ 係數，係實際報酬率與均衡報酬率的差距：$\alpha_i > 0$ 顯示 $r_i > E(\tilde{r}_i)$ 反映證券價格偏低；$\alpha_i < 0$ 顯示 $r_i < E(\tilde{r}_i)$ 反映證券價格偏高。在資本市場達成均衡時，所有證券均有適當價格，α_i 係數應等於 0。

　　當金融市場完全達成均衡時，由無風險資產和市場組合構成的投資機會集合軌跡稱為資本市場線 (capital market line, CML)：

$$\mu = r_f + (\frac{r_m - r_f}{\sigma_m})\sigma_P$$

μ 與 σ_P 分別是資產組合的預期報酬率與風險。資本市場線的截距是無風險資產報酬率，斜率代表風險的單位報酬或稱風險價格 (price of risk)，線上任何一點均是反映效率組合 (efficient portfolio) 的風險與預期報酬率間的關係。投資人的最適資產組合僅可能在融資決策（安全性資產相對於風險性資產的比例）有所差異，但在投資決策（風險性資產的組合成分）卻無不同，是以資本市場線又稱為分隔線 (separate line)。此種融資決策與投資決策存在獨立性，即稱為分隔理論 (separation theorem) 或共同基金理論 (mutual-fund theorem)，亦即眾多風險性資產可縮減成全體投資人接受的市場組合，正如性質不同的投資人購買同一基金，該基金再投資金融市場上的所有資產。

(五)套利訂價理論 (arbitrage pricing theory, APT)

　　S. Ross (1976) 提出套利訂價模式，基本觀念是相同風險等級的證券不可能存在不同價格，若市場發生失衡情況，投資人可組成套利組合，直到市場

達到均衡為止。實務上，投資人運用資產選擇理論須受嚴格限制，如：常態機率分配、投資者效用函數需為二次式等，而且安排效率組合所須估計參數過多而致計算成本過高。是以 W. F. Sharp (1963) 與 E. Fama (1968) 將單一資產報酬率簡化為由某一共同指標或因素來解釋，此即單一指數模型 (single-index model) 或因素模型 (factor model)，該指標若為股價指數，則稱為市場模型 (market model)。

因素模型本質上並非均衡理論，假設證券報酬率源自於可認定的因素，投資人可利用因素模型概念推演出套利訂價模式，作為從事金融操作的訊息參考。套利係指在無資金投入的狀況下，投資人利用不同金融市場價格扭曲獲利，低價買入商品而高價出售獲利的過程。

套利訂價理論認為影響證券報酬率的因素僅限於市場組合報酬率，是以 G. Alexander (1977) 改採多元指標解釋證券報酬率的訂定，故稱為多因素模型 (multi-factor model) 或多元指數模型 (multi-index model)。至於影響證券報酬率的因素包括國民生產毛額、違約風險溢酬的改變、長短期債券收益率的改變、匯率變動、未預期通貨膨脹率與實質利率變動等，而影響股價變動的總體經濟因素包括景氣循環、利率、匯率、貨幣成長率、油價變動率、通貨膨脹率、對外貿易、信用交易等。

50 貨幣供給 money supply

㈠銀行存款 (bank deposit)

銀行係以從事資產轉換的間接金融業務為主，首要決策即是評估資金成本、資金期限、不同資金來源的風險、金融法規限制等因素後，選擇發行存款或證券的型態募集資金。在多元化資金來源中，銀行吸收存款資金所占比重仍居於絕對多數，但須肩負讓存款者迅速提領責任，是以金融當局通常對銀行財務結構附加各種限制，如：資本適足性、法定準備比例、流動性準備比例等。

存款市場 (deposit market) 屬於制度性儲蓄市場 (institutional saving market)，具有完全細分、銀行在牌告利率下需無限制接受客戶存款等特質。銀行無法透過利率競爭吸收存款，僅能採取提供附加的金融勞務改變儲蓄者偏好，利用支付隱含利息或採取非價格競爭策略，削減存款流量的變異性，這些策略包括：⑴積極性促銷與廣告，提供促銷溢酬。⑵提供存款者具有吸引力的信用條件。⑶提供方便性勞務，如：延長銀行營運時間、推廣 ATM 的使用、增設分行。⑷結合衍生性商品發展結構型存款 (structured deposit)。隨著金融創新活動盛行，銀行存款多元化可依下列標準劃分：

1.存款工具性質

可區分為具有交易媒介性質的貨幣性存款 (monetary deposit)，如：支票存款 (check deposit) 與活期存款 (demand deposit)，以及具有價值儲藏性質的

儲蓄性存款 (saving deposit)，如：活期儲蓄存款與定期存款兩類。

2.存款創造性

可區分為兩類：(a)銀行吸收存款稱為原始存款 (primary deposit)，而運用存款資金授信經由回存而增加存款數量，即是衍生性存款 (derived deposit)。(b)銀行吸收存款若與經濟因素無關，則稱為自發性存款 (autonomous deposit)。銀行在授信過程中，勢必引發體系內經濟變數（利率、所得與物價）調整，釀成存款數量變化，此即誘發性存款 (induced deposit)。

3.存款期限

可區分為具有隨時到期性質的活期性存款、儲蓄者預擬提款須提前通知銀行的通知存款 (call deposit)、以及附有既定到期日的定期存款 (time deposit)。

金融創新活動刺激銀行持續研發新存款金融產品，創新方式有二：

1.利息創新

銀行將定存的預期利息收益，投入操作其他金融資產，追求較高預期報酬率。其中，花旗銀行推出投資型新臺幣定存，存款者藉由將定存利息投入股市，享有較高預期投資報酬率，但也需要承擔風險。

2.本金創新

銀行推出雙元性通貨存款 (dual currency deposit) 或稱為加值利率外幣存款 (premium deposit)，存款者將外幣存入銀行並約定執行匯率，銀行支付高於定存的利率，銀行到期時可依匯率走勢，選擇弱勢貨幣還給存款者，該商品的設計原理是：存款者出售賣權，銀行有選擇弱勢貨幣償還存款債務的權利，故將支付的權利金折算成加值利率付給存款者。存款者投資該類定存雖可享有高利率，卻也面臨匯率風險。另外，銀行結合衍生性商品與定存，維持存款本金安全性的特質，此即稱為結構式存款。如花旗銀行的「連結金融組合式外幣存款」，係結合定存與選擇權、遠期外匯、換匯等衍生性商品，將外幣

定存的利息部分投資於股票、商品、利率、外匯等金融指數。

㈡舊觀點 (old view) 與新觀點 (new view)

貨幣供給理論分為舊觀點與新觀點兩類。前者以貨幣學派為核心，主張人們在固定期間擬定支出計劃後，將選擇各種金融資產形成交易餘額組合，是以交易餘額組合係反映能夠影響經濟活動的貨幣數量。舊觀點突出金融機構發行負債募集資金對經濟活動的影響，銀行同時發行交易媒介與價值儲藏工具吸收資金，而非銀行金融中介僅能發行保值工具募集資金。

新觀點以新 Keynesian 學派為核心，認為人們規劃支出活動必須事先尋求資金來源，並以銀行創造的信用來融通交易活動。新觀點突出金融機構授信活動對經濟活動的影響，強調銀行與非銀行金融中介均可創造信用，融通人們支出所需的資金或流動性。

㈢功能性方法 (functional approach)

貨幣扮演何種角色屬於先驗上價值判斷或制度規範的問題，功能性方法或制度性方法 (institutional approach) 從「貨幣是什麼」(What money is?) 的角度先行定位貨幣，再尋找合適的金融資產納入貨幣範圍。其中，交易方法 (transaction approach) 將貨幣定位為支付工具或交易媒介，從而產生兩種貨幣定義：

1. M_0 貨幣定義

又稱基礎貨幣 (base money)、強力貨幣 (high-powered money) 或準備貨幣 (reserve money)，屬於央行對大眾與存款貨幣機構的貨幣性負債，組成因素包括通貨淨額 (net currency, C^P)、存款貨幣機構的存款準備（包括郵匯局存款準備）：

$$通貨淨額 = 通貨發行毛額 - 央行庫存現金 - 存款貨幣機構的庫存現金$$

$$存款貨幣機構的存款準備 = 存款貨幣機構的庫存現金 + 存款貨幣機構在央行$$
$$的存款準備$$

$$M_0 = 通貨發行毛額 - 央行庫存現金 + 存款貨幣機構在央行的存款準備$$

2. M_{1A} 貨幣定義

銀行發行支票可作為交易媒介,使用支票的安全性與方便性遠高於現金,有助於大幅降低交易成本,故在優勢原則驅使下將會取代部分現金用於交易活動。是以央行定義 M_{1A} 為:

$$M_{1A} = C^P + DD$$

活期存款毛額 (gross demand deposit) 係指人們持有存款貨幣機構之支票帳戶及活存帳戶餘額,若是扣除待交換票據或稱為遺失貨幣 (missing money) 後的餘額,即是定義中的活期存款淨額 (net demand deposit, DD)。值得注意者:支票僅是交易媒介而非支付工具,交易完成反映成立新債權債務關係,取得支票者需將支票存入銀行帳戶,透過票據交換所交換,若獲清償而未退票,債權債務問題才算完全解決。是以人們接受支票前,必須評估發票人的信用等級,而評估接受票據的風險或觀察民間信用狀況可用下列指標衡量:(a)淨退票張數比率:退票張數與支票交換總張數扣除註銷退票記錄者的比率,屬於景氣循環的落後指標。(b)退票金額比率:退票金額與支票交易總金額的比率,亦為景氣循環的落後指標。(c)退票家數(支票拒絕往來戶)。

另外,暫時購買力儲藏所方法強調貨幣扮演價值儲藏角色,亦可產生兩種貨幣定義:

1. M_{1B} 貨幣定義

銀行發行儲蓄帳戶 (SD) 吸收人們(營利機構排除在外)的資金,除支付

利息外，須憑存摺或金融卡隨時提款。面對直接金融競爭，銀行從事金融處
理創新活動，儲蓄帳戶流動性大幅提升，擴大支票帳戶與儲蓄帳戶間的替代
性，促使央行擴張貨幣定義如下：

$$M_{1B} = M_{1A} + SD$$

銀行活儲帳戶包括個人及非營利法人在存款貨幣機構之活期儲蓄存款，非銀
行金融中介吸收的儲蓄資金不包括在內。

2. M_2 貨幣定義

隨著 M_{1B} 貨幣定義出現後，貨幣的定位逐漸朝價值儲藏工具傾斜，再次
引發尚有哪些金融資產需被評估列入貨幣範圍的問題，是以央行擴大貨幣定
義如下：

$$M_2 = M_{1B} + 準貨幣$$

準貨幣 (quasi-money) 或近似貨幣 (near money) 包括銀行定期存款、郵政儲金
總數 (包含劃撥儲金、存簿儲金及定期儲金)、外匯存款 (含外幣定期存單)、
銀行及郵匯局之證券附買回交易、外國人持有新臺幣存款 (含活期及定期)
等五種，僅具價值儲藏功能，特質是流動性較低、存在一定期間的限制。

㈣實證性方法 (empirical approach)

功能性方法產生多元化貨幣定義，實務上無法指出何者將能真正反映體
系實況，M. Friedman (1963)，強調會抓老鼠的貓即是好貓，突出貨幣對經濟
活動運行提供的實際助益 (What money does?)，運用實際資料驗證不同貨幣
定義對經濟活動的影響，再從中選取最具影響力者作為最適貨幣定義，此即
判斷係數方法 (coefficient of determination approach)。另外，實證性方法從推
演傳統貨幣概念與相關金融資產替代彈性或交叉彈性著手，尋求實務上較佳

的貨幣定義。

(五)貨幣供給方程式 (money supply equation)

將 M_{1A} 貨幣定義與強力貨幣 (H) 相除，可得貨幣供給方程式如下：

$$\frac{M_{1A}^S}{H} = \frac{C^P + D}{C^P + R} = \frac{1 + \dfrac{C^P}{D}}{\dfrac{C^P}{D} + \dfrac{R}{D}} = \frac{1 + d}{d + \rho} = m$$

上述方程式即是貨幣乘數方法 (money-multiplier approach) 或稱比例方法 (ratio approach)，顯示貨幣供給係由貨幣乘數 (m) 與強力貨幣兩者構成，前者決定於通貨活存比率 (currency deposit ratio) $d=(C^P/D)$ 與存款準備率 $\rho = (R/D)$。至於影響貨幣供給數量的因素可歸納如下：

(1)強力貨幣：強力貨幣來源係由央行持有國際淨資產餘額、公部門淨債權餘額、私部門淨債權餘額等三者構成，三者餘額的變動分別反映國際收支餘額、政府預算赤字與金融赤字 (financial deficit)。

(2)貨幣乘數：貨幣乘數為強力貨幣與貨幣供給間的擴張關係，係金融機構運用強力貨幣透過不斷重複存款與放款過程，所創造出的貨幣數量。在其他條件不變下，法定準備率 (required reserve rate) 提高，銀行將需收縮放款，貨幣乘數相應下降。通貨與存款的比率上升，人們持有通貨意願上升，銀行吸收存款數量相對降低，貨幣乘數隨之下降。另外，銀行持有超額準備 (excess reserve) 意願增加，將收縮放款促使貨幣乘數下降。

(六)塑膠貨幣 (plastic money)

信用卡兼具塑膠貨幣與擴張信用（簽帳）性質，消費者在發卡機構授予的信用額度內，在同一信用卡組織收單銀行 (acquirer) 的特約商店消費，並於

一定期間後付款。信用卡公司或發卡銀行為彰顯本身信用卡的特色，通常附加旅遊意外險與租車保險等服務。一般而言，信用卡提供的功能有二：

(1)循環信用：發卡銀行事先授予消費者循環信用額度，從事消費無須支付現金，僅需在繳款日繳交最低額度，積欠銀行部分需支付利息。

(2)預借現金 (cash advance)：信用卡屬於短期融資工具，消費者預借現金的成本包括手續費和融資利息。人們採取信用交易考慮的因素包括年費、寬限期 (grace period)、超出信用額度 (overlimit)、透支利率、延遲付款 (late payment) 及最低應付餘額 (minimum due)。

(七)電子貨幣 (electronic money)

電子貨幣或數位貨幣 (digital money) 係指發行者將消費者支付貨幣之價值，以電子、磁片或光學形式儲存在電子裝置，使用電子貨幣視同現金，具體形式有二：

(1)電子資金轉帳：人們持有存款可在不同帳戶進行電子轉帳流通。該類電子貨幣需要由銀行或央行中介，金融機構彼此間須有通信網路與擁有較高處理能力的電腦。至於電子現金係電子貨幣的延伸，提供人們享有銀行的電子資金轉帳功能。

(2)電子錢包：人們使用電子現金，係透過附有 IC 晶片的卡片，將存款由銀行帳戶轉入儲存在晶片，再持電子現金卡至商店消費，屬於可再次裝入資金的多用途預付卡。

電子貨幣區分為：

(1)依附在硬體形式 (card-based) 的電子現金：實體電子錢包加裝微晶片的特殊可攜帶硬體載具，可用於記錄現金數量並攜帶此種電子現金，透過某種裝置（如：讀卡機、刷卡機之類）讀寫、變動卡上的現金價值。當電子錢包儲存之預付值耗盡時，將視產品性能分為可重複儲值（如：Mondex 電子現金

卡）與用完即丟（如：Visa 卡）兩種。

　　⑵軟體形式 (soft-based) 的電子現金：考量網路的整體環境，將特殊軟體安裝在標準的個人電腦上，透過網路將電子貨幣自銀行帳戶下載至個人電腦硬碟，在網路使用電子貨幣交易。

51

貨幣政策
monetary policy

(一)時間落後 (time lag)

時間落後係指經濟問題發生，直到政府部門調整適當政策工具，發揮效果解決經濟問題為止的時間遲延。權衡性政策不僅要顧及政策適用性，也要考慮時間性。時機選擇往往是政府部門關切的主題，恰當時機促使好的政策可以發揮解決問題的實際效果，還能縮短時間落後造成的傷害。從經濟問題爆發直到問題解決通常面臨五種時間落後現象，依序分別是：認知落後 (recognition lag)、行政落後 (administration lag)、決策落後 (decision lag)、執行落後 (execution lag) 以及效驗落後 (impact lag)。

經濟問題產生直到政府部門掌握問題存在，通常存在一段期間的間隔，此即認知落後。政府部門知曉問題存在，著手蒐集整理、分析資料，以實際行動研擬可行對策所需時間，此即行政落後。這兩種時間落後屬於問題的研判階段，合稱內在落後 (inside lag)。在研擬各種方案後，政府部門決心解決問題，不論係採取法律或行政命令執行決策活動，將所擬對策送交立法機關審議、通過議案所需之時間，此即立法落後 (legislative lag) 或決策落後。在執行方案通過後，交付相關部門執行所需時間，稱為執行落後。政策執行透過體系運作，直到效果顯現所需時間，稱為效驗落後。決策落後、執行落後與效驗落後三者合稱為外在落後 (outside lag)。

就內在落後而言，在政府部門未做決策前的認知落後與行政落後，涉及

訊息傳遞與研究工作，與採取何種政策解決問題並未發生時間的關聯。就外在落後而言，選擇財政政策與付諸執行通常需要立法機關同意，方能交付財政部實施；貨幣政策則由央行因勢利導直接操作。前者的決策落後與執行落後要較後者為長。不過財政政策直接影響人民的荷包，貨幣政策則透過貨幣數量與銀行信用數量變化間接影響人們的決策，前者的效驗落後較後者為短，較具立竿見影效果。是以兩種政策的時間落後，孰者為長、孰者為短，應視外在落後的長短方能判定。政府部門應該評估經濟問題的時間緊迫性，基於客觀環境需求，選擇貨幣政策或財政政策解決。

㈡貨幣法則 (monetary rules)

貨幣政策係指央行透過調整貨幣數量（或銀行信用數量）與流向以影響經濟活動的策略。一般而言，貨幣政策效果通常是迂迴轉進，時間落後較長，但若僅是平均時間較長，則對其有效性將不會造成致命性影響，理由是：只要有確定範圍，央行將能依據預期落後的時間差距，預先採取影響未來某一期間金融環境的貨幣政策。不過實證結果顯示：貨幣政策的時間落後變異性甚大，最短者僅有 6 個月、最長者可達 18 個月，導致權衡性政策經常無法實現預期目標，甚至釀成背道而馳的結果。

H. C. Simons (1936) 指出貨幣政策類型有二：⑴權衡 (discretion)：央行依據當時經濟環境與預擬達成目標，主動操作適當貨幣工具。⑵法則：央行在計畫期間開始之際，評估經濟金融環境擬定既定貨幣法則，然後依據法則操作貨幣工具。至於央行採取的貨幣法則類型如下：

1. Fisher-Simons 法則

當物價水準低於目標水準時，央行應採寬鬆銀根措施；反之，則採緊縮政策，此即物價水準法則 (price-level rules)。

2. Friedman 法則

央行預估未來經濟環境的變化,依據貨幣數量學說設定最適貨幣成長率,另外估計每季貨幣需求成長狀況, 適時機動調整貨幣成長率, 但累加每季成長率不得超過全年設定的成長率。至於央行採取固定貨幣成長率法則 (constant growth rate rule) 內容如下:

$$\dot{M}^S = \pi + \dot{y} - \varepsilon(V, y)\dot{y} - \varepsilon(V, i)\dot{i}$$
$$= \pi + [1 - \varepsilon(V, y)\dot{y}] - \varepsilon(V, i)\dot{i}$$

$\dot{M}^S$ 是貨幣成長率, π 是通貨膨脹率, $\varepsilon(V, y)$ 是流通速度的產出彈性, $\dot{y}$ 是經濟成長率, $\varepsilon(V, i)$ 是流通速度的利率彈性, i 是利率成長率。

　　3. Bronfenbrenner 法則

　　面對體系技術進步與人口成長率變動的環境,央行考慮因素貨幣需求 (k) 成長率、勞動平均生產力 (AP) 成長率、勞動成長率 (n) 與通貨膨脹率等因素後, 擬定貨幣法則如下:

$$\dot{M}^S = \dot{k} + \pi + \dot{n} + A\dot{P}_N$$

(三)權衡性貨幣政策

　　央行是銀行的銀行, 是金融業資金供給的最終支持者。對內而言, 央行擁有監督金融機構的權利, 作為政府部門的銀行管理國庫資金, 以維持國內經濟活動穩定。對外而言, 央行擁有管理外匯資產的權利, 應該致力於維持國際收支平衡。基於這些權限, 央行對內採取貨幣政策影響貨幣與銀行信用數量與品質,對外透過調整匯率影響國際收支。

　　1.量的管制 (quantitative control)

　　央行執行貨幣政策直接影響貨幣與銀行信用數量, 透過改變總需求或總支出,全面性影響經濟活動運行,此即一般性信用管制 (general credit control),

又稱為量的管制，主要類型包括：

(1)公開市場操作 (open market operation)：央行在公開市場買賣票券、債券或外匯，改變銀行準備數量，進而影響貨幣與銀行信用數量。央行採取公開市場操作，應該釘住何種指標，經濟學提出兩種說法：(a)市場利率臆說 (market interest rate hypothesis)：基於新 Keynesian 學派理論，央行應該釘住某一長期利率水準。當市場利率大於長期利率時，央行應該採取買進票券策略；反之，當市場利率低於長期利率時，央行應該採取賣出票券策略。(b)貨幣總量臆說 (monetary aggregate hypothesis)：基於貨幣學派理論，央行應該釘住某一貨幣成長率。當實際貨幣成長率大於目標貨幣成長率時，央行應該採取賣出票券策略；當實際貨幣成長率低於目標貨幣成長率時，央行應該採取買進票券策略。

(2)重貼現率 (rediscount rate)：人們需要資金周轉時，可持未到期票據向銀行要求貼現，銀行同意核貸時，採取預扣利息貸放資金，預扣利率稱為貼現率。同樣的，銀行面臨持有法定準備部位不足時，前往央行貼現窗口 (discount window) 申請再貼現時，須交付央行核准的票據，由央行預扣利息給予融資，預扣利率稱為重貼現率。央行提高重貼現率，將反映銀行融資成本上漲，提升其持有超額準備的意願，形成貨幣供給收縮效果。

(3)法定準備率：央行降低法定準備率，將擴大銀行超額準備部位，提高銀行放款能力，透過貨幣乘數效果促使貨幣供給增加。

(4)外匯操作：央行基於維持匯率穩定，將於外匯市場採取干預操作，附帶引起貨幣供給（強力貨幣）變動。央行買進外匯將促使貨幣供給增加，賣出外匯將使貨幣供給減少。

2. 質的管制 (qualitative control)

央行針對特定產業調整貨幣工具，影響其使用資金成本與條件，此種政策影響效果屬於局部性，又稱為選擇性信用管制 (selective credit control)，又

稱為質的管制，主要類型包括：

(1)融資與融券：央行針對證券市場信用交易活動，透過調整融資比例與融券保證金比例 (margin requirement)，控制證券投資資金影響證券市場運作。

(2)消費者信用管制 (consumer credit control)：央行管制消費者分期付款信用 (installment credit) 的付款條件，包括調整頭期款 (downpayment) 及償還期數條件，藉以削弱或刺激耐久財消費支出。

(3)不動產信用管制 (estate credit control)：房地產建築業具有高度的連鎖效果 (linkage effect)，央行針對不動產融資進行數量與放款條件管制。

(4)直接管制 (direct control)：央行針對金融業授信決策進行直接干涉，包括專案融通、直接對銀行放款與投資設限、規定銀行持有流動性資產或負債比率（如：流動準備）、設定生息資產配額、差別性重貼現率 (differential re-discount rate)、設定利率上限與多元資產公開市場操作等。

(5)間接管制 (indirect control)：央行利用間接迂迴方法影響銀行授信活動，包括維持銀行關係、道德說服 (moral suasion) 或開口政策 (open-mouth policy)、自動合作 (voluntary cooperation) 與公開宣傳 (publicity)。

52

衍生性商品市場
derivative market

㈠衍生性商品性質

衍生性金融商品屬於契約型態，係由實體商品、金融商品或其價格衍生的商品，交易雙方依據標的資產價值或其他指標來決定價值。基本上，衍生性商品係以遠期契約、期貨、選擇權（認購權證）及金融交換四類商品為主，具有下列共通特質：

⑴槓桿操作：採取以小博大的保證金或權利金槓桿操作。

⑵表外交易：衍生性商品並無交易實體，通常係以標的資產價值變動計算盈虧。

⑶高科技產品：衍生性金融商品朝標準化（如：在交易所上市的期貨與選擇權）與特殊化（如：針對客戶需求設計的套裝產品）的兩極化發展。衍生性金融商品訂價係利用數理統計原理求出，並非取決於市場供需，如：I. Black 與 M. Scholes (1973) 利用物理學的「熱傳導原理」求出選擇權評價公式。財務工程師利用全球金融市場的商品價格失衡，設計無風險套利機會，屬於高科技產品當之無愧。

⑷複雜多元化：基本衍生性商品與標的資產經過交叉組合，可構成再衍生的衍生性商品，種類繁多且非常複雜。

⑸高風險：衍生性金融商品操作風險除傳統金融資產具備的風險（信用風險、市場風險、流動性風險、作業風險與法律風險）外，基於高財務槓桿

操作、表外交易、複雜多變、評價困難、投機性強等特性，風險遠高於傳統金融資產，衡量與監控亦較困難。

(二)避險策略類型

人們從事金融操作，勢必面臨市場風險或系統風險，衍生性金融商品提供移轉風險給願意承擔者的機會。人們除利用衍生性商品進行避險外，亦可結合標的資產、期貨、選擇權與交換，創造合乎本身需求的避險資產組合。人們面臨風險來源不一，不同資產價格間之相關性，若能彼此互沖同樣達到避險效果，則屬於內生避險機能；若利用衍生性商品避險，則稱為外部避險機能。人們採取避險操作策略，可依下列標準分類：

1.避險目標

(1)單一避險 (micro hedging)：針對個別投資部位的價格風險避險。(2)整合避險 (macro hedging)：考量整體投資部位的狀況，針對內生避險互沖效果後的剩餘風險進行避險。概念上，整合避險效果較佳，交易成本亦較低。舉例來說，電子業同時擁有外幣的營業收入與外幣負債，便能透過現金流量調配而達成部分避險效果。

2.避險時間

(1)連續性避險 (continuous hedging)：人們僅希望將資產價格風險控制在某一範圍。(2)選擇性避險 (selective hedging)：人們面對資產價格波動對其不利的可能性增加時，才進場操作期貨，享有資產價格波動對其有利時之好處。舉例來說：在股市下挫之際，投資人不願認賠賣出持股，改採放空臺灣股價指數期貨避險，運用期貨空頭部位來規避股票多頭部位的風險。

3.避險商品

(1)直接避險 (direct hedging)：人們以現貨為標的之期貨避險，追求現貨與期貨部位損益互抵的目的。(2)交叉避險 (cross hedging)：人們從事避險操作，

績效良窳關鍵在期貨與現貨的相關性，兩者是否同一商品並非必要。人們所需運用的期貨若未上市交易，但可找到與現貨相關的其他期貨時，仍可發揮避險效果，此即交叉避險。實務上，人們使用金融期貨避險時，多數屬於交叉避險。投資人以股票為標的進行避險操作時，可利用各種指數期貨進行對應之避險。

4.避險數量

⑴過度避險 (over-hedging)：人們利用期貨避險數量超過現貨部位，如：臺灣股價加權指數在 5,000 點（每點 200 元）時，每口期貨契約值是 100 萬元，如果投資人持有 500 萬元股票，放空七口股價指數期貨將屬於過度避險。⑵避險不足 (under-hedging)：人們利用期貨避險的數量少於現貨數量。

5.避險狀態

⑴靜態避險 (static hedging)：人們依據避險期間選擇避險比例及投資變動組合（beta 值），除非避險原因消失，否則無需調整。⑵動態避險 (dynamic hedging)：人們利用衍生性商品與現貨組成之資產組合保險 (portfolio insurance)，依據市場價格變動隨時調整衍生性商品部位，以改變投資組合 β 值。動態避險策略在執行投資組合保險時，必須在風險性資產價格上升時，增加持有風險性資產部位；反之，則降低持有比例。

6.持有衍生性商品部位

⑴多頭避險 (long hedging)：人們預期金融資產價格上漲時，可建立多頭期貨部位。⑵空頭避險 (short hedging)：人們預期金融資產價格下跌時，可建立期貨空頭部位。

㈢衍生性商品類型

1.遠期契約 (forward contract)

針對特定標的物，買方同意在未來約定時日支付一定金額，以交換賣方

特定數量的商品、通貨或利息支付方式的契約。遠期契約以遠期外匯 (forward foreign exchange) 與遠期利率協定 (forward rate agreement) 最為人熟知。

2.期　貨

交易雙方在未來某一期間以事先約定價格交易特定數量資產的契約，具有特定交割方式、交割期限 (到期日)、固定商品規格及一定交割數量等性質的標準化遠期契約。當期貨契約到期時，期貨價格 (F) 應該等於當時的現貨價格 (S)，否則人們將買進當中較低價者，同時在較高價者的市場賣出套利。依此原理，人們若是買進現貨儲存至期貨到期時賣出，將與直接購買期貨的價格相同。假設儲存成本是 C，儲存過程中因持有標的資產而產生的利益是 R，顯示彼此關係即是持有成本理論 (cost-of-carrying theory)：

$$F = S + (C - R)$$

上式不成立將會出現套利機會，促使該式趨於成立。若以基差 (spread) 代表現貨與期貨價格的差距：

$$Spread = F - S$$

基差係人們從事期貨與現貨套利活動的重要參考指標，短線投資人若依基差交易而不看價格交易，則屬於基差交易者。依據現貨與期貨價格的價差，期貨市場劃分為：(a)正常市場 (normal market)：期貨價格高於現貨價格，而遠期期貨價格高於近期期貨價格。(b)逆價市場 (inverted market)：期貨價格低於現貨價格，而遠期期貨價格低於近期期貨價格。

3.選擇權

買方支付權利金，在未來特定期間 (美式選擇權) 或日期 (歐式選擇權)，有權以執行價格買進 (買權，call) 或賣出 (賣權，put) 特定數量商品，交易標的資產包括金融資產 (如：股票、債券、外匯)、實物商品 (如：黃金、石

油）或期貨契約（如：股價指數期貨），但無義務必須履約。賣方收取權利金，在買方要求執行權利時，必須履行以執行價格賣出（買權）或買進（賣權）特定數量商品。至於認購權證 (call warrant) 與認售權證 (put warrant) 係類似選擇權的商品，人們支付權利金有權以執行價格購買或出售一定數量的資產，發行者收到權利金，將需承擔被執行的義務。

4.金融交換

交易雙方在未來期間內互換商品，包括利率交換 (interest rate swap)、資產交換 (asset swap)、股權交換 (equity swap)、通貨交換 (currency swap) 與異種資產交換等類型，基本型態包括(a)基本利率交換：相同貨幣、不同計息方式（浮動與固定利率）的互換交易。(b)基差利率交換：相同貨幣、不同浮動利率計息方式的互換交易。(c)交叉貨幣利率交換：通貨交換（交叉貨幣）係指不同貨幣間的交換，利率交換係指不同計息方式的交換，故可分為「固定對浮動利率」以及「浮動對浮動利率」的交叉貨幣利率交換兩種。

5.信用衍生性商品 (credit derivatives)

基本類型有三種：

⑴以違約事件發生為前提的信用交換 (credit swap)：(a)資產交換：甲方將公司債交給乙方，乙方定期支付某一利率指標加上利差，直到債券到期為止。一旦公司債發生違約，甲方將信用風險轉嫁由乙方負擔。(b)違約交換 (default swap)：此種交換類似保險，甲方定期支付固定金額（保費），直迄標的債券發生違約即停止支付。乙方僅在違約出現時，支付債券面額給甲方（類似保險公司理賠）。(c)信用違約交換 (credit default swap)：甲方定期支付某一利率指標加上固定加碼，直迄標的公司債發生違約為止。乙方定期支付同一（或另一）利率指標給甲方，且無論債券有無違約均須全期支付。此種交換契約僅是規避利息部分的信用風險，本金不在保障範圍。

⑵以違約風險溢酬為標的的信用衍生性商品：(a)信用貼水選擇權 (credit

spread options)：假設 y 為無信用風險公債殖利率，y^* 為條件相似之公司債殖利率，當 y^* 超過 y 達某一程度以上時，發行機構須支付差額。(b)債券交換選擇權：投資人支付權利金，有權將一單位特定公司債交換 Q 單位公司債。當公司債信用品質惡化導致價格下降，投資人將執行交換權利以確保公司債價值。

(3)以信用評等為標的而設計的衍生性商品：公司債附加公司信用評等跌落某一等級時，投資人可要求發行公司以特定價格贖回，具有賣權性質。

6.保險衍生性商品

CBOT 在 1993 年以保險服務機構 (Insurance Services Office, ISO) 資料為標的之房屋保險期貨、健康保險期貨以及巨災保險期貨 (insurance futures) 開始交易。保險期貨在流動性、保密性、交易成本方面均優於再保險，引進資本市場參與巨災保險，可在較穩定價格下提供額外承保能量。此外，為規避巨災（包括地震、颱風、海嘯等）風險，產險公司或再保險公司設立特殊目的公司發行巨災債券 (catastrophe bond)，並反向簽發再保險契約予保險公司。特殊目的公司（巨災債券發行人）透過資本市場向投資人募集資金，保險公司將部分保費透過特殊目的公司 (special purpose company) 支付投資人，作為承受天災風險及保險公司違約風險之溢酬。在債券到期前依約支付利息，一旦在約定期間發生超過預定金額以上之巨災損失，部分或全部本金將由特殊目的公司依再保險契約交予保險母公司，用於支付保險人的理賠金額。

7.證券化商品

證券化商品係指廠商或銀行將未來現金流量，以證券化型態表彰其權利。創始機構將資產信託給政府部門許可的機構，加以包裝並進行證券化出售，投資人購買該證券，未來將可收到穩定利息，此係屬於固定收益的金融商品。此外，具有明確未來現金流入的住宅、辦公大樓等標的資產屬於簡單型商品，適合包裝進行土地證券化。至於旅館、高爾夫球場、醫院等特殊行業商品，

具有未來現金流量容易確認的特性，也是證券化商品的標的資產。一般而言，金融資產證券化商品收益率需視資產未來現金流量而定。以房屋抵押放款憑證而言，現金收益來源是貸款者繳付的利息，憑證收益高於定存，風險係數介於存款與股票間。

53

預期理論
expectation theory

(一)預期類型

在訊息不全下，人們追求私利最大，首先預測與決策有關的變數，如：廠商需預測商品未來價格和市場需求，才能擬定產銷決策。J. M. Keynes (1936) 在《一般理論》討論貨幣需求、投資活動與景氣循環均是基於預期因素，卻未明確回答預期形成及預期如何影響經濟活動運行等問題。Keynes 針對預期的論述是零散的，並未形成系統化理論，基本上屬於非理性的預期概念。J. Muth (1961)、R. Lucas 在 1960 年代對預期進行開創性研究，形成具有前瞻性的理性預期學派，以鮮明有別於 Keynesian 理論和政策的主張而引人注目。

1.靜態預期

靜態預期是在 Exekial (1938) 等人提出一系列蛛網理論 (cobweb theorem) 基礎上發展形成的，該理論是 1930 年代有關動態均衡分析的經濟理論，內容是觀察價格波動對下一週期產量的影響以及由此產生的均衡變化。靜態預期僅是簡單地將前期價格(通貨膨脹率)作為本期預期價格(預期通貨膨脹率)，並未考慮價格動態變化產生的影響。

$$E(\pi_t) = \pi_{t-1}$$

2.外推型預期 (extrapolative expectation)

　　L. Metzler (1941) 認為人們的預期除以經濟變數的過去水準為基礎外，同時兼顧經濟變數未來變化趨勢，外推型預期通貨膨脹率定義為：

$$_{t-1}\pi_t^e = \pi_{t-1} + a(\pi_{t-1} - \pi_{t-2})$$

π_{t-1} 與 π_{t-2} 分別為 $t-1$ 期和 $t-2$ 期的市場價格，a 為預期係數。當 $a=0$ 時，外推型預期變為靜態預期；當 $a>0$ 時，過去的通貨膨脹率趨勢將持續下去；當 $a<0$ 時，過去的通貨膨脹率趨勢將出現逆轉。

　　3.適應性預期

　　在訊息不全下，P. Cagen (1956) 提出一階知錯漸改臆說 (first order error-learning hypothesis)，認為人們將考慮最近的預期誤差而依某一貼現率調整，從而形成適應性預期：

$$_{t-1}\pi_t^e = a\sum_{i=0}^{\infty}(1-a)^i\pi_{t-i}$$

a 是適應係數，係決定預期變數修正過去誤差的速度。當預期調整係數遞增時，預期通貨膨脹率對實際通貨膨脹率的調整速度隨即擴大，$(1-a)^i$ 呈現加速遞減。

　　4.理性預期

　　前述三種預期僅是利用被預期變數過去數值進行預測，與預期變數相關的其他訊息則是棄而不用，並未基於經濟理論基礎。J. Muth (1961) 率先提出理性預期概念，人們基於追求私利最大，將積極利用蒐集而來的訊息，對關心的經濟變數在未來變動狀況作出準確估計。

　　理性預期形成的基本前提包括訊息稀少性、預期形成方式取決於描述經濟活動的體系結構、以及人們預期對經濟活動運行不產生重大影響。理性成員形成經濟變數預期時，將充分利用與該變數有關的所有可獲訊息，尤其是

在建立經濟模型時，係以可獲訊息為基礎形成預期。是以理性預期的涵義是：(1)理性預期是人們追求私利最大的結果，屬於最準確的預期。(2)人們的主觀機率分配等於體系的客觀機率分配，理性預期並不保證每人預期同質，也未要求每人預期正確無誤，不過理性預期的平均誤差值為零。

㈡理性預期學派

J. Muth 提出理性預期概念後，當時直接用於分析金融市場動態行為，直至 1970 年代 R. Lucas 結合理性預期與貨幣學派理論，T. Sargent 與 N. Wallace 接續將理性預期引入總體模型，促使理性預期學派或新興古典學派逐漸形成。該學派強調對傳統理論和政策的批判與否定，理論主張可歸納如下：

(1)理性預期學派認為市場經濟活動具有內在穩定性，將會遵循自然規律運行，總產出和就業水準長期將維持在自然產出水準。是以該學派強調無為而治的政策主張，反對政府部門採取權衡性政策刺激產出和就業水準，此種說法與 Keynesian 學派主張形成鮮明對比。

(2)理性預期學派屬於西方新自由主義思潮的重要流派，強調市場機能與自由競爭將保證體系長期和諧穩定發展，配置效率與運用資源，反對政府部門採取過多的干預經濟活動。

(3)人們追求私利最大，將竭盡所能收集訊息形成理性預期，此種預期可與經濟學家運用數學模型解出的結果相媲美。換言之，人們將能迅速掌握政府部門擬定政策的意圖，對政策和物價變動預先採取反應措施，導致權衡性政策無法發揮預期效果，此即政策無效臆說 (policy ineffective proposition)。同時，政策無效性甚至可以一般化成為政府失靈論。

理性預期理論具有內在偏限性，反映在三方面：(1)理性成員追求私利最大，但在面對智力與能力的偏限性，以及經濟環境不確定性與複雜性，在理解、解決複雜問題和處理訊息能力受到限制下，擬定決策僅能達到有限理性

水準。⑵人們利用現有訊息擬定決策，卻未考慮如何支付代價獲取訊息。人們蒐集經濟訊息必須支付代價，獲取訊息數量和品質將受限制，在此基礎形成的預期自然無從達到理想狀況。⑶縱使人們擁有充分訊息，但面對錯綜複雜的經濟環境，要形成符合實際經濟活動運行的預期也有困難。不過理性預期理論對經濟活動將發揮積極意義：

⑴預期屬於經濟活動的個體變數，卻與總體經濟活動運行存在密不可分，係導引經濟活動運行的重要因素，但是傳統理論卻忽略未給予應有的關注。理性預期學派將理性預期概念引入總體模型，正好彌補傳統理論的缺陷，開闊決策者考慮制定、評估及調整政策問題的視野，促使政策能更適應外部環境，發揮預期政策效果。

⑵預期因素對經濟活動和經濟政策的影響，將扮演重要角色。政府部門採取權衡性政策刺激經濟活動時，人們將提前反映政策預期效果，導致政策目標難以達成，政策衝擊對象不是實質產出或就業，而是物價水準變化。政策有效性係反映意外衝擊 (surprise shock) 的政策效果，一旦系統性政策 (systematic policy) 反覆實施或呈規律化時，人們事前早已將政府部門可能採取的政策納入預期，據此尋求最有利於自己的經濟活動，結果抵銷權衡性政策的功效，此即中立性臆說 (neutrality hypothesis)。

理性預期理論主張系統化政策難以發揮預期效果，政府部門應該避免或減少干預經濟活動措施。基本上，政府部門在財政政策上應維持預算平衡（健全財政），在貨幣政策上應採取維持一定的貨幣成長率。

54

通貨膨脹與通貨緊縮
inflation & deflation

㈠物價指數 (price index)

個體經濟學關心焦點是單一商品價格的決定與變化，總體經濟學則是關注所有商品與勞務平均價格（以物價指數衡量）的決定與變動趨勢。物價指數係指在固定期間，一組商品與勞務依據其相對的重要性進行加權平均的價格，用於衡量體系物價水準變化時，隱含意義包括：

(1)時間上的平均：每月上旬物價上漲可能被下旬物價下跌抵消；

(2)地區間的平均：臺北市某項商品漲價可能因高雄市跌價而導致平均漲幅不大；

(3)項目的平均：食物類的物價上漲可能被電器類的物價下跌抵消。經過多重平均後的物價指數變動經常較單一商品價格變動不敏感，與一般民眾感受不盡相同。

物價指數的重要類型包括：

(1)消費者物價指數 (CPI)：係屬最廣泛運用的通貨膨脹指標，也是央行關切的經濟數據。就消費者而言，CPI 係衡量一籃商品與勞務的價格相對基期物價水準的比值，反映的物價包括食品、服裝、住屋、燃料、交通費用、醫療費用、藥品與日常生活所需購買的其他商品與勞務。

(2)躉售物價指數 (wholesale price index, WPI)：從廠商層面衡量採購商品物價變化的指標。WPI 與 CPI 兩個指數的長期相關程度極高，但以月資料而

言，則可能出現南轅北轍的情況，原因在於兩者計算成分的差異性所致，前者衡量的因子僅包括商品而無勞務在內，CPI 則包含最終商品與勞務在內。WPI 包含廠商的原料、半成品及成品等三階段的資訊，這些生產面的成本高低將可能影響未來通貨膨脹的變化狀況，是以 WPI 變化亦屬重要觀察指標，但仍不如 CPI 重要。行政院主計處調查範圍包括國產內銷商品、進口商品、出口商品等三種物價，國產內銷商品以出廠價格為基準，進出口商品則為進出口物價。商品範圍包括原材料（如：小麥、棉花、鋼鐵原料）、半成品（如：麵粉、棉紗、鋼板）及製成品（如：麵包、成衣、汽車），計 976 項商品。

(3)進出口物價指數：衡量進出口商品之價格水準變動情形。進口物價指數 (import price index, IPI) 採取 CIF 價格，出口物價指數 (export price index, EPI) 則為 FOB 價格，進口關稅稅率調降不影響前者但卻影響後者。

有關物價指數的衡量方式，E. Laspeyres (1864) 首次提出將權數固定在基期，此即 L 氏公式。另外，H. Paasche (1874) 將權數固定在 t 期，此即 P 氏公式。

Laspeyres 物價指數：

$$P_L = \frac{\sum P_t Q_0}{\sum P_0 Q_0}$$

Paasche 物價指數：

$$P_P = \frac{\sum P_t Q_t}{\sum P_0 Q_t}$$

(二)通貨膨脹類型

通貨膨脹係指一般物價水準持續上漲的過程，一般採取通貨膨脹率作為觀察指標，定義為：今年與去年物價指數的差距除以去年物價指數，類型包

括 GDP 平減指數膨脹率、CPI 膨脹率、WPI 膨脹率。不過主計處通常採用消費者物價指數年增率來衡量通貨膨脹率：

$$通貨膨脹率 = \frac{當期消費者物價指數 - 上期消費者物價指數}{上期消費者物價指數}$$

一般大眾對商品價格偏高與通貨膨脹觀念常發生混淆，往往將高物價誤認為物價高漲。事實上，通貨膨脹係指一般物價水準普遍性上漲現象，與絕對價格水準無關，如：日本以物價昂貴聞名，卻也是物價平穩的國家。通貨膨脹型態可區分為：

1. 需求拉動型

一國商品總需求成長率呈現持續性加速或下降現象，稱為需求衝擊 (demand-shock)，通常係以名目 GDP 成長率變化來衡量。需求衝擊造成的通貨膨脹又可分為純粹通貨膨脹與結構性通貨膨脹 (structural inflation)，前者係指一國落在自然就業水準時，總需求增加將會促使物價上升；後者又稱需求轉移通貨膨脹 (demand-shift inflation)，C. L. Schultz (1959) 提出部門需求移動 (sector demand shifting) 理論，指出在體系總需求與總供給維持不變下，某些產業產生超額需求，其他產業將會有對應的超額供給，前者的價格將會上漲，透過產業間的相互關係，帶動相關商品價格上漲，從而誘發物價水準持續上漲。

2. 成本推動型 (cost-push)

某項重要因素（如：石油）價格劇烈變動，引起通貨膨脹率變化，此即稱為供給衝擊 (supply-shock) 的通貨膨脹。供給衝擊造成的通貨膨脹區分如下：(a)工資推動型：工會要求名目工資率漲幅大於勞動平均生產力成長率，造成平均生產成本提高所引起的通貨膨脹。(b)利潤推動型：獨占或寡占廠商為賺取更大利潤，運用市場力量促使商品價格漲幅大於生產成本漲幅，導致相關產業成本上升引起的通貨膨脹。(c)輸入型通貨膨脹 (imported inflation)：

對外貿易依存度高的國家而言，自國外輸入原料、農產品與中間財的需求極高，當進口商品國際價格上揚，將會引起本國發生通貨膨脹。

3.預期與未預期通貨膨脹型

當人們預期通貨膨脹率等於實際通貨膨脹率時，此即屬於預期通貨膨脹類型，不會影響資源（財富）重分配。一旦兩者不一致時，通貨膨脹將屬於未預期類型，必然釀成所得重分配效果。

(三)通貨膨脹的影響

體系發生通貨膨脹造成的影響如下：

1.所得重分配效果

體系發生預期通貨膨脹 ($\pi^e=\pi^a$) 時，人們可採取指數連動政策進行調整，以降低通貨膨脹的影響。不過勞動契約附有期限，通貨膨脹促使名目所得上升，政府部門依名目所得課稅將會增加稅收。就廠商而言，通貨膨脹帶動商品售價上升，在工資相對調整落後的狀況下，利潤將會增加。

2.財富重分配效果

人們持有財富包括面值固定資產與價值浮動資產，通貨膨脹造成前者的實質價值下跌，是以前者所占比例愈高，通貨膨脹造成的財富重分配效果愈大。

3.資源配置扭曲

通貨膨脹未必反映所有商品價格等比例上漲，是以透過相對價格改變將會造成資源重分配效果。假設均衡體系的資源處於效率運用狀態，通貨膨脹將扭曲資源配置形成社會的無謂損失，如：廠商必須耗費資源重新調整所有商品標價形成菜單成本 (menu cost)。另外，人們持有金融資產將面臨購買力下降風險，遂積極將持有的金融資產轉換為實體資產，這些活動造成處理的時間成本上升而形成皮鞋成本 (shoe-leather cost)。

4. Mundell-Tobin 效果

通貨膨脹發生改變人們對未來的通貨膨脹預期, 造成名目利率上漲而實質利率卻下跌的 Mundell-Tobin 效果, 打擊儲蓄意願與降低資本累積速度。

5.妨礙經濟成長

通貨膨脹將會造成資源分配扭曲而形成無效率現象, 進而導致生產力下降, 將會影響經濟成長率。

㈣ Phillips 曲線

A. W. Phillips (1958) 與 R. Lipsey (1960) 指出失業率與貨幣工資變動率間存在抵換關係, 高失業率促使貨幣工資上漲幅度降低, 低失業率將會導致貨幣工資漲幅擴大, 顯示兩者負向關係的軌跡即是 Phillips-Lipsey 曲線, 函數型態為:

$$\frac{dW}{W} = a + \beta u^{-1}$$

Samuelson 與 Solow (1960) 引進價格加成方程式 (markup price equation), 顯現物價水準 P 與勞動成本 WN 間的關係: (θ 是加成值)

$$P = (1 + \theta)(\frac{WN}{Q}) = (1 + \theta)(\frac{W}{AP_N})$$

就上式取自然對數, 再對時間進行全微分:

$$\pi = \frac{dW}{W} - \lambda$$

π 是通貨膨脹率, λ 是平均勞動產出成長率。若將勞動生產力成長率的影響引進上述的 Phillips-Lipsey 曲線函數:

$$\frac{dW}{W} = \alpha + \beta u^{-1} + \delta\lambda$$

將價格加成方程式的成長率關係代入上式，可得 Samuelson-Solow 型態的 Phillips 曲線：

$$\pi = a + \beta u^{-1} - (1-\delta)\lambda$$

Phillips 曲線上不同點代表的通貨膨脹率變化是因需求面變化所引起，亦即同一條曲線上反映的通貨膨脹是屬於需求拉動的通貨膨脹。每年實際通貨膨脹率和失業率只是某一條 Phillips 曲線上的一個點而已，短期經濟波動主要來自需求面，通貨膨脹率和失業率間存有反向關係。政府部門採取擴張政策以降低失業率，必定造成通貨膨脹率上升。相反的，政府部門若採取緊縮政策以降低通貨膨脹率，將須忍受失業率上升。

M. Friedman (1968) 認為勞工未充分體認當前物價水準變動，亦即預期通貨膨脹率不變或採取靜態預期形成，短期 Phillips 曲線才呈現穩定狀態。反觀廠商知道實際物價水準，依據實際的實質工資雇用勞工；勞工卻是依據預期實質工資率做出反應，而預期與實際工資率的差別在於價格預期中的誤差。非預期通貨膨脹與就業呈現正相關，理由是：通貨膨脹誤導勞工相信實質工資率上升，而實際上卻處於下降中。舉例來說：假設勞工習慣物價水準不變的環境，當物價水準突然上升 1%，廠商覺察到這點而提升貨幣工資率不到1%，勞工卻誤以為實質工資率上升，從而導致就業擴張。不過此種狀況顯然不會持久，勞工終究會發現物價上升的實情，重新調整對當期實質工資率的認識，進而依據預測誤差提高對下期的通貨膨脹率預期，促使短期 Phillips 曲線上移。

Friedman 假設勞工採取適應預期形成方式，亦由前期的實際與預期通貨膨脹率加權而成：

$$\pi_t^e = \delta \pi_{t-1} + (1 - \delta) \pi_{t-1}^e$$

當 $\delta = 1$ 時，預期通貨膨脹率僅是取決於前期的實際通貨膨脹率 $\pi_t^e = \pi_{t-1}$。E. S. Phelps (1967) 與 M. Friedman (1968) 將預期形成方式與自然失業率 (u^*) 同時引進前述的 Phillips 曲線，得到自然失業率臆說 (natural rate of unemployment hypothesis)：

$$\pi_t = \pi_t^* + f(u_t) = \pi_t^* - b(u_t - u^*)$$

Friedman-Phelps 的 Phillips 曲線送給政府部門的訊息為：就長期而言，通貨膨脹率與失業率間將無取捨關係存在，Phillips 曲線是位於自然失業率上的垂直線。當實際實質產出大於自然實質產出時，通貨膨脹將呈現加速現象，政府部門應該採取限制性政策來降低名目 GDP；反之，政府部門應該採取擴張性政策來刺激名目 GDP 復甦。尤其是人們採取理性預期形成方式時，政府部門執行擴張性政策若廣為人們所知，通貨膨脹預期必然迅速調整，短期 Phillips 曲線將同時移動，失業率與通貨膨脹率間將完全無替換關係。

當體系面臨名目 GDP 成長導致通貨膨脹加速時，政府部門消除通貨膨脹的最直接方法將是：建立一個創造通貨膨脹的反向過程，透過促使需求成長減緩策略，達到反通貨膨脹 (disinflation) 效果。在此，政府部門採取冷火雞方法 (cold turkey approach)，急遽削減需求成長率，迫使通貨膨脹率迅速下降，但須承擔景氣蕭條的成本。另外，漸進論者 (gradualist) 建議政府部門可採和緩方式降低需求成長率，導引實際物價緩慢盤跌，承擔景氣蕭條的成本相對較低。

(五)痛苦指數 (misery index)

美國共和黨雷根在 1980 年參選總統時，問美國人民：「你的生活比四年

前更好嗎?」當時美國通貨膨脹率 13.5%、失業率 7.1%，雷根以來自 Phillips
曲線的靈感將兩者之和稱為痛苦指數，該年美國痛苦指數高達 20.6%。通貨
膨脹率升高促使人們所得的實質購買力縮水，失業率升高將使所得無著的人
數增加，兩者均屬極其痛苦的事。值得注意者：通貨膨脹率 1% 與失業率 1%
對經濟衝擊並不相同，必須視社會無異曲線 (social indifference curve) 的型態
而定。

　　另外，在 1997 年亞洲發生金融風暴期間，亞洲各國紛紛出現貨幣貶值、
股市重挫現象，為迅速讓各界知道各國經濟社會痛苦程度，經濟學提出金融
痛苦指數，係將股市跌幅與貨幣貶值幅度相加而得。

(六)通貨緊縮

　　有關通貨緊縮的定義眾說紛紜，可歸納為三種：

　　　(1)物價水準普遍性和持續性下跌；

　　　(2)物價水準普遍性和持續性下跌、貨幣成長率連續性下降以及經濟成長
率連續性下降；

　　　(3)運用物價指數和貨幣成長率指標觀察通貨緊縮，而不重視經濟成長率
因素。

　　一般而言，物價上漲率通常用於衡量通貨膨脹和通貨緊縮程度的指標，
不過並非判斷是否確實發生通貨緊縮的指標，亦非判斷是否發生通貨膨脹的
唯一指標。物價上漲不足以說明發生通貨膨脹，物價下跌也不足以說明出現
通貨緊縮。影響物價波動的因素很多且無時無刻不在變化之中，只有貨幣成
長率變化引起物價波動才可稱為通貨膨脹，其他因素釀成的物價上漲均不能
稱為通貨膨脹。在 1970 年代兩次石油危機中，油價上漲促使石油輸入國工業
生產成本和運輸成本大漲，導致物價水準上升、經濟成長率下降，主要依賴
石油輸入的國家甚至出現經濟衰退，此種狀況並非屬於通貨膨脹現象。同樣

原因，並非所有物價下跌甚至持續下降均可稱為通貨緊縮。

　　相較於促使物價上升的非貨幣因素，推動生產成本和物價下跌的因素更多，如：技術進步、生產力持續提高或貿易障礙逐步消除。生產力與技術進步是經濟成長的動力，技術創新或制度創新將大幅降低大宗商品的生產成本，促使物價水準在短期間內快速降低，如：Intel 公司創始人之一 Gordon Moore 在 1965 年預言積體電路中的電晶體容量每 18 個月將成長一倍，此後 30 年晶片產業發展應驗該項預言，每隔 18 個月的時間，同樣價格的晶片性能差不多提高一倍，而性能相同的晶片價格大致降低一半，Moore 預言於是被稱為摩爾定律。換言之，人們若僅是觀察物價滑落而忽視生產領域重大變化，遂將物價滑落斷定為通貨緊縮，顯然將失之千里。

　　值得注意者：在通貨膨脹期間，物價水準必然上漲，反觀通貨緊縮期間的物價水準卻未必會下降。假設體系呈現高成長現象，央行擴大貨幣成長率未必導致通貨膨脹。當貨幣成長率上升而物價尚未上漲時，體系將存在通貨膨脹壓力，人們將會改變通貨膨脹預期，但尚未進入發生通貨膨脹階段，是以物價上漲是判斷通貨膨脹發生與否的必要條件。反之，物價變化無法及時反映通貨緊縮現象，當貨幣成長率低於內生貨幣需求成長時，將影響有效需求與經濟成長率，顯然此時已經發生通貨緊縮。不過物價水準卻未必出現下跌，縱使下跌也有一定的時間落後。當物價指數、經濟成長率和貨幣成長率同時呈現下降趨勢時，體系可能面臨陷入嚴重通貨緊縮境界。

　　總之，物價上漲是判斷通貨膨脹發生與否的必要但非充分條件，而在判斷是否發生通貨緊縮時，物價下跌既非充分也非必要條件。判斷是否發生通貨緊縮時，應該著重貨幣成長率和經濟成長率兩個變數及相互變化關係，而非過多考慮物價因素。

㈦貨幣中立性 (neutrality of money) 與貨幣幻覺 (money illusion)

K. Wicksell 率先提出貨幣中立性概念，在貨幣經濟體系下，當市場利率與自然利率 (natural interest rate) 一致時，貨幣數量變動對經濟活動將無影響，體系均衡將取決於實質因素，此即意味著貨幣具有中立性。換言之，貨幣中立性係描述貨幣數量成長某一比例，長期將會搭配物價水準呈現相同比例上漲，促使實質貨幣供給及其他經濟變數不變。在此，自然利率係指在自然就業水準下，由儲蓄等於投資所決定的實質利率。爾後，F. A. Hayek 提出貨幣中立性學說，內容包括⑴貨幣數量變動將影響經濟活動、⑵貨幣維持中立性對經濟活動的影響最小，並對經濟發展最為有利、⑶維持貨幣中立性的首要條件是貨幣數量不變、⑷貨幣是否保持中立性將視貨幣供給是否穩定而定。

Hayek 認為不論貨幣數量變動是否影響物價水準，必然導致商品相對價格和產出結構發生變動。商品相對價格決定產出結構和數量，產出結構變化將影響體系均衡。若要促使貨幣維持中立性，消除貨幣數量影響商品相對價格形成和產出結構調整，政府部門必須維持貨幣數量不變。換言之，體系只有依賴儲蓄轉為投資來擴大生產，才能達到均衡狀態。一旦政府部門採取增加貨幣數量來刺激生產和投資，貨幣將失去中立性而成為破壞體系均衡、導致通貨膨脹的禍源。

Hayek 認為要維持貨幣中立性，基本條件是控制貨幣數量不變。不過若要真正維持貨幣中立性，必須再附加兩個條件：⑴市場價格完全浮動、⑵人們簽訂以貨幣計價的長期契約，係建立在相對準確的未來價格預期基礎上。實務上，許多商品價格呈現相當程度僵化現象，人們也很難準確預期未來價格波動，導致價格機能無法彈性適應各種情況變化，故要達到貨幣中立性確有困難。不過貨幣中立性隱含的意義包括兩方面：

⑴提供理論分析工具：在研究貨幣經濟問題時，可將貨幣因素對經濟過

程發揮的影響隔離開來，亦即分成貨幣中立和貨幣非中立兩種情況；

　　(2)提供政策判斷標準：貨幣政策應該將貨幣中立性作為判斷實施效果的標準，促使貨幣在經濟活動中不至於偏離中立性太遠，愈接近貨幣中立性將代表貨幣政策效果愈佳。

　　接著，經濟變數區分為以貨幣衡量的名目變數 (nominal varible)，與以實物衡量的實質變數 (real varible)，貨幣幻覺即是人們將名目變數與實質變數兩者的變化混淆了，此即反映人們忽略貨幣購買力的變化。在訊息不全下，人們無法掌握實際物價變動，改以預期物價取代實際物價作為決策標準，從而出現預期物價與實際物價不一致的現象，此即稱為物價水準幻覺 (price level illusion)，可能出現高估或低估的現象。一般而言，在通貨膨脹過程中，人們通常低估物價變動，此即稱為貨幣幻覺。

55

國際貿易理論
theory of international trade

㈠比較利益學說 (theory of comparative advantage)

古典貿易理論係以比較利益學說為核心，包括 A. Smith 絕對利益 (absolute advantage) 學說與 D. Ricardo 相對利益 (relative advantage) 學說。理論基本前提是：完全競爭商品市場、因素在部門間移轉的機會成本固定、一國因素在國內充分利用、因素在各國間無法移動、各國對貿易活動不加干預。

比較利益係比較各國生產同一商品的勞動效率，亦即反映各國勞動技術熟練程度的差異性。在生產兩種商品的狀況下，各國生產同一商品存在相對勞動效率的差異性，反映生產某種商品存在機會成本的差異性。在兩國情況下，一國生產兩種商品效率都高於他國時，就相對意義來看，選擇專門生產效率更高的商品，將可發揮本國勞動的比較優勢，亦即將勞動全部投入生產較低機會成本的商品，再透過貿易交換本國放棄生產的商品。相應地，儘管他國生產效率都低於本國，仍可專門生產自己（相對外國）機會成本較低的商品，透過交換取得本國放棄生產的商品。

技術差異或勞動生產效率差異性是各國生產同一商品存在價格差異的基本原因，也是各國從事貿易活動和國際分工的原因，決定各國專門生產某種商品結構的基礎，促使參加貿易活動的國家均獲得貿易利得 (gains from trade)。

㈡ Heckscher-Ohlin 理論

一國的生產效率往往與因素稟賦及技術水準有關。資源缺乏、技術水準低的國家可能找不出具有絕對利益的商品，但仍尋求具有相對利益、機會成本較低的商品生產。古典貿易理論的另一觀點係由 E. Heckscher (1919) 與 1977 年諾貝爾經濟學獎得主 B. Ohlin (1924) 率先提出的因素稟賦理論 (factor endowment theory) 或稱 Heckscher-Ohlin 理論。在生產技術相同下，兩國生產同一商品的成本差異決定商品價格不同，而成本差異來自於生產過程中使用因素的價格差異，因素價格差異則取決於該國擁有因素的相對豐富程度而定。

由於生產各種商品使用的因素比例不同，如：勞動密集商品 (labor intensive commodity) 與資本密集商品 (capital intensive commodity)，一國生產密集使用本國相對豐富因素稟賦的商品時，因成本較低而具有比較利益，亦即勞動豐富國家生產勞動密集商品將具有比較利益，資本豐富國家生產資本密集商品將具有比較利益。隨著兩國開放貿易活動後，基於比較利益原則，勞動豐富國家將出口勞動密集商品，資本豐富國家將出口資本密集商品，此即 Heckscher-Ohlin 定理。

接著，Rybczynski (1952) 討論維持商品價格不變下，一國資源稟賦變動與其產出間的關係，此即 Rybczynski 定理：當一國勞動稟賦成長時，其勞動密集商品產量將會增加，資本密集商品產量將會減少。同理，當一國資本稟賦成長時，其資本密集商品產量將會增加，而勞動密集商品產量將會減少。此種現象的解釋如下：當本國勞動稟賦成長時，將會擴大勞動密集商品生產，以便吸收增加的勞動數量。由於生產過程必須同時使用勞動與資本因素，唯有降低資本密集商品生產，由其釋放出較多資本與較少勞動，投入生產勞動密集商品，方能維持勞動的充分就業。

　　隨著貿易活動展開將會改變商品價格，W. Stolper 與 P. Samuelson (1941) 探討自由貿易活動如何發揮所得重分配效果，此即 Stolper-Samuelson 定理：當某一商品價格上漲時，該商品密集使用的因素價格（報酬）將會上漲，另一因素價格（報酬）將會下跌。換言之，勞動密集商品的價格上漲，則勞動的報酬（工資）將會上漲、資本的報酬將下跌；反之，資本密集商品的價格上漲，資本的報酬將會上漲，工資將會下跌。從該定理持續衍生出下列涵義：貿易活動對一國相對豐富的因素有利，但對相對稀少的因素不利。整體而言，一國仍可自貿易活動取得好處，若能透過某些所得重分配策略，由貿易獲利者補償受害者，則所有因素擁有者還是可以獲得潛在的 Pareto 改善。

　　不論兩國因素稟賦型態為何，兩國的因素報酬在貿易活動展開後將會趨於相等，此即因素價格均等定理 (factor price equalization theorem)。該定理成立的原因如下：兩國進行商品貿易，出口商品相當於將本國資源輸出給外國使用，進口商品相當於從外國輸入資源供本國使用。擁有相對豐富勞動稟賦的國家，出口商品因需使用較多勞動生產，故將涵蓋較多的勞動。反之，進口商品將內含較多的資本。表面上，兩國從事商品貿易活動，實際上係間接從事因素稟賦交換，由本國出口勞動、進口資本，外國出口資本、進口勞動，促使兩國可用資源型態在貿易後趨於一致，從而促成兩國因素價格趨於均等化。

　　最後，W. Leontief (1953) 利用美國的投入產出表檢驗 H–O 定理，發現美國作為資本相對豐富的國家，卻是出口勞動密集商品、進口資本密集商品，與 H–O 定理預測不符，而被稱為 Leontief 矛盾 (Leontief paradox)。經濟學通常從 H–O 定理的基本假設說明此種矛盾形成的原因：⑴美國工資約為他國的三倍，勞動生產力當是他國的三倍。若考慮生產力的有效勞動 (effective labor) 而言，美國基本上屬於勞動稟賦豐富的國家而非資本豐富的國家。⑹ J. Vanek (1963) 認為天然資源係生產過程中的第三種重要因素，其相關商品

（如：石油）係以資本密集方式生產，若以兩因素（資本與勞動）模型觀察美國情況，美國雖然屬於資本豐富國家，天然資源卻是相對匱乏，是以進口資本密集商品似乎在預料當中。(c)各國存在眾多貿易障礙，美國對進口勞動密集商品課徵相對資本密集商品為高的關稅，扭曲進口商品結構。(d)當勞動豐富國家強烈偏好勞動密集商品、資本豐富國家強烈偏好資本密集商品時，在貿易活動展開前，前者的勞動密集商品價格反而較資本豐富國家為高，後者之資本密集商品價格亦較勞動豐富國家為高。隨著開放貿易活動後，勞動豐富國家資本密集商品具有比較利益，資本豐富國家則對勞動密集商品具有比較利益。此一因兩國需求差異所獲的結論與 H–O 定理相互矛盾，即稱為需求逆轉 (taste reversal) 現象，Leontief 矛盾也會成立。

㈢新古典貿易理論

古典貿易理論屬於「兩國—兩種因素—兩種商品」模型，用於解釋現實則還有一段距離。新古典貿易理論對這些假設進行鬆綁，認為兩國間進行貿易的前提是：兩國在需求或供給條件的任一方面存在差異。另外，該理論強調因素供給變化、因素轉換的機會成本遞增、市場均衡和一般均衡的差異。新古典貿易理論的修正結果如下：

⑴在生產多元化商品下，各國將出口具有比較利益的商品，進口缺乏優勢的商品。此一結果將推廣古典貿易理論的使用範圍，無論是兩種或多種商品，國際貿易都能運用比較利益理論解釋。

⑵各國使用多元化因素生產多種商品時，同樣可以依據兩種因素的分析方法，按照商品相對價格進行排列，得出因素稟賦在商品價格比較優勢的系列，仍然得到 H–O 理論的基本結果。

⑶古典貿易理論假設因素在部門間移轉的機會成本固定，貿易結構屬於完全專業化的國際分工。在現實環境中，當因素從生產某商品轉向生產他種

商品時，機會成本通常呈現遞增現象，此即意味著本國增產具有比較利益商品時，將在尚未實現完全專業化生產前，邊際成本就遞增至等於邊際收益水準，從而不會達到完全專業化的境界。由此顯示：當機會成本不再是固定時，完全專業化生產的貿易結構將出現調整，結論更趨近於實際的國際貿易結構。

(4)從動態角度來看，一國的因素總量、技術水準、技術優勢或因素優勢將發生變化，依據 H–O 定理的結論，該國的貿易結構和在國際分工中的地位都將發生變化。古典貿易理論屬於靜態分析，主張各國技術差異是國際貿易發生的基礎，係建立在各國間不存在技術傳播的前提上。R. Vernon (1966) 提出產品循環理論 (product cycle theory)，指出跨國公司從事對外投資，客觀上將帶來技術擴散，商品技術優勢轉移造成貿易結構變化，即技術發明國將轉變成該商品進口國，原先的進口國引進技術後將變成出口國。技術擴散和技術轉移理論指出，建立在技術差異基礎上的貿易優勢並非長期不變的結果，僅是不斷傳播的過程。技術擴散意味著技術發明國若無法持續創新技術，技術優勢甚至是貿易優勢將會消失，深層的意義是：技術擴散將促使建立在技術差異基礎上的貿易活動逐步減少，降低各國對貿易活動的依賴性。

(5)古典貿易理論假設因素在國際間缺乏流動性，實務上，因素移動若能夠給廠商帶來較多利益，資本移動將是可能發生。R. Mundell (1957) 從因素價格均等化角度著眼，說明商品移動與資本移動對因素價格均等化的相互替代作用，亦即當商品移動面臨障礙時，資本移動將取代商品移動以實現因素價格均等化的現象。此外，商品移動與因素移動在一定程度上具有相互補充關係，亦即考慮因素可在國際間自由移動下，貿易活動可能僅是部分發揮促進因素價格均等化的效果。換言之，因素價格均等化不僅透過貿易自由化獲得實現，也可透過因素的跨國界移動來實現，或者商品移動和因素移動均可同時發揮作用，實現因素價格均等化。

㈣新貿易理論

新貿易理論的核心係針對二次大戰後盛行的產業內貿易 (intra-industry trade) 型態進行詮釋，此係製造業基於不完全競爭或大規模生產基礎所形成的貿易活動。

1.產業內貿易理論

廠商生產商品成本可能出現遞增或遞減現象，成本遞減將反映規模報酬遞增。規模經濟效果意味著廠商採取擴大規模生產、降低單位生產成本，從而提升商品在產業間或產業內的排他性。換言之，廠商透過逐步擴大生產規模形成單位成本優勢與價格優勢，進而取得控制市場能力。在現實環境中，大多數市場均屬不完全競爭，理由是：廠商希望透過某種優勢取得對市場價格控制權，而獲得壟斷權的最快途徑就是生產異質商品。在國內市場，廠商追求規模經濟效果和生產異質商品係屬相互矛盾的行為，理由是：大量生產同質商品才能達成規模經濟效果，勢必帶來市場價格下降，而追求異質商品則要求小量生產。要解決此一矛盾的最佳途徑是開展國際貿易，促使大量生產的商品分配在不同國家市場，而在單一國家均屬小量商品且成為異質商品。

P. R. Krugman (1983) 提出規模經濟和異質商品貿易理論，強調在發揮規模經濟效果下，廠商和消費者追求異質商品將是促進貿易活動的動力。該理論意味著國際貿易結構存在不確定性，理由是：立基於規模經濟效果的貿易活動，將隱含各國間的技術與因素稟賦差異性未必存在，亦即縱使各國的因素稟賦與技術相同下，國際貿易仍然可以發生。此種現象造成的貿易結構異於往昔與以往貿易結構的根本差異在於：古典貿易理論揭示的國際貿易是產業間或部門間的貿易，而建立在規模經濟和異質商品基礎上的國際貿易係屬於產業內貿易。

產業內貿易係指一國同時進出口同一產業內類似商品的現象，又稱為雙

向貿易 (two-way trade)、重疊貿易 (trade overlap) 或水平貿易 (horizontal trade)。在此類型的貿易活動中，出口者利益來自於不完全競爭廠商的市場壟斷力與規模經濟利益，進口者利益則是從消費異質商品中獲得效用的滿足。Krugman 指出當因素稟賦相同的國家透過產業內貿易獲得利益，則各國建立在因素稟賦相近基礎上的貿易衝突將消失，取而代之的是各國廠商在產業內生產和出口異質商品。

2.相互傾銷 (dumping) 理論

寡頭壟斷廠商追求利潤最大化，將增產部分以低於本國市場價格銷往外國。表面上，在國外市場售價雖然降低，但從追求利潤最大著眼，此種銷售策略若不影響在本國銷售其他商品價格，則廠商所獲利潤將會提高。同理，他國廠商也會採取同樣策略，將增產商品銷往對方國家。此種相互傾銷形成的貿易活動，係源自於彼此追求各自利潤最大，並非各自生產異質商品。在相互傾銷貿易理論中，各國從事貿易活動僅是基於壟斷廠商的市場銷售策略，貿易結構既不受生產成本或因素稟賦差異性的限制，也不受廠商和消費者追求異質商品的限制。同時，在相互傾銷基礎上的貿易活動利益，包括廠商傾銷所獲利潤和保持本國市場銷售價格不變所獲利潤的總和。

相互傾銷貿易理論將建立在不完全競爭基礎上的國際貿易理論推向更高層次：縱使各國生產的商品不具差異性，壟斷廠商仍可基於追求最大利潤，從事國際貿易活動，促使貿易結構更加不確定。換言之，國際貿易活動係廠商追求利潤最大而採取的市場策略，貿易結構取決於壟斷廠商擬定的市場策略或獲取最大利潤的標準。

3.外部規模經濟貿易理論

外部規模經濟是指廠商擁有外部經營規模的利益，發揮額外報酬或外在利益。依據外部規模經濟貿易理論，廠商是否具有貿易比較利益，並非取決於各國絕對因素優勢的差異性，而係與相關部門在某時點的發展規模有關。

一般而言，如果一國某產業發展較大規模，相對將形成產業規模優勢，從而反映在該產業將擁有可供共同使用的勞動，用於調節各廠商間的需求；同時，產業規模較大有助於加速技術進步和迅速普及採用技術成果。總之，一定的產業規模有利於資源或因素的共用，從而創造在廠商規模不變下的經濟利益。反之，如果一國的產業規模較小，廠商的生存和發展要求本身必須完整健全，否則難以維持正常生產活動，是以商品單位成本較高，促使該產業在國際市場缺乏競爭力。

　　在傳統貿易理論中，一國生產某種商品具有比較利益，係將廠商與產業的比較利益等同起來。在新貿易理論中，廠商的比較利益反映在內部規模經濟與外部規模經濟兩種形式，前者促使廠商發揮自身競爭優勢，後者則借助產業比較利益產生廠商優勢，兩種優勢都會導致國際貿易活動產生。在外部規模經濟貿易理論中，具有因素優勢國家無法在某個產業發揮比較利益，原因可能是該國的產業處於發展階段，產業規模有限尚難發揮外部規模經濟優勢，邊做邊學將是發展該產業的途徑。由此顯示：發展中國家需在政府部門干預下，取得某種規模經濟或產業規模的比較利益。

　　4.代表性需求貿易理論

　　新貿易理論除從供給面解釋貿易發生的原因、結構和結果外，並從需求面解釋現代貿易活動。各國均存在代表性需求水準，此即一國平均所得水準反映的代表性消費財，係各國發展消費財產業的誘因，理由是：只有符合大多數消費者需求，廠商生產商品才容易達到規模經濟，方能獲取較高利潤。不過各國成員的所得水準差異性，造成需求性質也有不同，是以一國專業化生產某一代表性需求層次的商品，將意味著無法滿足其他所得階層消費者對同類商品的消費需求。

　　在營運過程中，各國廠商將面臨追求生產某層次商品達到規模經濟，以及滿足不同所得階層消費者需求的矛盾現象，不過透過貿易活動將可解決此

種問題。換言之，各國專業化生產本國代表性需求商品並出口，也從他國進口其生產的代表性需求商品，滿足本國其他所得階層消費者的需求。代表性需求貿易理論指出，廠商生產代表性需求的消費財容易形成規模經濟；所得水準相近國家反映彼此的代表性需求相似，為相互滿足不同所得階層消費者需求創造條件，從而擴大貿易活動。由此顯示：兩國所得水準差距愈大，相互貿易的可能性越小，建立在代表性需求基礎上的貿易活動是同一商品內部不同層級的商品貿易，此係產業內貿易的另一種型態。

56

貿易政策
trade policy

傳統上，政府部門採取的貿易政策，以關稅 (tariff) 與配額為主要的政策工具，前者管制價格，稱為質的貿易管制 (qualitative trade restriction)，後者管制數量，稱為量的貿易管制 (quantitative trade restriction)。

(一)關　稅

關稅係指政府部門對通過國境的商品課稅，屬於國境關稅。所謂「通過國境」即表明關稅為通過稅的一種，國境不僅限於國家的政治領域，而係指經濟的國境或關稅的地域，如非經濟國境或非關稅地域，雖有商品通過也不課徵關稅，如：通過自由港的商品即不課稅。

政府部門針對商品貿易課徵關稅，目的包括：(1)關稅對發展中國家係屬重要政府收入來源；(2)同類商品課徵進口關稅後將變得較為昂貴，有助於保護國內產業；(3)運用差別關稅來合理使用有限的外匯，如：對奢侈品徵收高關稅而對原材料徵收低關稅，兼顧前者進口與鼓勵後者進口。

(二)關稅理論

關稅存在有其不同背景，除考慮稅收的財政目的外，其他理由包括：

1.改善本國貿易條件 (terms of trade)

當本國進出口金額不等時，將出現貿易帳失衡現象。尤其是貿易逆差累積勢必擴大貿易赤字，造成外匯準備縮減，是以國內市場論據 (home-market argument) 主張政府部門透過課徵關稅減少外國商品進入本國市場。生產成本均等化論據強調採取關稅的手段促使國內外同質商品具有相同成本，提高公平競爭機會。就業論據 (employment argument) 強調開發中國家存在大量隱藏性失業人口，政府部門運用課徵關稅降低進口，將可促進本國就業增加。反傾銷論據 (anti-dumping argument) 基於防禦國外廠商採取傾銷策略，往往採取平衡稅加重傾銷商品的租稅負擔。

2. 保護幼稚工業 (infant industry)

幼稚工業係本國具有發展潛力而處於萌芽成長階段的產業。開發中國家缺乏工業基礎，必先發展具有比較利益的產業，但初期階段往往規模尚小、市場狹小，無法與先進國家物美價廉商品競爭。為確保國內市場以擴大廠商的生產規模，冀望日後具有國際競爭力，政府部門採取提高外國商品關稅或配額限制，此種策略雖能扶持本國產業，但將犧牲消費者權益。

3. 國家安全

基於國防與國家安全考量，政府部門利用關稅確保國防工業的生存空間，降低對國外軍需的仰賴，有助於提升國家安全，尤其是瀕臨戰爭的緊張氣氛下，以關稅保護國防工業更具說服力。

㈢關稅類型

關稅依商品通過方向分為進口稅 (import duty) 與出口稅 (export duty)，不過目前很少國家課徵出口關稅。關稅稅則 (tariff schedule) 係指一國制定和公佈對進出海關的商品徵收關稅的條例和稅率分類表，表內包括各項徵稅或免稅商品的詳細名稱、稅率、徵稅標準（從價或從量）與計稅單位等，稅則中的商品分類係依商品加工程度、商品性質或依兩者結合劃分。關稅稅則部分係基於本國需要自行決定稅率、關稅法規與條例，此即稱為自主關稅 (autonomous tariff)；另外則取決於國際貿易協定，在對等基礎相互減讓關稅的協

定關稅 (conventional tariff)。關稅稅則分為單式和複式稅則兩種，前者係指一個稅目只有一個稅率，適用來自各國同類商品進口並無差別待遇。後者係指一個稅目有兩個以上稅率，對不同國家進口商品適用不同稅率，包括普通稅率、最惠國稅率、協定稅率、優惠稅率等，一般是普通稅率最高，優惠稅率最低。

　　政府部門基於財政目的課徵關稅，稱為收益關稅 (revenue tariff)。若是基於保護國內產業而對進口商品課徵關稅，則稱為保護關稅 (protective tariff)，稅率高達百分之幾百實際上等於禁止進口，從而達到保護目的。此外，政府部門運用關稅保護本國產業時，除依據名目關稅率 (nominal tariff rate) 徵收關稅外，尚須考慮本國商品受關稅保護程度，此即有效保護率 (effective rate of protection) 或有效關稅率 (effective tariff rate) 概念，用於衡量課徵關稅後，每元國內商品附加價值的增加率。

　　有效保護率係指關稅制度和有效保護措施對生產過程中某類商品發揮淨增值的影響，亦即關稅制度引起國內商品增值提高部分與自由貿易條件下增值部分的比例。有效保護不僅注意關稅對成品價格影響，也注意原材料或中間財因課徵關稅而上漲的價格。是以有效保護率是某項加工業中受關稅制度影響而產生的增值比例，係對商品的國內外增值差額與其國外增值的比例：

$$有效保護率 = \frac{（國內加工增值 - 國外加工增值）}{國外加工增值} \times 100\%$$

　　除一般性關稅外，政府部門尚可因時制宜訂定特殊關稅，如：因季節不同而對特定進口商品訂定不同稅率，此即季節性關稅 (seasonal tariff)。另外，差別關稅 (differential duties) 係針對不同國家的同類進口商品徵收不同稅率的關稅，由正常關稅率和特設稅率組成。廣義的差別關稅即是實行複式稅則的關稅，狹義的差別關稅係針對部分進口商品，視其國家、價格或進口方式

課徵不同稅率的關稅，類型包括多重關稅、反傾銷關稅、反補貼關稅、報復關稅、平衡關稅等。

關稅課徵可採取從量稅或稱固定稅 (fixed duty)，以進口商品數量、重量、容積、面積、體積或長度為標準，每單位課徵一定金額關稅，優點在於課稅標準一定、徵收手續比較簡便，缺點在於同類商品不論等級均課徵相同稅率，稅額無法隨物價變動調整缺乏公平性。另外，關稅課徵亦可採取從價稅，係依商品價格課徵一定比例關稅。另外，政府部門針對外國政府給予出口補貼的商品，採取超過正常關稅稅率課徵反補貼稅 (countervailing duties)，目的在於抵銷國外競爭廠商得到獎勵和補助產生的影響，進而保護本國製造商。至於針對外國傾銷導致國內產業受損時，政府部門目的在於抵制傾銷保護國內產業，課徵相當於出口國國內價格與傾銷價格之間差額的反傾銷稅 (anti-dumping duties)。

出口稅係針對輸往國外商品徵收的關稅，徵收出口稅將增加商品成本，勢必削弱國際競爭力而不利於擴大出口，各國目前較少徵收。不過若在國際市場具有壟斷性的商品和國內供不應求的原料，有些國家考慮酌量徵收。再則，發展中國家基於增加財政收入考慮，也對部分商品徵收出口稅，拉丁美洲國家大多數徵收 1 ～ 5% 的出口稅，亞非發展中國家也有課徵出口稅者。值得注意者：國家基於獎勵出口生產，增強出口競爭力而採取出口退稅 (export rebates) 策略。凡是製成品出口若已繳納所用進口原料的進口稅和國內稅，基於降低廠商生產成本考量，可以獲得退還全額或部分稅款。某些國家規定商品在本國增值要達一定比例才能享受出口退稅，並規定退稅期限，未經國內加工生產程序的進口原料再出口，則不予退稅。

㈣最適關稅 (optimal tariff)

開放體系是否具有影響國際價格能力，將會影響課徵關稅的經濟效果。

小型開放體系在國際市場屬於價格接受者，課徵關稅無法影響國際價格，國內市場將自行吸收關稅，國內商品價格將隨關稅課徵等額調整。反之，大國在國際市場屬於價格決定者，將可運用課徵關稅降低進口量，迫使出口國降低售價，貿易條件獲得改善，部分關稅將轉嫁由出口國負擔，進口國的國內商品價格上漲幅度通常小於關稅稅額。

　　對小型開放體系而言，課徵關稅將削減國內消費者剩餘、所得重分配與社會福利淨損失等效果；對大國而言，課徵關稅改變貿易條件，將出現正面的改善貿易條件效果 (terms of trade effect) 與負面的萎縮貿易數量效果 (volume of trade effect)，當前者超越後者時，本國福利水準將會上升。一旦前者小於後者時，本國福利水準將會下跌。惟有當兩者相等時，本國福利水準達到最大，此時的稅率將是最適關稅稅率 (optimum tariff rate, t^*)，將等於外國商品供給彈性的倒數 ε_S^*：

$$t^* = \frac{1}{\varepsilon_S^*}$$

　　小型開放體系面對的外國商品進口供給彈性趨於無窮大，政府部門採取自由貿易政策，令關稅稅率為零才是追求福利極大的最適策略。就大國來看，最適關稅稅率應為正值，且與外國商品供給彈性成反向變動。另外，當政府部門訂定關稅稅率過高，導致貿易活動停止不再進行，此時的關稅稱為禁止性關稅 (prohibitive tariff)，本國福利將回復至封閉體系的水準。值得注意者：大國課徵關稅雖可改善貿易條件，但若貿易條件改善過多，導致進口商品的國內價格較自由貿易時還低，則將出現 L. Metzler (1949) 所稱的 Metzler 矛盾，亦即當國際間對本國進口商品存在過多的超額供給時，政府部門課徵關稅後，將促使國際價格跌幅超過關稅漲幅。在此矛盾下，政府部門提高關稅，顯然無法保護國內產業。

最後，關稅水準 (tariff level) 係指一國的平均進口稅率，通常採取簡單平均法和加權平均法兩種，前者係單純就一國稅則中稅率（法定稅率）進行計算，不管稅目的實際進口數量，僅是按稅則中的稅目數求其稅率平均值；後者是以進口商品數量或價格作為權數進行加權平均。

(1)簡單算術平均：

$$關稅水準 = \frac{稅則中所有稅目的稅率之和}{稅則中的稅目數} \times 100\%$$

(2)按進口稅額占總進口商品價格的比例：

$$關稅水準 = \frac{進口稅款總額}{進口總值} \times 100\%$$

(3)按進口稅額占有稅商品進口總值的比例：

$$關稅水準 = \frac{進口稅款總額}{有稅商品進口總值} \times 100\%$$

(4)為便於具體比較，也可選出代表性商品根據不同類別進行加權平均比較。

㈤非關稅貿易措施 (non-tariff trade measures)

非關稅貿易措施涵蓋範圍相當廣泛，凡是能夠影響貿易活動流量的管制措施均屬之，內容包括配額、自動出口設限 (voluntary export restraints)、自動進口擴張 (voluntary import expansion)、補貼、平衡稅、輸入許可證、反傾銷稅、自製率規定 (local content requirements)、外銷比例等。此外，政府部門採取行政措施，如：商品通關標準與認證嚴苛、政府採購條款、外人投資規定等，均會影響國際間商品、服務貿易與因素移動性，屬於廣義的非關稅貿易

措施。

　　此外，政府部門採取配額有三種類型：⑴進口配額 (import quota) 限制特定期間內某商品的輸入量。⑵出口配額 (export quota) 限制特定期間內受限商品的出口量。⑶出口補貼係以租稅減讓或支付利益的方法，補貼輸出商品的廠商或相關廠商。小型開放體系的政府部門採取配額與關稅管制貿易活動時，產生的福利效果完全相同，唯一差異在於關稅收入與配額租的歸屬問題，前者係由政府部門取得，後者則由政府部門或進口商取得。

57 跨國公司理論
theory of transnational corporation

㈠多國籍企業 (multinational enterprise) 的發展

廠商透過海外投資而轉型為跨國公司的誘因，包括確保原料供給來源、國際市場需求與獲取低成本生產因素，這些誘因相互作用引導出 R. Vernon (1966) 的產品循環理論 (theory of product cycle) 及多國籍公司理論。產品循環理論認為在先進國家中，廠商必須密集從事研發活動，才能因應規模經濟與寡占競爭現象，從而產生新技術與異質商品。新商品首先在國內市場推出，隨著商品改進且生產程序逐漸標準化後，廠商必須協調生產與行銷活動。爾後經歷一段期間，商品開始大量外銷，在接近成熟期時，類似商品出現形成激烈競爭並造成獲利下降。在這個階段中，廠商開始尋找商品與因素的國外據點，追求降低單位生產成本，是以對外投資活動將形成防衛性投資，使其在國內外市場都能創造利潤。

邁入 1980 年代後，國際經營環境日益複雜，Vernon 理論逐漸無法解釋廠商從事國際化活動的原因，是以跨國公司也為其從事世界性營運，尋求更適當的理論基礎。傳統上，海外營運只是國內公司策略性與組織性的附屬機構，僅需進行機會性管理。隨著科技進步大幅提升生產效率，研發成本增加與商品生命週期縮短，促使經營階層認知營運國際化的重要性，改採更具整合性的國際化觀念來思考營運策略。

(二)跨國公司的營運策略

跨國公司採取的營運策略分為四類：

1.國際化 (internationalization)

以總公司為中心，設立各國分公司支援母公司營運。該類型營運發展策略處處可見商品循環理論的影子，亦即將本國市場中的商品生命週期，在他國市場中重新循環一次，同時透過國際間的資訊不對稱、技術落差，促使母公司創新能力與技術享有最大競爭優勢，從而降低營運風險，另外，母公司藉由在各國市場的經驗與獲利，用於強化母公司的研發投入。

2.多國籍化 (multinationalization)

總公司視各國子公司為獨立個體，子公司猶如母公司在各國播下的種子，多數由子公司自己自足與自行發展。母公司採取該類型營運策略，發展重心在於適應各國環境，子公司追求如何適應各國的異質商品、服務、顧客需求及政府等因素，強調子公司營運彈性與回應速度，傾向在各國進行研發活動，重視短期環境變動、國家差異性與影響。

3.全球化 (globalization)

總公司基於全球經濟規模的考慮，在各地設立區域性功能中心，如：製造中心、研發中心等，以支應其掌握全球市場的目標。在該類型營運發展的過程中，以日系集團企業為例，強調全球分工效率、注重品質與學習，商品生產銷售流程可視成本精算而由各地功能中心負責。

4.跨國化 (transnationalization)

總公司與各國子公司彼此間存在各取所需的結合關係，鼓勵各國子公司之間自然產生區域領導型公司。在該類型營運發展過程中，係以多元化為思考重心，各國子公司可能非常獨立、非常依賴總公司或其他子公司，自然形成聚落的情況。

㈢國際合資 (international cooperative venture)

為因應國際化趨勢，廠商積極尋求快速進入海外市場及學習知識的機會，而國際合作屬於可行方案，型態包括：合資 (joint venture)、授權 (licensing)、特許 (franchising)、管理契約 (management contract) 與轉包 (subcontracting)等。其中，合資涉及股權投資，形成契約內在自我約束機能，兼具學習更多當地知識、取得互補資源，成為廠商採取的主要策略。有關國際合資理論的類型如下：

1.交易成本理論

廠商內部組織及市場機能將是達成資源效率配置的極端替代方案，兩者間尚存在其他混血式策略，如：合資。廠商選擇組織型態，係採取生產成本與交易成本作為評估標準。前者將因經營規模、學習效果或專屬知識而異，後者則包括完成契約及管理交易成本。廠商評估各種替代方案之生產成本及交易成本總和，將以總成本最低來決定廠商規模。J. F. Hennart (1991) 基於交易成本理論，認為合資係結合多個獨立廠商的資產服務，而且在中間財市場失靈、以及購置生產商品的資本支出較透過合資協定取得使用權為高的狀況下才具效率。

廠商首次進入外國市場時，選擇合資型態的理由是：廠商若要取得當地環境的相關訊息，將須支付高額交易成本，是以預期透過合資型態將可累積此類訊息，進而取得當地廠商支配的資源，降低投資風險。尤其是天然資源產業的先占者享有差異租 (differential rents)，當地政府法令不鼓勵甚或禁止外國人擁有百分之百的股權，廠商僅能採取合資型態。至於適合廠商採取合資策略的環境是績效定義與監督存在高度不確定性，加上資產高度特殊性。基本上，績效不確定性促使廠商捨棄契約形式，改採合資型態，理由是：合資創造優越的監督機制及誘因，得以達成資訊揭露、分享技術及保證績效的

效果。在垂直整合的合資案中，廠商運用交換人質 (mutual hostage position) 效果，來解決參與公司雙方行為的不確定性；在水平整合的合資案中，若有影響其中一方策略資產價值之外部性問題產生，則可透過增加股權比例取得經營權來解決。

2. 策略行為 (strategic behavior)

策略行為的選擇標準在於組織型態必須能提升廠商的競爭地位，從中取得最大利益。策略行為強調競爭地位影響廠商的資產價值，很多合資案發生的動機是基於造成進入障礙或削減競爭者地位，進而提升廠商的競爭地位與增加資產價值。Vernon (1983) 認為合資屬於防禦性投資，尤其是中度集中產業難以達成勾結時，廠商將可藉此避免策略性風險。

3. 組織知識及學習理論

公司係以「知識基礎」組成，具有在組織間不易擴散的特質，合資卻可用於移轉此種知識的工具。至於廠商未考慮其他移轉形式的原因，並非市場失靈或高交易成本，而係基於知識需要組織間相互學習的特性。廠商傾向採取合資型態的情況有二：⑴廠商希望取得其他廠商的組織知識、⑵廠商希望維持組織能力，同時又能獲利於另一廠商的現有知識或成本優勢。

4. 互依理論

J. Pfeffer 及 Nowak (1976) 認為廠商基於管理廠商間互依性而採取合資策略：⒜競爭性互依 (competitive interdependence)：同性質廠商因生產類似商品及勞務而形成競爭關係，此為水平層面的互依。為了管理此種互依關係，廠商通常選擇合資或合併策略以降低競爭互依性。若是無法達成合併目的，且又規避反獨占管制時，廠商將會選擇合資。另外，在集中度中等的產業中，廠商才會採取合資策略，理由是：產業集中度低代表廠商數目過多，建立連結將不可行；產業集中度高時，建立少數廠商間的連結則無必要；⒝共生性互依 (symbiotic interdependence)：不同性質廠商間的相互依賴，屬於生產過程

中垂直層面的互依。當單一廠商無法負擔營運需要的經濟規模或所需資本太高，或該產業存在高技術風險，可以選擇結合兩家廠商優勢的策略，追求發展新商品或進入新市場。為處理資源互依而形成的連結關係，參與的廠商未必屬於同一產業。廠商採取合資策略，將可建立臍帶匯集資源，增進互依性與確定交易合夥人績效。當產業集中度高時，生產過程中的投入產出之互依性增加，廠商採取合資策略管理共生性互依。

5.談判力量觀點

多國籍公司從事海外直接投資活動，若從政治經濟學進行詮釋，將是多國籍公司設立海外分支機構之所有權結構係與地主國政府談判的結果。就多國籍公司而言，全部掌握海外投資公司的股權自然最好，不過開發中國家基於經濟與政治因素考慮，通常採取限制外資企業的持股比例，促使多國籍公司運用籌碼迫使開發中國家讓步，雙方談判力量強弱將決定多國籍公司的海外公司股權結構。

6.實質選擇權 (real option) 觀點

B. Kogut (1991) 認為合資係創造一個實質選擇權，以便因應未來技術及市場發展擴張的選擇。廠商執行選擇權即是購併合資事業，執行時機在於商品市場傳達合資事業價值將會增加的訊息。面對新市場需求的不確定性，廠商在新市場的最初投資係在購入未來發展的權利，合資即是運用特殊條款設計達成購併或撤資的彈性，尤其是在具風險性市場投資更是如此。

58 國際金融
international finance

㈠國際收支帳 (balance of payment account)

在固定期間內，記錄本國與他國居民從事商品、勞務、單方面移轉與金融資產等國際交易活動的會計帳，即是國際收支帳。國際收支帳包括：

⑴經常帳 (current account)：記錄商品貿易、勞務收支、所得收支與經常移轉交易。商品貿易餘額係商品出口與進口的總和，該餘額占國民生產毛額的比例即是貿易依存度。

⑵資本帳 (capital account)：記錄債務免除、固定資產所有權移轉、處分或取得固定資產衍生的資金移轉等資本移轉交易，以及無形的專利、租約、可移轉性契約與商譽等非生產性、非金融性資產交易。

⑶金融帳 (financial account)：包括直接投資、證券投資、資金借貸與貿易信用等金融交易活動。

上述會計帳的交易項目係人們基於消費偏好、所得、利率、匯率、國內外商品與勞務相對價格等因素，預擬從事跨國交易活動，屬於事前交易或自發性交易 (autonomous transaction) 範疇。值得注意者：金融帳還包括準備資產項目或官方準備交易帳，屬於調節性交易 (accomodating transaction) 性質，係指一國面臨自發性交易發生清算缺口，進行事後彌補的交易活動，包括短期官方資本移動，與其他國際準備資產移動，此係央行挹注國際收支逆差的資產總稱。

経常帳、資本帳與金融帳餘額總和稱為基本餘額 (basic balance)，至於整體餘額 (overall balance) 或官方沖銷餘額 (official settlements balance)，係指商品勞務貿易、資本與金融等交易活動之加總淨額。當官方沖銷餘額為零時，準備資產累積為零。就功能性角色而言，整體餘額變化可用於觀察本國相對他國競爭力的消長過程，整體餘額持續盈餘或赤字，顯示該國貨幣存在升值 (appreciation) 或貶值 (devaluation) 壓力。

廣義而言，國際貨幣基金 (IMF) 定義外匯存底或外匯準備為包括政府持有黃金、政府部門持有外幣、國際貨幣基金的準備部位與特別提款權 (special drawing right, SDR)。臺灣並非 IMF 會員將無後兩項，但須加計「央行資產負債表中的國外資金」與「全體金融機構資產負債表中的國外資產淨額」兩項。至於狹義的外匯存底將不包括黃金與持有的外幣等。

㈡外匯市場 (foreign exchange market)

外匯市場係指外匯供需雙方透過電話、電傳、電報及其他電訊系統等方式報價與從事外匯交易活動的場所。臺灣外匯市場建立於 1979 年 2 月，包括兩個市場：⑴銀行與顧客間市場 (bank-customer market)：外匯指定銀行與顧客進行外匯交易的市場。⑵銀行間市場 (interbank market)：外匯指定銀行、外匯經紀商（臺北與元太外匯經紀公司）與央行參與交易的市場。

㈢國際收支失衡的調整方法

當國際收支發生失衡時，體系內將有促使國際收支自動回復均衡的機能，該機能包括三種：⒜價格調整機能：國際收支失衡透過物價或匯率變動改變國貨與舶來品的相對價格，透過影響進出口而回復國際收支平衡。⒝所得調整機能：國際收支失衡透過所得變動而影響本國所得水準，進而影響國際收支。⒞貨幣調整機能：國際收支失衡透過貨幣供需變化，透過改變本國與外

國商品的相對價格，進而影響國際收支。

(四)匯率類型

匯率係指兩國貨幣兌換比率或外匯交易價格，表示方式有二：

⑴直接標價 (direct quotes) 或直接匯率 (direct exchange rate) 法：以國幣表示的外幣價值，如：$e = (US/NT) = 33.5$。

⑵間接標價 (indirect quotes) 或間接匯率 (indirect exchange rate) 法：以外幣表示的國幣價值，如：$e^* = (1/e) = (NT/US) = 0.02985$。兩種匯率存在倒數關係。

匯率波動改變兩國商品的相對價格，進而影響相對競爭力，是以上述匯率屬於名目匯率 (nominal exchange rate)。不過當兩國物價發生變動時，以名目匯率衡量兩國商品競爭力將會出現偏誤，採取物價指數修正可得實質匯率 (real exchange rate) 概念。

實務上，臺灣的主要貿易對手包括美、日、德、英、加、香港（大陸）等，新臺幣在同一期間可能對馬克、日圓貶值，卻對美元、英鎊升值，而各國物價水準變化不一，以某國名目匯率與物價變化作為衡量實質匯率的基礎，僅能反映相對該國競爭力的變化，無法反映在國際經濟活動的平均變化情況。是以政府部門利用有效匯率 (effective exchange rate) 與實質有效匯率 (real effective exchange rate) 進行修正。

1.有效匯率

以某時點為基準，選擇貿易往來密切國家的貨幣組成貨幣籃，衡量彼此間貿易額、競爭程度及相對物價變動狀況，賦予主要貿易對手國的名目匯率適當權數，透過加權計算新臺幣匯率變動情況。有效匯率考慮多國匯率變化情況，較能反映本國商品在國際市場競爭力的平均變化情況，以及國幣相對各國貨幣升貶值的平均情況。

2.實質有效匯率指數

實質匯率指數係一單位舶來品可以兌換國貨的數量，實質有效匯率指數則為一單位國貨可兌換的舶來品數量，兩者單位不同。計算實質有效匯率指數涉及多國匯率間的加總，係將占臺灣貿易比例較大國家的貨幣納入，權數則視政策目標而定，包括出口、進口、貿易、世界出口市場、平均出口、平均貿易權數與雙重加權等多種。

G. Goschen (1861) 從國際收支帳解釋外匯供需變化，認為匯率決定於外匯市場供需，而外匯供需係跨國交易活動衍生的國際借貸，此即國際借貸說 (theory of international indebtedness) 或稱為國際收支理論。匯率若由外匯供需決定，央行不介入干預時，即屬於浮動匯率 (flexible exchange rate) 制度。不過體系面臨匯率波動擴大，央行基於削減匯率變異性而採取干預策略，則屬於機動匯率 (managed floating exchange rate) 制度。一旦央行釘住國幣與外幣的兌換比率，配合外匯干預以維持匯率穩定，則屬於固定匯率制度。實務上，央行無法將國幣與所有外幣間的兌換比例固定下來，遂改採將國幣釘住關鍵性貨幣（如：美元）的兌換比例，而與其他外幣的匯率則視美元與其匯率的浮動關係而定，此即聯繫匯率 (linked exchange rate) 制度。另外，某些國家採取商業匯率 (commercial exchange rate) 與金融性匯率 (financial exchange rate) 並行的雙元性匯率 (dual exchange rate) 制度，前者針對經常帳交易而將匯率固定在某一水準，後者則針對金融帳交易而讓外匯供需浮動決定匯率。

(五)匯率決定理論

1.購買力平價理論 (purchasing power parity hypothesis, PPP)

G. Cassel (1916) 認為匯率決定於兩國貨幣的購買力，而購買力係透過物價水準體現出來。在無交易成本、運輸成本與貿易障礙或管制等因素限制下，人們透過套利活動將促使同質商品在不同市場的價格應該只有一個，亦即商

品價格不會因市場所在位置的差異性而有不同，此即單一價格法則 (law of one price)。假設 P 與 P^* 分別是本國與外國物價，e 為以國幣表示的外幣價格，三者間的關係可用兩種購買力平價理論說明：

(1)絕對購買力平價理論：兩國貨幣的名目匯率將視兩國貨幣的相對購買力或物價水準而定：

$$e = \frac{P}{P^*}$$

實質匯率係指兩國商品的相對價格或稱貿易條件：

$$\varepsilon = \frac{eP^*}{P}$$

該理論顯示：各國物價以同一貨幣表示時將趨於相同，是以匯率係決定於各國同一組商品的相對價格。當本國物價上漲而外國物價維持不變時，相對外幣而言，國幣將面臨貶值壓力，理由是：上述現象反映國貨相對舶來品的競爭力下降，導致本國預期出口數量減少、進口商品數量增加，本國經常帳將出現赤字，國幣面臨貶值壓力。《經濟學家》(Economist) 雜誌基於購買力平價理論，提出大麥克指數 (big Mac index)，選取的一籃商品和勞務就是麥當勞的大漢堡，以美國的大漢堡價格（採用亞特蘭大、芝加哥、紐約、舊金山的平均價格 2.59 美元）作為基準，該漢堡的英國價格是 1.99 英鎊，顯示美元英鎊間的購買力平價匯率是 \$1.3，假設市場匯率為 \$1.45，將意味著英鎊高估 12%。

(2)相對購買力平價理論：均衡匯率應隨兩國通貨膨脹率變化而調整，或匯率變動率將等於兩國通貨膨脹率的差距：

$$e_t^* = \frac{\pi - \pi^*}{1 + \pi^*} \text{ 或 } e_t^* = \pi - \pi^*$$

2. 利率評價理論 (interest parity theory, IRP)

J. M. Keynes (1923) 認為各國利率差異直接影響國際短期資金移動，從而引起匯率變化。投資人追求高收益，將資金從低利率國家轉往高利率國家，促使高利率的貨幣出現匯率升值現象。利率平價理論解釋國際金融市場的利率差異對即期匯率 (spot rate) 與遠期匯率 (forward rate) 關係的影響。人們從事跨國金融操作時，在本國投資一年所獲本息為 $(1+i)$，赴海外投資若採取未拋補 (uncovered) 操作策略，所獲本息為：

$$\frac{1}{S_t}(1+i^*)E(\tilde{S}_{t+1})$$

S_t 與 S_{t+1} 分別是本期與下期的即期匯率。當兩者報酬相等時，代表在本國與外國投資並無差異，跨國資金將停止移動。由此相等關係將可推演出國際 Fisher 效果，預期匯率貶值率將等於本國與外國利率之差：

$$e_t^* = \frac{i - i^*}{(1 + i^*)} \text{ 或 } e_t^* = i - i^*$$

3. 貨幣學派

假設國內外資產屬於完全替代品，長期匯率將決定於兩國貨幣數量的相對值。貨幣數量學說顯示兩國物價分別決定於各國貨幣數量，再結合購買力平價理論的關係，可得匯率貶值率等於兩國貨幣成長率的差額：

$$\dot{e}_t = \dot{M} - \dot{M}^*$$

(六)貶值理論 (devaluation theory)

央行採取貶值措施能否改善國際收支或經常帳逆差,可用三個理論解釋：

1. 彈性方法 (elasticity approach)

央行採取貶值措施，在既有的進出口數量固定下，以國幣表示的本國出口品價格下跌、外國商品價格上漲，透過貿易條件效果將促使經常帳惡化；在既有的進出口價格固定下，貶值將提升本國商品競爭力，透過貿易數量效果改善經常帳。綜合兩者，當 Marshall-Lerner 條件獲得滿足，亦即進出口彈性大於 1 時，貶值將可改善經常帳赤字。

　　2. 支出方法 (absorption approach)

　　央行採取貶值措施，透過影響本國所得與總支出，進而衝擊經常帳：(a)支出移轉效果 (expenditure switching effect)：貶值將提升本國商品在國際市場的競爭力，改變本國消費者對外國商品偏好，影響方式包括所得重分配效果、實質餘額效果、貨幣幻覺效果 (money illusion effect) 與 Laursen-Metzler 效果。(b)支出降低效果 (expenditure reducing effect)：貶值將影響本國所得水準變化，造成國內支出減少，影響包括資源閒置效果 (idle resources effect) 與貿易條件效果。

　　3. 貨幣方法 (monetary approach)

　　央行採取貶值措施造成貨幣市場失衡，調整過程中透過影響商品市場與本國物價，進而影響國際收支。

㈦政策搭配 (policy mix)

　　1. 政策工具與經濟目標

　　政府部門追求的經濟目標包括充分就業、物價穩定、經濟成長、所得分配平均化與國際收支平衡。在眾多目標中，經濟成長屬於長期動態經濟問題，所得分配涉及政治、社會、制度及傳統價值觀等非經濟因素，是以在短期比較靜態模型中，政府部門著重焦點在於追求如何邁向充分就業與物價穩定的內部平衡 (internal balance)，以及維持國際收支平衡的外部平衡 (external balance) 兩大經濟目標。

為達成內外部平衡目標，政府部門可採取財政、貨幣、所得、匯率與直接管制等政策工具，1969 年諾貝爾經濟學獎得主 J. Tinbergen (1952) 率先指出，政府部門追求單一目標，至少需要使用一種有效的工具；若同時追求 N 個獨立目標，至少需要採取 N 種獨立且有效工具，此即 Tinbergen 法則。1977 年得主 J. E. Mead (1951) 指出在某些狀況下，政府部門單獨使用支出調整政策（包括貨幣政策和財政政策）追求內外部平衡時，將會導致該國的內部與外部平衡間發生衝突，此種現象稱為 Mead 衝突 (Mead's conflict)，此即反映單一政策工具無法同時解決兩個經濟目標。接著，Mundell (1962) 指出政府部門應該根據比較利益原則使用各種政策工具，亦即每個政策工具都應運用於本身具有相對最大效率的政策目標，此即政策搭配原則 (assignment rule) 或有效市場分類原則 (principle of effective market classification)。

2. Mundell 的政策搭配理論

Mundell (1962) 採取 Samuelson (1947) 的對應原理說法，提出有效市場分類法則：「政策工具應與其能發揮顯著影響力的目標相配合。政府部門若未遵循該項原則，必然會促使體系出現循環方式達成均衡，甚至釀成不穩定現象。」是以政府部門（財政部與央行）只要讓其政策分別追求相對具有影響力的目標，則無需確知經濟結構為何，也無需掌握政策工具必須控制在何種水準，各種經濟目標自然能在調整過程中趨向於同時達成。

上述說法可用下圖說明。YY 線表示貨幣政策與財政政策的各種組合能使國內達成均衡的軌跡，該線右邊表示國內經濟衰退，左邊表示國內經濟膨脹。BB 線則係貨幣政策與財政政策的各種組合能使國際收支維持平衡的軌跡，該線右邊表示國際收支順差，左邊表示國際收支逆差。E 點表示該國內部與外部同時處於均衡狀態，其他各點均非全面均衡狀態。

在開放體系下，Mundell 認為財政政策適用於解決內部失衡問題，如：當國內經濟面臨失業率增加、經濟衰退時，政府部門採取擴張性財政政策，亦

即增加政府支出、減少課稅，而讓預算盈餘減少。反之，當國內經濟面臨景氣過熱時，政府部門改採緊縮財政政策，而讓預算盈餘增加。另外，貨幣政策適用於紓解外部失衡問題，如：當國際收支出現大量順差時，政府部門採取擴張性貨幣政策降低利率，導引過多資金外流。反之，當國際收支陷入逆差狀態時，政府部門改採緊縮貨幣政策促使利率上升，吸引國外資金流入。

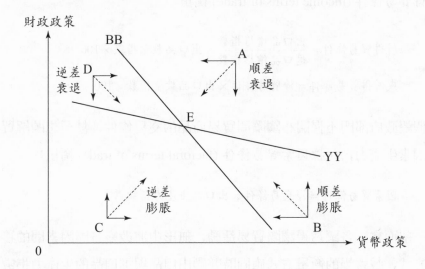

(八)貿易條件

貿易條件係指一國出口商品換取的進口商品數量，通常以出口品與進口品價格的比例衡量，亦稱為商品貿易條件 (commodity terms of trade) 或淨貿易條件 (net barter terms of trade)：

$$淨貿易條件\ (\varepsilon) = \frac{出口品物價指數}{進口品物價指數} \times 100$$

$\varepsilon > 1$ 表示出口品價格相對進口品價格為高，具有提高出口價值的功能。$\varepsilon < 1$ 表示出口品價格相對低於進口品價格，從而減少出口品的價值。貿易條件亦

可採取兩國相對進出口數量衡量，此即毛貿易條件 (gross terms of trade)：

$$毛貿易條件 = \frac{進口品數量指數}{出口品數量指數} \times 100$$

政府部門為求精確掌握出口品的輸出總值所能換取的進口品數量，可採取所得貿易條件 (income terms of trade) 衡量：

$$所得貿易條件 = \frac{出口品價格指數}{進口品價格指數} \times 出口品數量指數 \times 100$$

$$或所得貿易條件 = 淨貿易條件 \times 出口品數量指數 \times 100$$

假設政府部門不僅關心國際間貿易商品的交易條件，甚至想瞭解貿易商品的因素生產力，可採因素貿易條件 (factoral terms of trade) 衡量：

$$因素貿易條件 = 淨交易條件 \times 出口品生產力指數$$

一般而言，各國透過國際貿易活動，無形中將改變各國因素間的移動或生產方式，較嚴謹的衡量方式應同時兼顧出口品與進口品的生產力指數：

$$雙重因素貿易條件 = \frac{出口品生產力指數}{進口品生產力指數} \times 淨貿易條件$$

各國從事國際貿易活動，目的在於提升資源運用效率，同時透過享受廉價商品提高消費者的效用水準。若從滿足效用水準的角度，可採取效用貿易條件 (utility terms of trade) 衡量貿易活動對兩國福利水準的影響：

$$效用貿易條件 = \frac{出口品的效用指數}{進口品的效用指數} \times 淨貿易條件$$

由於因素貿易條件忽略取得商品成本，故將生產力平減成本後，才能視

為實質生產力的貢獻，此即實質成本貿易條件 (real cost terms of trade)：

$$\text{實質成本貿易條件} = \frac{\text{出口品生產力指數}}{\text{進口品生產力指數}} \times \text{淨貿易條件}$$

　　類似實質成本貿易條件的概念，經濟學亦可採取平減生產力後判斷所得貿易條件，從而得到毛貿易利得指數 (gross gain from trade index)：

$$\text{毛貿易利得條件} = \frac{\text{出口品數量指數}}{\text{出口品生產力指數}} \times \text{淨貿易條件}$$

59 最適通貨區域理論
theory of optimal currency area

㈠最適通貨區域

　　最適通貨區域理論是研究匯率制度和貨幣單一化的理論，用於說明在何種環境下，某一區域（若干國家或地區）實行固定匯率制度和貨幣聯盟 (monetary union) 或貨幣單一化是最佳的。R. Mundell (1961) 系統化闡述不同匯率制度下的優劣問題，提出將世界劃分為若干通貨區域，同一區域內使用相同貨幣或採取固定匯率制，不同區域間實行浮動匯率制度。此舉將能消除匯率波動的不確定性，有效促進成員國的專業化生產，提升商品和資本移動性。此外，最適通貨區域將有利於實現國際收支平衡，降低不同貨幣的兌換成本。

　　Mundell 以因素移動性作為衡量最適通貨區域的標準。最適通貨區域應為如下之體系：因素在體系內部可自由移動，對外則受共同經濟衝擊 (symmetric shock) 影響，勞工移動性 (labor mobility) 將是決定某區域是否屬於最適通貨區域之關鍵因素。

　　Mundell 認為開放體系發生國際收支失衡，係因需求出現轉移所致。就 A 與 B 兩國而言，B 國商品需求若轉向對 A 國商品需求，將可能造成 B 國失業率上升，A 國通貨膨脹壓力增加。假設 A 國生產 A 商品，B 國生產 B 商品，B 國貨幣貶值將有助於降低 B 國失業，A 國貨幣升值有助於降低 A 國通貨膨脹壓力。一旦 A 與 B 同屬一國的兩個區域，使用相同貨幣，央行採取貨幣政策將陷入進退維谷的困境：採取擴張政策直接處理 B 區失業，將促成 A 區通

貨膨脹進一步惡化；反之，採取緊縮政策企圖解決 A 區通貨膨脹，則將承擔 B 區失業問題進一步惡化的風險，亦即用於改善某區形勢的貨幣政策，將促使另一地區的問題趨於惡化，除非兩個區域使用各自的貨幣。

　　Mundell 指出浮動匯率僅能解決不同通貨區域間的需求移轉問題，無法解決同一通貨區域內不同地區間的需求移轉問題，後者只能透過因素移動來解決，亦即勞動移動性將是解決問題的關鍵。假設勞動具有完全移動性，則將 B 區失業工人向 A 區遷移，將可抑止 A 區工資率上升，甚至降低工資率，兼具紓緩 A 區通貨膨脹和 B 區失業的效果。是以若要在幾個國家間維持固定匯率制度，兼具維持物價穩定和充分就業，必須配合調節需求移轉和國際收支的機制，這個機制僅能是因素的高度移動性。

(二)貨幣聯盟

　　貨幣聯盟係由採取固定匯率制度之國家組成，該聯盟對其他國家仍採浮動匯率制度，最適通貨區域則係指藉由形成貨幣聯盟而享受好處的國家。貨幣整合或加入貨幣聯盟之主要效益包括提升貨幣流通性、貨幣政策更具穩定性、減少貨幣投機炒作與增加外匯存底，其中以提升貨幣流通性最為重要。尤其是開放體系加入貨幣聯盟而降低匯率風險，擴大貿易活動及投資意願，資源配置更具效率。如果同一貨幣能在廣大區域流通，貨幣兌換成本應隨規模經濟發生而減少，貨幣流通性將會更為提升。

　　開放體系加入貨幣聯盟，成本主要為放棄獨立的貨幣政策，包括放棄調整匯率與獨立制定貨幣政策能力。至於評估加入貨幣聯盟會員國的標準包括：

　　(1)勞工移動性：勞動在國際間具有移動性，將可降低採取匯率調整來維持外部平衡之需求，理由是：勞動若能由高失業率國家移動至低失業率國家，各國之工資及其他因素價格可望趨於一致。由於勞工移動性與移動成本將受地理距離影響，是以鄰近國家成立貨幣聯盟將較為適宜。

(2)金融市場整合性：國際金融市場整合性愈高，透過資本移動將可消除區域間之失衡狀態，降低採取匯率調整策略改變國家間相對物價水準的必要性，此種透過國際收支進行融資調整可作為緩衝，促使開放體系調整過程更加平緩，調整時間拉長。

(3)體系開放性與規模：體系開放性擴大，國內物價水準愈有可能與匯率同步變動。是以開放體系較適合採取固定匯率制度，名目匯率變動對實質競爭力較不容易產生重大影響。尤其是開放體系規模愈小，對外開放性愈大，加入貨幣聯盟將愈有利。

(4)商品多元化程度：開放體系高度多元化將降低外生衝擊造成之影響，無需經常藉由調整匯率來改變物價水準，是以較適合加入貨幣聯盟。

(5)物價和工資浮動性：當區域內之物價及工資極具調整彈性時，國際間之調整過程較不容易造成一國失業，卻釀成他國通貨膨脹現象，進而降低透過匯率調整需求，是以較適合加入區域貨幣聯盟。

(6)商品市場整合性：生產結構類似國家容易受同一貿易衝擊影響，彼此間較不需要利用匯率調整作為因應衝擊之工具，較適合加入同一貨幣聯盟。

(7)財政政策整合性：國與國之間的財政政策整合性愈高，愈容易透過由低失業國家援助高失業國家的方式，來消弭不利的經濟衝擊。財政政策整合性通常係指貨幣聯盟的成員國亦加入某種型態的政治聯盟。

(三)歐洲貨幣聯盟 (European Monetary Union)

歐洲貨幣整合起源於第二次世界大戰，直至 1992 年於荷蘭簽訂馬斯垂克 (Maastricht) 條約才大致底定。依照此條約，歐元 (Euro) 自 2000 年元旦起成為西歐 11 個國家（德、法、義、荷、比、盧、奧、西、葡、芬蘭、愛爾蘭）之記帳單位，並於 2002 年元旦成為實際流通之支付工具。

有關歐洲貨幣聯盟之爭論焦點，大致集中在討論歐洲是否屬於最適通貨

區域的問題。Caporale (1993)、Dibooglu 與 Horvath (1997) 等人的實證研究指出，歐洲經濟活動係受不對稱衝擊影響，包括英、義、葡、西等位於歐洲較外圍國家之景氣循環與德國經濟活動關係，就不如荷、比、盧、法等與德國關係之密切。此種實證結果顯示：對歐洲貨幣聯盟而言，除引進歐元單一貨幣外，亦應建立其他調整機制，如：工資浮動性、勞動移動性以及靈活的財政政策，以因應可能面臨的經濟衝擊。

根據最適通貨區域理論，歐洲經濟與貨幣聯盟各國成立最適通貨區域，除考慮由此衍生的經貿利益外，如：促進價格透明化、降低交易成本、促進會員國間的投資與競爭等，為維持共同通貨的長期穩定性，還須兼顧組成最適通貨區域的其他制度與市場條件。單一貨幣同盟意味著各國必須放棄執行貨幣政策與匯率政策的自主性，一旦面臨外部衝擊時，必須透過其他穩定機制進行調節：

(1)彈性的勞動市場：勞動可自由且低障礙的在區域間移動；

(2)價格與工資彈性調整以面對市場波動；

(3)會員國間對遭受負面衝擊而無法自行調整的會員國提供財政補助，避免擴大區域間失衡而影響共同通貨的穩定性。

在加入歐元制度下，成員國執行貨幣與財政政策要求的條件包括(1)央行具備中立性、(2)匯率波動須符合歐洲貨幣制度 (Europaeisches Waehrungs system, EWS) 規定的標準、(3)通貨膨脹率不可高於三個通貨膨脹率最低的會員國平均值之 1.5%、(4)長期利率不可高於上述三個國家平均值的 2%、(5)政府負債總額須維持在 GDP 的 60% 以內，每年新增政府部門預算赤字不可超過 GDP 的 3%。這些條件係為促使參加歐元的會員國能有較趨一致的貨幣與財政狀況，避免造成歐洲央行擬定統一貨幣政策的困擾與壓力。

在金融市場方面，歐元出現整合歐洲貨幣聯盟的資本與貨幣市場，透過金融市場整合降低交易成本，提高股票與債券市場的流動性，從而提升歐洲

股票與債券對非聯盟國家的吸引力，藉此提高歐元金融市場在國際金融市場的重要性。另外，資本自由移動提高資源配置效率，有助於提升投資意願，促進會員國的經濟均衡發展與成長。

㈣國際貨幣基金 (International Monetary Fund, IMF)

國際貨幣基金組織 (IMF) 係成立於 1945 年 12 月 27 日之政府間的國際金融組織，自 1947 年 3 月 1 日開始辦理業務，屬於聯合國專門機構，設立 5 個地區部門（非洲、亞洲、歐洲、中東、西半球）和 12 個職能部門。該組織係針對國際金融問題協商與合作的常設機構，促進國際貨幣合作、擴大貿易活動與平衡發展、維持會員國就業、生產資源運用和實際所得的高水準、穩定國際匯兌，在會員國間保持有秩序的匯率安排，防止競爭性的貨幣貶值；協助會員國在經常帳交易中建立多邊、自由的支付制度，提供資金紓緩會員國的國際收支失衡，避免採取危害本國或國際景氣繁榮的措施，縮短會員國國際收支失衡的時間與降低失衡程度。

國際貨幣基金主要目標在於重建二次大戰以後的國際貨幣制度，係由會員國出資形成共同的外匯資金，依據各國外匯準備、國際貿易量及國民所得作為認繳攤額 (quota) 的標準，然後再考慮政治因素訂定，擁有權利包括決定會員間的透支額度、決定會員國的表決權、以及決定會員國所獲的特別提款權 (SDR) 配額。SDR 是信用融資的權利，用以滿足國際流動性需求的增加。

在國際貨幣基金會員國中，美、英、德、日、法、義、加等七大工業國（稱為 G7）的攤額比例約占 49%，美國擁有 19.9% 的比例。IMF 在設立之初係採固定匯率制度為基礎，浮動匯率制度自 1970 年代以後開始盛行，IMF 遂於 1976 年 9 月接受浮動匯率為該基金公認的制度。在浮動匯率制度下，基金逐漸轉換為提供會員國國際收支、匯率及總體經濟活動預警的角色，為缺乏外匯存底的會員國提供融資方案，協助解決國際收支逆差問題。

60

經濟統合
economic integration

國際整合係指國與國間的某種結合，可以是正在進行的過程，或已經達成的境界。前者隱含著具有序列般的進程，朝著某種光譜循序漸進，如：「由文化交流、經濟整合、到政治結合」般的線性廣化過程，或「由自由貿易區、關稅同盟、到共同市場」的擴散式深化過程。經濟統合則係指國際間基於互助原則的經濟合作組織，亦即一般所稱的區域主義。B. Balassa (1962) 基於經濟合作的嚴密程度，將經濟統合類型劃分成五種：

(一)優惠關稅制度 (preferential tariff system)

一般化優惠關稅制度 (generalized system of preference, GSP) 為先進國家進口開發中國家的工業製成品和半製成品給予關稅減免優惠，該項制度具有普遍性、非歧視性與非互惠性等特點。

先進國家實行減免關稅產生的差額，促使開發中國家出口商品價格具有更大競爭力，進而擴大商品出口與增加外匯收入。不過具體受惠國、商品範圍、減稅幅度等係由先進國家單方面決定，故仍面臨很大侷限性。有的先進國家實施該制度時，對開發中國家出口商品設置某種限制，如：限額制或原產地規則等，使這些商品實際上無法享受優惠待遇。不過充分利用該制度推動本國經濟發展，仍是發展中國家積極追求的目標。

在國際貿易活動中，最惠國待遇係指簽訂雙邊或多邊貿易條約的締約一方在貿易、關稅、航運、公民法律地位等方面，如給予任何第三國的減讓、

特權、優惠或豁免時，締約另一方或其他締約方也可取得相同待遇。最惠國待遇分為無條件和有條件兩種，後者係指締約國一方給予第三國的待遇，不能自動無償給予締約的另一國，只有在另一國給予同樣補償的情況下才能授予。至於前者則不要求補償，締約國給任何第三方的待遇，均無償自動給予其他締約國。

㈡自由貿易區 (free trade area)

在自由貿易區內的國家，商品流通將無關稅及非關稅（如配額、外匯管制、進口許可證等等）障礙存在。但對貿易區外的國家，各國仍可維持各自的關稅與貿易障礙。

經濟全球化和地區一體化係屬相似概念，相同處在於撤除商品及生產因素移動障礙，相異處是前者屬於全球性而後者則是區域性。經濟全球化主要依靠世界貿易組織 (World Trade Organization, WTO) 等全球性機構推動，地區一體化則由個別國家及地區性經濟組織協商。最具影響力的區域經濟組織是歐洲聯盟 (EU)、北美自由貿易區 (NAFTA) 和亞太經合組織 (APEC)。在各大區域經濟合作組織下，又有次區域及雙邊自由貿易協定，合作層次明顯提升。最突出者是歐洲區域合作在 1990 年代進入經濟聯盟階段，亞太地區的區域經濟合作也在發展，卻遠比不上次區域經濟合作和雙邊自由貿易協定，此係亞太地區區域經濟合作的主要動向。

㈢關稅同盟 (custom union)

多個國家締結協定建立統一的關稅環境，在此環境內締約國相互間減讓或取消關稅，對環境以外國家或地區的商品進口，則實行共同的關稅稅率和外貿政策，此即關稅同盟。關稅同盟具有很強的排他性質，同盟成員國的商品在統一關稅環境內，可以避免非同盟國的商品競爭，從而擴大銷售市場。

關稅同盟大體分為兩類：

⑴由先進國家間建立的關稅同盟，如：歐洲經濟共同體，係追求確保西歐國家市場，抵制美國商品競爭，促進內部貿易發展，積極推進歐洲經濟一體化的進程。

⑵由發展中國家建立的關稅同盟，係在維護本地區各國利益，促進區域內的經濟合作和共同發展，如：中非關稅同盟與經濟聯盟、安第斯條約組織、加勒比共同體和共同市場、西非國家經濟共同體、大湖國家經濟共同體、中非國家經濟共同體等。

㈣經濟聯盟 (economic union)

會員國在關稅與經濟活動保持同一步調，資本與勞動可在彼此間自由移動，經濟政策儘量取得協調，如：1957 年成立的歐洲共同市場 (European Economic Community, EEC) 逐漸廢除會員國間的貿易障礙，而與非 EEC 國家間的進口關稅也被標準化。另外，許多歐洲國家以前在非洲及加勒比海地區的屬國，也和歐洲共同市場訂有優惠國貿易協定。

㈤完全經濟統合 (complete economic integration)

在經濟聯盟基礎上，會員國進一步採取統一貨幣並組成跨國組織（如：歐洲議會），協調其他相關政策，如：原先的歐洲共同體、後來的歐洲聯盟。

國際經濟合作雖然有助於提升會員國利益，但因會員國有其個別的歷史背景、文化、民族、政治與社會利益，導致完全經濟統合尚未出現。國際間著名的經濟合作組織如下：

⑴歐洲共同體或歐洲共同市場：成立於 1957 年，會員國為法、德、英、義、比、西、葡、荷、盧森堡、愛爾蘭、丹麥、希臘等國。該組織追求消除會員國間的關稅及貿易障礙，建立共同關稅稅則，解除彼此間的因素移動管

制，事實上可視為關稅同盟的經濟統合方式。

(2)歐洲自由貿易協會 (European Free Trade Association, EFTA)：成立於 1959 年，會員國包括奧地利、丹麥、挪威、瑞典、瑞士、英國、列支敦斯登、葡萄牙、芬蘭、冰島，追求建立各會員國工業產品的自由市場。

(3)經濟合作及發展組織 (Organization of Economic Cooperation and Development, OECD)：成立於 1961 年，會員國包括 EEC 及 EFTA 的會員國，以及美、加、日、土耳其、澳洲、紐西蘭等國，針對這些工業國家間的市場取向提供資訊與諮商，共同協調會員國的經社措施，協助開發中國家的經社發展。

(4)共同經濟援助委員會 (Council for Mutual Economic Assistance, CMEA)：成立於 1949 年，會員國包括保加利亞、捷克、德國、匈牙利、波蘭、羅馬尼亞、俄羅斯、阿爾巴尼亞、蒙古、古巴、越南等國，追求加速會員國的經濟發展，建立較為合理的國際分工。

(5)中美洲共同市場 (Central American Common Market, CACM)：成立於 1963 年，會員國包括哥斯達黎加、薩爾瓦多、瓜地馬拉、宏都拉斯、尼加拉瓜等國。

(6)拉丁美洲自由貿易協會 (Latin American Free Trade Association, LAFTA)：成立於 1960 年，會員國包括墨西哥以及南美洲各國。

(7)東南亞國協 (Association of South East Asian Nations, ASEAN)：成立於 1967 年，會員國包括印尼、馬來西亞、菲律賓、新加坡、泰國。

(8)太平洋經濟合作會議 (Pacific Economic Cooperation Conference, PECC)：在 1980 年成立於澳洲坎培拉，主張以循序方式進行太平洋區域各國的經濟合作關係。

61

開發銀行
development bank

在經濟發展過程中，開發中國家面臨投資不足的原因眾多，包括儲蓄資金不足、欠缺健全的金融體系儲蓄資金導向生產用途、缺乏有遠見的企業家、技術能力與管理人才等，是以如何引導資金投入生產用途，將是首要工作。開發銀行即是為解決該項問題而出現，通常係由政府部門基於政策性任務而成立的國營銀行，主要功能包括提供長期資金融通體系內的基礎建設、滿足建立基礎產業與高風險創新產業的資金需求等，尤其是融通政府部門擬定優先發展及市場失靈的產業，運用融資建立投融資體制和相關金融市場的建立。

㈠世界銀行 (World Bank)

世界銀行全名為國際復興開發銀行 (IBRD)，1945 年 12 月成立於華盛頓，1946 年開始營運，係一提供長期資金的國際金融機構，資金來源包括會員國繳納的股金、向國際金融市場借款（直接向各國政府與央行銷售債券、透過投資銀行或商業銀行銷售債券給投資人）和收取放款利息。世界銀行成立初期在協助歐洲國家戰後重建工作，目前則是提供長期性放款，協助開發中國家進行各種生產設備投資及資源開發。

世界銀行授信條件有三：⑴只有參加國際貨幣基金組織的國家，才得申請為世界銀行成員，放款期限可達 15 ～ 20 年不等，寬限期為 5 年。⑵會員國才能申請放款，製造業申請放款要由政府部門保證。⑶會員國申請放款須具備工程項目計劃，貸款專款專用，世界銀行每隔兩年要對其放款項目進行

一次大檢查。為應付特殊情況，世界銀行亦從事非計劃性放款，包括為協助開發中國家調整經濟結構，解決國際收支失衡現象，遂將結構性放款併入非計劃性放款範圍內，放款集中於動力、交通運輸、供水與排水等基礎設施行業，其他還用於城市發展、教育、旅遊以及人口、營養等項目。

世界銀行資金來源以資本市場借款為主，無法以低利率融通開發中國家，遂另外設立三個附屬機構提供優惠放款條件：(1)由富裕會員國成立國際開發協會 (International Development Association, IDA) 提供長期優惠放款機構、(2)國際財務公司 (International Finance Corporation, IFC) 協助開發中國家發展私部門，甚至透過設立市場基金將已開發國家資金融通開發中國家的私部門、(3)多邊投資保證署 (Multilateral Investment Guarantee Agency, MIGA) 針對前往開發中國家的投資人提供政治或戰爭等非商業性質的保險，以吸引已開發國家的投資人願意投資貧窮國家。

(二)亞洲開發銀行 (Asian Development Bank)

亞洲開發銀行成立於 1966 年 11 月，總部設在菲律賓馬尼拉，係亞太地區政府間的金融開發機構，會員國包括亞洲及太平洋社會委員會成員國和亞太地區國家或地區，還有亞太地區以外的國家或地區。亞銀向其會員國或地區成員提供貸款和技術援助，協調其在經濟、貿易和發展方面的政策，同聯合國及其專門機構進行合作，以促進亞太地區經濟發展。

亞銀的資金來源包括：

(1)普通資金：亞銀業務活動的資金來源，包括股本（美、日是最大出資者）、借款（在國際資本市場發行債券、向有關國家的政府、央行及其他金融機構直接銷售債券、向銀行融資）、普通儲備金（部分淨收益）、特別儲備金（1984 年以前的放款需收取佣金作為特別儲備金）、淨收益（由放款利息與承諾費構成）和預繳股本（認繳股本採取分期繳納方式，在法定認繳日期之

前認繳的股本)。

(2)開發基金:創建於 1974 年 6 月,基金來源包括會員國捐贈,以及從會員國繳納的未核銷實繳股本中撥出 10% 作為基金的一部分,用於融通亞太地區貧困國家或地區的優惠貸款。

(3)技術援助特別基金:亞銀除提供放款或投資外,並積極協助開發中國家會員或地區成員提升人力資源素質和加強執行機構的建設。

(4)日本特別基金:該基金成立於 1988 年 3 月 10 日,以贈款形式資助會員國或地區成員的公私部門進行技術援助活動、透過單獨或聯合股本投資支援私部門開發專案、對亞銀向公部門開發專案放款的技術援助部分,以單獨或聯合贈款形式予以資助。

亞銀的主要業務活動包括:(1)放款:依據放款條件劃分,放款採取浮動利率,每半年調整一次,期限為 10～30 年(2～7 年寬限期)。優惠放款僅提供給每人所得低於 670 美元且還款能力有限的會員國,期限為 40 年(10 年寬限期),僅有手續費 1% 而無利息。贈款用於技術援助,資金由技術援助特別基金提供,贈款額無限制。另外,放款類型包括專案放款、規劃放款、部門放款、開發金融機構放款、綜合專案放款、特別專案執行援助放款、私部門放款與聯合融資等。其中,聯合融資係指區外經濟實體與亞銀共同提供會員國某一開發專案融資,包括平行融資、共同融資、傘形融資或後備融資、視窗融資與參與性融資等五種類型,但以平行融資和共同融資占最大比例。
(2)技術援助:包括專案準備技術援助、專案執行技術援助、諮詢技術援助和區域活動技術援助。

㈢美洲開發銀行 (Inter American Development Bank)

美洲開發銀行成立於 1959 年,總部在美國華盛頓,以優惠條件融通會員國公私部門發展所需資金,提供某些發展項目低利融資與技術援助,促進拉

丁美洲及加勒比海地區的經濟及社會發展。美銀為拉丁美洲區域最早且規模最大的多邊區域國際金融機構，共有包括美洲、歐洲及亞洲等地區的會員國，主要功能包括⑴增加拉丁美洲的公私部門投資，促進區域經濟及社會發展。⑵融通拉丁美洲區域重要經濟及社會發展計畫。⑶鼓勵私部門從事對經濟發展有貢獻的投資及企業活動，當民間企業在正常狀況下無法取得足夠資金時，美銀將給予支援。⑷促使會員國的發展政策能更有效率利用資源，協助其經濟活動發展與維持國際貿易活動有秩序的成長。⑸對發展計畫的規劃、融資及執行提供技術協助。

　　美銀對推動經濟發展的策略是增加信用放款，強化拉丁美洲的工業及農業部門，尤其針對在國際金融市場不易取得資金的中小企業，提供信用放款機會。是以美銀放款對象包括會員國政府及其代理機構或部門、會員國的公民營企業、以及以推動拉丁美洲地區經濟整合為宗旨的區域性組織，放款政策係配合公私部門融資所需，尤其重視對私部門融資，以鼓勵民間投資促進該國經濟成長。

㈣歐洲復興開發銀行 (European Bank for Reconstruction and Development, EBRD)

　　歐銀成立於 1991 年，擁有美、英、德等 60 個會員國家以及歐盟、歐洲投資銀行兩個會員組織。該銀行以促進中、東歐及獨立國協市場開放、及發展中小企業為宗旨，核准之投（融）資開發計畫範圍集中於俄羅斯、羅馬尼亞、波蘭、克羅埃西亞、波士尼亞、烏克蘭等 28 個處於經濟發展過渡期的國家。歐銀經信用評等機構長期給予債信評等 AAA 之最高等級，並為中東歐及獨立國協國家之最大投資者，在該地區有 200 億歐元以上，超過 800 項投資計畫案件，並扶植鼓勵境內私人企業發展。

㈤非洲開發銀行 (African Development Bank)

　　非洲開發銀行成立於 1964 年 11 月，1966 年 7 月 1 日開始營運，透過提供投資和放款，利用非洲的人力和資源促進會員國經濟發展，優先針對有利於地區的經濟合作和擴大會員國間的貿易專案提供資金和技術援助，幫助研究、制定、協調和執行非洲各國的經濟發展計劃，以逐步實現非洲經濟一體化。

　　非銀的會員包括非洲 53 個國家與非洲以外的 24 個會員國，為使該行控制權掌握在非洲國家手中，非洲會員國擁有股權占資本額的 2/3。非銀放款對象係非洲地區會員國，主要用於農業、運輸和通信、供水、公共事業等，並且與非洲及非洲以外的金融機構展開合作，與亞銀、美銀業務聯繫廣泛，並與阿拉伯金融機構和基金組織建立融資專案，同時投資於地區性金融機構。

62

世界貿易組織 WTO

(一)關稅暨貿易總協定 (General Agreement on Tariff and Trade, GATT)

關稅暨貿易總協定 (GATT) 成立於 1948 年，總部設於日內瓦，嚴格說並非國際性組織，係針對各締約成員 (contracting parties) 處理貿易和經濟事務的關係方面，透過達成互惠互利協定，大幅削減關稅和貿易障礙，取消貿易活動中的歧視待遇，達到保證充分就業、提高生活水準、確保實際收入和有效需求的持續成長，進而擴大國際資源充分利用，達成發展商品生產和交換的目的。

關貿總協定目前有 108 個正式締約國,另有 20 多個雖非關貿總協定締約國，但原則上遵守和適用關貿總協定法律原則和貿易規則的國家和地區，此外並有 16 個世界經濟組織及國家和地區是關貿總協定的觀察員,世界上幾乎八成以上的國家和地區與關貿總協定有聯繫。締約國間的貿易額占世界貿易額的 90% 左右，規模持續擴大，由關稅到非關稅措施、商品貿易延伸至服務貿易、知識產權保護和投資措施，同時逐步擴大到環境保護。關貿總協定的多邊貿易規則已成為各國普遍接受的共同準則，在國際經濟從事貿易活動中發揮著重大影響力，並與國際貨幣基金組織、世界銀行共同成為國際經濟活動的三大支柱。

關貿總協定的基本原則概括起來主要包括: 以市場經濟為基礎，自由競爭原則，最惠國待遇原則，國民待遇原則，非歧視原則，關稅保護手段原則，

公平貿易原則，一般禁止數量限制原則，互惠原則和透明度原則。

(二)世界貿易組織 (WTO)

　　世界貿易組織 (WTO) 係依據 1993 年 12 月 15 日的 GATT 烏拉圭回合談判協議內容，於 1995 年元旦成立，總部設於瑞士日內瓦，以有效管理及執行烏拉圭回合談判之各項決議。為便利各國完成國內相關立法程序，GATT 與 WTO 並存一年，其後 GATT 功能全由 WTO 取代，促使 GATT 由單純之國際經貿協定轉化為實質國際組織。在 WTO 架構下，原有關稅暨貿易總協定（1947 年制定之 GATT 或稱 "GATT 1947"），加上歷年來各次回合談判對該協定所作之增補、解釋與決議稱為 "GATT 1994"，成為有別於 "GATT 1947" 之另一獨立協定，並納為 WTO 所轄之協定之一。

　　世界貿易組織是國際間最重要之國際經貿組織，會員國透過共識決或票決方式決定各協定規範內容及會員權利義務，將多邊貿易體系法制化及組織化，會員國據此制定與執行其國內貿易法規。此外，會員國可將與 WTO 協定相關之貿易爭端，訴諸具準司法性質之爭端解決機制，其裁決對會員國具有拘束力。同時，WTO 透過與聯合國及包括國際貨幣基金 (IMF)、世界銀行、世界關務組織、世界智慧財產權組織等專業性國際組織密切合作，成為國際經貿體系核心，實質上可稱為經貿聯合國。

　　GATT 與 WTO 的差異性可說明如下：

　　⑴ GATT 屬於多邊國際協定，實際發揮國際組織功能，卻缺乏國際組織之獨立法人人格；反觀 WTO 屬於獨立之國際組織。

　　⑵ "GATT 1994" 屬於獨立協定；WTO 所轄貿易協定除 "GATT 1994" 外，尚包括「服務貿易總協定」、「與貿易有關智慧財產權協定」、及「爭端解決規則與程式瞭解書」等協定。

　　⑶ GATT 並非國際組織，成員稱為締約成員；WTO 係國際組織，成員稱

為會員 (members)。

(4)GATT 並未設立永久組織，基於務實需求，GATT 決議係以締約成員代表 GATT；WTO 是具有國際法人人格之永久機構，決議直接以 WTO 代表會員意思。

(5)GATT 僅適用臨時基礎，未經締約國國會正式批准；WTO 及其協定經各會員國依其國內有關對外締定條約協定之正式程序批准，各國政府對 WTO 承諾具全面性及永久性效果。

(6)GATT 規範僅及於商品貿易；WTO 規範包括商品、服務貿易及與貿易有關之智慧財產權。另外，GATT 缺乏解決爭端機制詳細程序規定，執行上較難落實；WTO 解決爭端機制較 GATT 迅速並具法律約束力，其執行亦較易落實與確定。

WTO 多邊貿易體系追求創造自由與公平之國際貿易環境，促使資源依據永續發展原則作最適運用以提升生活水準，確保充分就業，並擴大生產與貿易開放、平等、互惠與互利，期能透過貿易活動，提升開發中與低度開發國家之經濟發展，基本理念與規範準則如下：

(1)無歧視貿易：就對外關係而言，須對來自會員國商品給予同等最惠國待遇；就對內關係而言，則須對自會員國進口商品給予國民待遇。

(2)經由談判逐步開放市場：GATT 自 1948 年締定以來，直迄 1993 年的烏拉圭回合談判為止，歷經多次談判後，關稅已大幅調降，某些商品甚至降至零關稅，關稅約束範圍大為擴大。此外，在開放服務貿易市場與保護智慧財產權方面，WTO 協定均給予調適期，允許會員國以漸進方式開放市場及提高保護智慧財產權。

(3)建立市場開放之可預測性："GATT 1994" 規定各國原則上不得設置進出口配額，而各國政府雖可運用關稅保護國內產業與提高租稅收入，但仍應受對進口品不應有差別待遇、以及稅率上限應受約束等規範。此外，WTO 農

業協定中規定所有農產品之進口數量限制、變動差異金、最低進口價格、進口許可之行政裁量等非關稅限制均應轉化為關稅，並分六年調降，提高農產品市場之可預測性。至於有關農業出口補貼及以國內規定對農業之各項扶助與補貼亦應受約束逐年削減。

⑷促進公平競爭：WTO 追求公開、公平與不扭曲之競爭體系，以確保公平的貿易條件，如：WTO 農業協定追求提升較公平之農業貿易；與貿易有關之智慧財產權協定則對涉及概念與創意部分改進其競爭條件；服務貿易總協定針對服務貿易部分亦有公平競爭之相關規範；至於防衛協定、執行關稅估價協定、原產地規則協定等均係為推動公平競爭與不造成扭曲貿易效果而設計。在自由貿易之外，WTO 允許在少數情況下採取限制競爭之措施以維持公平貿易，如：反傾銷措施與平衡稅措施等。

⑸鼓勵發展與經濟轉型：WTO 中有超過四分之三以上的會員為開發中國家，或過去屬於非市場經濟體系而正轉型至市場經濟國家，兩者在烏拉圭回合談判中扮演角色，較歷次回合談判更為活躍亦更見影響力。WTO 貿易與發展委員會亦提供技術協助給開發中國家及正進行轉型至市場經濟之國家。

63

經濟學與數學
economics & mathmatics

(一)數理經濟學 (mathematical economics)

　　數理經濟學係運用數學方法詮釋經濟學的學門，此種研究方法有利於發現經濟問題本質，指明經濟問題發展與變化的趨勢。早在十七世紀中葉，W. Petty 已在《政治算術》(*Political Arithmetic*) 中運用數學說明經濟問題，F. Quesnay 也在《經濟表》中運用數學方法討論部門間的相互關係。爾後，A. A. Cournot (1838) 正式建立經濟現象間的函數關係，運用線性代數和微積分分析交換和需求的性質，並探討壟斷、雙頭壟斷、寡頭壟斷的價格決定等問題，奠定邊際分析的數理基礎。H. H. Gossen (1854) 接續運用數學說明邊際效用遞減法則，W. S. Jevons (1871)、L. Walras (1874) 以及 V. F. D. Pareto (1906) 發表的著作被認為是數理經濟學的代表作，數理經濟學才正式成型。尤其是在 1960 年代以後，數理經濟學和微積分、集合論、線性規劃結合，數學方法運用幾乎遍及所有經濟學領域。

　　數理經濟學發展大致劃分成三個階段：

1.以微積分為基礎的邊際分析階段 (1838～1947)

　　新古典學派的邊際分析方法首先運用微分和線性代數從事分析生產與消費決策。消費者決策被視為在既定價格和所得限制條件下的追求效用最大化問題。經濟學利用微分中的極大值概念，透過分析效用最大化必要條件求得消費者需求函數，而廠商供給函數則被視為既定商品和因素價格條件下追求

利潤最大化的結果。

　　另外，L. Walras 在部分均衡和一般均衡分析中，將市場和體系均衡表示為兩個或多個方程式的聯立解。在此架構下，微積分中的導數、偏導數和 Lagrange 乘數之類的數學工具紛紛用於說明最大值的條件和性質。至於由積分概念求出的消費者剩餘和生產者剩餘，將用於衡量競爭性均衡的經濟效率。同時，經濟學利用微積分蘊涵的動態特徵說明均衡的穩定性，J. R. Hicks (1939) 的《價值和資本》(*Value and Capital*) 及 P. A. Samuelson (1947) 的《經濟分析基礎》(*Foundation of Economic Analysis*) 係反映邊際分析及其應用成果的代表作，兩人運用微分概念取得均衡條件、比較靜態分析、均衡穩定性特徵等重要結果，奠定數理經濟學的基本模式基礎。

　　2.應用集合論和線性規劃 (linear programming) 階段 (1948～1960)

　　隨著經濟學和數學理論發展，J. Von Neumann 與 O. Morgenstern (1947) 在傳統微積分基礎上，將經濟學朝以集合理論和線性代數為基礎的方向發展。從數學邏輯角度來看，應用集合論意味著以更一般化的函數形式，取代實際上缺乏充分依據的連續可微分函數型態，而線性模型除作為非線性模型的逼近，促使某項資源的「邊際」更具體外，兼具處理存在「頂點」之類的經濟問題。在此階段中，凸性分析 (convex analysis) 最先運用於分析經濟活動，線性規劃成為消費理論、生產理論和福利經濟學等領域，在處理既定資源限制下的最適化問題的基本工具。

　　J. Von Neumann (1937) 建立投入產出模型，影響層面包括三方面：(a)該模型係以線性不等式表示，成為 W. A. Leontief 投入產出模型的前身，也是 1975 年兩位諾貝爾經濟學獎得主 L. V. Kantorovich 與 T. C. Koopmans 研究線性規劃及經濟活動的出發點；(b)該模型具有擴張性質，為線性成長模型提供開拓性基礎；(c)為證明最適擴張途徑的存在性，該模型在一系列公理體系假設下，運用 Brauwer 固定點定理 (fixed point theorem) 概念證明一般均衡存

在性。

新古典學派將「看不見的手」作為引導理性成員實現市場均衡的基礎，而此均衡又是體系最適狀態。為證明此一概念，將須說明體系內所有市場同時均衡的存在性與效率性，但因多元市場一般均衡分析過於複雜，運用供需相關訊息進行精確說明將有其困難。當人們將均衡視為供需之間差額的函數，並調整價格維持不變狀態時，則建立在價格和數量兩個集合上的數學理論，尤其是 Brauwer 固定點定理自然成為理論分析的強有力工具，促使效用函數存在性、競爭性均衡存在性及其與 Pareto 效率之間關係等新古典理論基礎性命題得到嚴格論證。該時期的數理經濟學可稱為一般均衡理論時代，兩位諾貝爾經濟學獎得主 K. J. Arrow 與 G. Debreu 在此方面發揮重大貢獻。

3.綜合階段（1961 年至今）

經濟學綜合運用各種數學方法討論，包括加強應用數學分析和凸集合理論，並將泛函分析 (functional analysis) 和拓撲學 (topology) 應用於分析大規模體系中的問題；在線性規劃基礎上發展成為經濟成員決策的典型方法；以機率論為基礎分析不確定性現象，進而運用於探討風險、保險、資產組合等經濟問題；賽局理論廣泛應用於寡頭獨占的決策模式等領域；微分方程理論成為解決體系動態問題，尤其是經濟成長問題的關鍵技術。動態最適控制理論 (optimal control) 應用於分析最適經濟成長問題。在該階段中，數理經濟學發展的領域主要有三：

(1)一般均衡理論的推廣：傳統的 Arrow-Debreu 架構係建立在完全競爭與有限商品的基礎上。在不確定環境中，一般均衡存在性與福利特質均是一般均衡理論發展的焦點，跨期資產交易、不完全期貨市場的資產訂價即是這方面的例子。其次是探討 N 維空間的一般均衡理論，證明在一般條件下，N 種商品和價格空間上的一般均衡存在性及效率性仍能成立。第三個發展方向則涉及規模報酬遞增與非凸性分析。若將壟斷因素和規模報酬遞增因素引入一

般均衡，將導致傳統凸性分析失效。是以數理經濟學改採兩種分析技術：(a)對非凸性生產可能集合上的廠商，附加邊際成本訂價和平均成本訂價之類的條件；(b)採取外在性的處理方式，個別廠商最適決策在凸性生產可能集合實現，但體系生產活動將呈現非凸性特質。後者處理方式已經成為內生經濟成長理論使用的最基本分析工具。

(2)賽局理論：J. F. Nash 在 1950 年代為非合作賽局的一般理論和合作賽局的談判理論奠定基礎，1960 年代以後則是賽局理論飛躍發展時期，幾乎全盤改變個體經濟學的討論模式。自從 Nash 證明均衡存在性後，環繞此一概念激發對賽局理論和應用的研究，除逐漸運用於政治與軍事研究外，在經濟學則應用於分析寡占市場和產業組織問題，進而開闢資訊經濟學 (information economics) 研究的新領域，成為分析代理、信號傳遞、尋找等問題的基本方法。

(3)最適控制理論的應用：經濟學中的跨期選擇動態最適化問題過去係依靠古典變分法解決。Pontryagin 在 1950 年代提出最適控制理論，D. Cass 與 T. Koopmans 在 1960 年代中期，將最適資本累積與最適消費選擇引入新古典成長模型，建立以一般均衡為基礎的最適模型，成為研究總體經濟學的基本架構。

除上述三個重要領域外，圍繞著不確定性、動態化以及修正新古典理論假設條件，隨機微分分析、測度理論和模糊集合論等數學方法廣泛應用於經濟理論研究。換言之，數理經濟學發展的現況是，幾乎所有數學方法都能在經濟學中找到應用的範例。

(二)計量經濟學 (econometrics)

計量經濟學係由 1969 年的兩位首屆諾貝爾經濟學獎得主 R. Frisch (1926) 與 J. Tinbergen 創立，係以經濟理論為基礎，運用數學與統計學方法，

利用實際資料研究經濟關係和經濟活動的數量規律，並以建立計量經濟模型為核心的經濟學門。L. R. Klein 接續於 1980 年得獎，討論焦點集中在討論總體經濟模型，係屬於總體經濟計量學 (macroeconometrics) 的範疇。爾後，2000年得主則由 J. Heckman 和 D. McFadden 轉向針對家庭、廠商等經濟成員行為進行計量研究，從而衍生個體經濟計量學 (microeconometrics)，原因是：多個大型個體資料 (microdata) 的資料庫問世。個體資料就是以家庭、廠商等經濟個體為樣本收集單位的資料，通常屬於橫斷面形式，不過近年來追蹤資料（panel data 或 longitudinal data），即連續在多個時點對同一批經濟個體進行普查集樣，也越來越普及，從而促成無數的實證研究。

經濟學屬於社會科學的一環，不論理論如何嚴謹精美，若無法由實際資料中獲得驗證，均屬空中樓閣流為空談。計量經濟學運用數學方法，根據實際統計資料，針對經濟理論闡述的經濟關係進行估算實際數值，然後再利用實證結果驗證或修正經濟理論的推演過程，用於詮釋過去資料、預測未來趨勢和規劃政策。是以計量經濟學屬於經濟理論、數學和統計的結合，在經濟學領域中早已成為獨立學門，而其發展具有左右經濟學研究方向的態勢。在此，數理經濟學異於計量經濟學在於：前者僅利用數學作為表述經濟理論的語言和推理工具，並不要求具體數值；同時，將經濟變數間的數量關係視為確定，並未考慮隨機干擾因素的作用，故分析結果與實際現象將存在頗大的差距。

在經濟活動中，可觀察的經濟現象部分係屬可以衡量，實際觀測數值往往因時間地點不同而異，故稱為經濟變數。至於經濟結構係指由相對穩定因素構成經濟現象的基礎，而作為其特徵的數量即是結構參數。相對於經濟變數而言，經濟結構與經濟參數均無法觀察，經濟關係則是由經濟參數來體現，而說明經濟關係的具體函數型態即是結構方程式。每種經濟關係和與之相對應的方程式及參數，均須有一定程度的獨立性和穩定性，才能代表體系的部

門結構而成為規律的經濟現象，才值得進行衡量，計量經濟學預擬衡量者就是這種結構參數。只有估算出結構參數的具體數值後，結構方程式才能代表實際經濟結構，從而用於驗證和發展經濟理論，同時進行分析、預測和決策。

　　經濟學在陳述特定問題時，將相關經濟變數間存在相互關係的理論作為臆說，進而表現為結構方程式體系作為研究對象的縮影，從而有利於分析處理，此即稱為模型。經濟變數分為內生變數和外生變數，前者是在模型內決定，後者則係在模型外決定，其數值變化將影響前者數值，但不受前者變動影響。在各個結構方程式內，內生變數未必都是因變數，不過全部內生變數最終是由模型的全體方程式共同決定，建立模型目的在於運用全體外生變數和隨機干擾因素作為已知條件，用於解釋內生變數的數值係如何決定的。

　　計量經濟學通常運用最小平方法 (ordinary least square, OLS)、一般化最小平方法 (general least square, GLS)、最大概似法 (maxima likelihood) 等方法，對觀察資料進行驗證。接著，檢定估算結果是否符合模型根據的經濟理論，主要是運用數理統計學關於統計假設檢定的原理，檢驗估算的參數值是否顯著異於零。只有異於零，有關變數間存在相互關係的理論才得到證明，否則須繼續收集資料再進行驗證，或修改模型甚至修正理論再進行估算，直至得出顯著的參數估算值為止。2003 年得主 R. Engle 提出自我迴歸條件異質變異數模型 (autoregressive conditional heteroskedasticity, ARCH) 處理時間數列中的隨時間改變的波動性 (time-varying volatility) 與非穩定性等兩大特質，成功解決時間數列中的變異數問題。該類模型不僅成為經濟學者必備的研究工具，亦是金融市場分析師用於了解資產價格變動與評估投資組合風險的主要依據。由於總體經濟變數的時間數列通常依循某一隨機趨勢，國內產出毛額面臨暫時性干擾，將會產生長期影響，此種時間數列將稱為具有非穩定性，同年的諾貝爾經濟學獎得主 C. Granger 利用共整合 (cointegration) 方法解決分析非穩定性時間數列資料所面臨的問題。

索 引

十劃

十一劃

十二劃

十三劃

十四劃

十八劃

◎ 經濟學 —— 原理與應用　黃金樹／編著

　　經濟學教導人們瞭解如何在有限的物力、人力以及時空環境下，追求一個力所能及的最適境界；同時，也將帶領人類創造一個可以持續發展與成長的生活空間，並學會珍惜大自然的一草一木。隨書附贈的光碟有詳盡的圖表解說與習題，可使讀者充分明瞭所學。

◎ 財政學　徐育珠／著

　　本書最大特點是內容豐富，不但包括了財政學的各種理論，也涵蓋現今各國政府重要財稅措施，及其對人民生活與社會福祉的影響。除可用作大專院校學生和研究生財政學課程的教科書及參考書籍，也可作為財稅從業人員的進修讀物。

◎ 財務管理 —— 理論與實務　張瑞芳／著

　　財務管理關係著企業經營的成敗，其重要性不言可喻。然而財務領域複雜艱澀，加上坊間眾多教科書篇幅甚多，內容艱深難以理解；因此本書以概念的養成為重點，希望以言簡意賅、重點式的提要，對莘莘學子及工商企業界人士有所助益。並提供教學光碟（投影片、習題解答）供教師授課之用。

◎ 投資學　伍忠賢／著

　　本書讓你具備全球、股票、債券型基金經理所需的基本知識，實例取材自《工商時報》和《經濟日報》，讓你跟「實務零距離」，章末所附的個案研究，讓你「現學現用」！不僅適合大專院校教學之用，更適合經營企管碩士(EMBA)班使用。

◎ 期貨與選擇權　陳能靜、吳阿秋/著

　　本書以深入淺出的方式介紹期貨及選擇權之市場、價格及其交易策略，並對國內期貨市場之商品、交易、結算制度及其發展作詳盡之探討。除了作為大專相關科系用書，亦適合作為準備研究所入學考試，與相關從業人員進一步配合實務研修之參考用書。

◎ 銀行實務　邱潤容/著

　　現代商業社會中，銀行已成為經濟體系運作不可或缺的一環。本書旨在介紹銀行之經營與操作，包括銀行業務之發展趨勢、內部經營及市場之競爭狀況；並以深入淺出的方式陳述內容，著重經營與實務之分析，以利讀者瞭解銀行業者之經營以及市場之發展現況與趨勢，而能洞燭機先。

◎ 國際金融理論與實際　康信鴻/著

　　本書主要介紹國際金融的理論、制度與實際情形。在寫作上強調理論與實際並重，資料取材及舉例上，則力求本土化。章後均附有內容摘要及習題，以利讀者複習與測試，並提供臺灣當前外匯管理制度、金融與匯兌之相關法規。本書論述詳實，適合初學國際金融者，也適合企業界人士，深入研讀或隨時查閱之用。

◎ 國際貿易原理與政策　康信鴻/著

　　本書不但幫助你理解GATT、APEC、WTO、特別301這些國貿詞彙背後的經濟學意義與原理，更能讓你明瞭在面對此全球化巨變，臺灣應有的具體因應之道。換句話說，本書不但深入淺出地介紹重要的國際貿易理論，更具體而微地探討臺灣的國際貿易政策。

◎ 成本會計（上）（下）　　費鴻泰、王怡心／著

　　本書依序介紹各種成本會計的相關知識，並以實務焦點的方式，將各企業成本實務運用的情況，安排於適當的章節之中，朝向會計、資訊、管理三方面整合型應用。不僅可適用於一般大專院校相關課程使用，亦可作為企業界財務主管及會計人員在職訓練之教材，可說是國內成本會計教科書的創舉。

◎ 成本會計習題與解答（上）（下）

費鴻泰、王怡心／著

　　本書分為作業解答與挑戰題。前者依選擇、問答、練習、進階的形式，讓讀者循序漸進，將所學知識應用於實際狀況；後者為作者針對各章主題，另行編寫較為深入的綜合題目，期望讀者能活用所學。不論為了升學、考試或自修，相信都能從本書獲得足夠的相關知識與技能。

◎ 管理會計　　王怡心／著

　　資訊科技的日新月異，促使企業不斷 e 化，對經營環境也造成極大的衝擊。因此本書深入探討管理會計的理論基礎和實務應用，並分析傳統方法在此劇變下的適用性與新方法的可行性。除作為教學用書外，並可提供企業財務人員，於制定決策時參考；隨書附贈的光碟，以動畫呈現課文內容、要點，藉此增進學習效果。

◎ 管理會計習題與解答　　王怡心／著

　　會計資料可充分表達企業的營運情況，因此若管理者清楚管理會計的基礎理論，便能十足掌握企業的營運現狀，提昇決策品質。本書採用單元式的演練方式，由淺而深介紹管理會計理論和方法，使讀者易於瞭解其中的道理。同時，本書融合我國商業交易行為的會計處理方法，可說是本土化管理會計的最佳書籍。